中国比较文学学会认知诗学分会
四川大学艺术学院
主 办

Cognitive Poetics Association
*Under the Auspices of*
China Comparative Literature Association
& Arts College of Sichuan University
Sponsors

**第17辑**
**VOLUME 17**

支 宇 主 编
Zhi Yu Chief Editor
熊沐清 执行主编
Xiong Muqing Executive Editor

# 认知诗学
# COGNITIVE POETICS

文化艺术出版社
Culture and Art Publishing House

**图书在版编目（CIP）数据**

认知诗学. 第17辑 / 支宇主编. -- 北京 : 文化艺术出版社, 2025. 6. -- ISBN 978-7-5039-7897-5

Ⅰ. I207.2-53

中国国家版本馆CIP数据核字第20257KE244号

认知诗学（第17辑）

主　　办　中国比较文学学会认知诗学分会、四川大学艺术学院
主　　编　支　宇
责任编辑　魏　硕
责任校对　董　斌
书籍设计　姚雪媛
出版发行　文化艺术出版社
地　　址　北京市东城区东四八条52号（100700）
网　　址　www.caaph.com
电子邮箱　s@caaph.com
电　　话　（010）84057666（总编室）　84057667（办公室）
　　　　　84057696—84057699（发行部）
传　　真　（010）84057660（总编室）　84057670（办公室）
　　　　　84057690（发行部）
经　　销　新华书店
印　　刷　国英印务有限公司
版　　次　2025年6月第1版
印　　次　2025年6月第1次印刷
开　　本　787毫米×1092毫米　1/16
印　　张　15.25
字　　数　260千字
书　　号　ISBN 978-7-5039-7897-5
定　　价　78.00元

本书由四川大学教育基金会资助出版

# 《认知诗学》征稿启事

《认知诗学》创刊于 2014 年，现为中国比较文学学会认知诗学分会的会刊，是目前国内外唯一以认知诗学和认知文化研究为研究对象的专业性学术辑刊，由中国比较文学学会认知诗学分会与四川大学艺术学院联合主办。现设有“名家特稿”“认知范式研究”“认知文体批评”“广义认知诗学”“认知美学”“认知诗学本土化”“认知诗学关键词”“前沿书评”“书评速递”等栏目。论文理论性、实证性、综述性、创新性、学术性强。诚挚欢迎国内外专家学者赐稿！

自 2019 年第 1 辑开始，每年固定出版两辑，现已被中国知网收录。每年 10 月前的来稿刊登于下一年第 1 辑，4 月前的来稿刊登于当年第 2 辑，出刊时间为每年 6 月和 12 月。

本刊欢迎理论性、创新性、综述性、学术性强的认知诗学、认知艺术批评和认知文化研究相关论文，特别欢迎广大青年学者踊跃投稿。正文篇幅在 8000—10000 字，书评为 5000 字左右。投稿邮箱为 J_cognitivepoetics@163.com。本刊编辑部将做到每稿必复。本刊采用双向匿名审稿制，不向作者收取任何费用，来稿一经刊发，即赠送作者样刊两册，并根据稿件质量发放稿酬，对本刊发表文章的任何转载（包括论文集收录等）均须经本刊同意。

为了使刊物编排规范，敬请作者根据《认知诗学》投稿模板修改格式。投稿模板参见中国比较文学学会认知诗学分会网站—学会刊物—《认知诗学》简介，http：//www.cognitive-poetics.com/cn/periodical。

《认知诗学》编辑部

2022 年 6 月

目录 **第17辑**

2025年春季号

**名家特稿【栏目主持：熊沐清教授】**

3 诗学认知 | **玛格丽特·H.弗里曼 著；徐畔 译**

**理论探索【栏目主持：支宇教授】**

21 能源人文学兴起的心智转换机制及其动因 | **赵秀凤**

32 中西方艺术审美认知差异新解：基于认知神经美学视角 | **刘旭 吕鑫**

47 “非自主记忆”与“主题认同批评”：普鲁斯特批评思想的认知阐释 | **吴山倩文**

61 公共情感：一种认知性环境批评研究视域 | **贾晶**

**学术动态【栏目主持：肖谊教授】**

79 第八届认知诗学学术研讨会暨中国比较文学学会认知诗学分会2024年会综述 | **席楠 许静坤 江榆瞳**

**认知艺术研究【栏目主持：彭彤教授】**

93 异在的乡土：黄润生当代具象绘画的乡村图景与视觉认知的“心智转换” | **彭彤**

105 中国当代新乡土艺术的知觉延展
——黄润生极多主义乡土绘画的具身知觉与延展心智 | **支宇**

117 论文人画视觉认知范式对书法墨法的影响 | 杨 帆 王若凌
129 萨拉·凯恩戏剧作品《4.48精神崩溃》中的诗学象似性与生命体验 | 陈泓丽 刘明录

认知文体批评【栏目主持：封宗信教授】

145 认知诗学视角下《教父》三部曲的深度剖析与认知探究 | 黄书亭
162 生态诗学视角下《归园田居·其一》两译本对比分析 | 江蟪芳 管向丽
172 认知诗学视域下俄国知识分子的生存困境分析
——从《草原》到《第六病室》 | 孟欣欣
183 图形—背景理论下《悠悠岁月》中的记忆书写 | 吴志然

具身书写 · 书学雅集【栏目主持：杨帆教授】

201 生命的书写：艺术与科学的跨越 | 谢和平
207 半个世纪的书写：个性与延异 | 侯开嘉
213 取法的新旧不是书法创新的决定因素 | 杨 帆
220 超以象外，得其环中：认知书法艺术的风格与境界 | 刘志超
225 书写的痕迹：世界、身体与心灵的界面 | 彭再生

contents

VOLUME17
SPRING
2025

## Featured Articles【Guest Editor: Prof.Xiong Muqing】

3 Poetic Cognition | Margaret H. Freeman trans.by Xu Pan

## Theoretical Explorations【Guest Editor : Prof. Zhi Yu】

21 The Mental Set-Shifting Mechanism and Motivations for the Emergence of Energy Humanities | Zhao Xiufeng

32 A New Interpretation of Aesthetic Cognitive Differences between Chinese and Western Art : A Perspective Based on Cognitive Neuroscience of Aesthetics | Liu Xu Lv Xin

47 "Involuntary Memory" and the "Thematic Criticism of Identification" : A Cognitive Interpretation of Proust' s Critical Thought | Wu Shanqianwen

61 Public Emotions : A Cognitive Perspective on Environmental Criticism | Jia Jing

## Academic Frontiers【Guest Editor: Prof. Xiao Yi】

79 Review of the 8th Symposium on Cognitive Poetics and 2024 Annual Conference of CCLA Cognitive Poetics Division | Xi Nan Xu Jingkun Jiang Yutong

**Cognitive Arts Studies【Guest Editor: Prof. Peng Rong】**

93 The Alienated Homeland : Rural Imagery in Huang Runsheng' s Contemporary Figurative Painting and the "Mental Transformation" of Visual Perception | Peng Rong

105 The Perceptual Expansion in Contemporary Neo-Rural Chinese Art—Embodied Cognition and Extended Mind in Huang Runsheng' s Maximalist Rural Paintings | Zhi Yu

117 The Influence of the Literati Painting Visual Paradigm on Calligraphic Ink Methods | Yang Fan  Wang Ruoling

129 The Poetical Iconicity and Life Experience in Sarah Kane's *4.48 Psychosis* | Chen Hongli  Liu Minglu

**Cognitive Stylistics【Guest Editor: Prof. Feng Zongxin】**

145 An In-depth Analysis and Cognitive Inquiry into *The Godfather Trilogy* from a Cognitive Poetics Perspective | Huang Shuting

162 A Comparative Analysis of Two English Versions of *Back to Country Life (I)* from an Ecopetic Perspective | Jiang Huifang Guan Xiangli

172 Analysis of the Survival Dilemma of Russian Intellectuals from the Perspective of Cognitive Poetics—From *The Steppe* to *Ward No. 6* | Meng Xinxin

183 Memory Writing in *The Years* under Figure-Ground Theory | Wu Zhiran

**Embodied Writing · A Galligraphy Collection [ Guest Editor: Prof. Yang Fan ]**

201 Writting of Life : The Convergence of Art and Science | Xie Heping

207 Calligraphy Over Half a Century : Individuality and Différance | Hou Kaijia

213 The Old or the New Calligraphy Not the Determing Factors of Innovation | Yang Fan

220 Beyond Form Attaining Essence : Cognitive Approaches to Style and Aesthetic Attainment in Chinese Calligraphy | Liu Zhichao

225 Traces of Writing : Interfaces of World Body and Mind | Peng Zaisheng

# 名家特稿

【栏目主持：熊沐清教授】

# 诗学认知

玛格丽特·H. 弗里曼[1] 著；徐畔[2] 译

## Poetic Cognition

Margaret H.Freeman[1] trans.by Xu Pan[2]
（1. Los Angeles Valley College，2. Harbin Normal University）

在这项研究中，我的策略是通过构建对促成诗歌成为符号（象似符）① 可能性的主要元素的分析，来提出一种诗学象似性理论。本文通过讨论人类感官认知的本质及其与现实存在的关系，并介绍一种审美认知理论，将诗学认知作为其跨学科领域中的一个子范畴来奠定基础。我从一个中心问题开始，即诗歌如何实现对现实的本质存在的感受体验，这是几个世纪以来诗人和作家为他们的艺术所宣称的。为了建立一种审美认知与诗学象似性的“新世界观”，我对来自不同学科的术语不断变化的含义进行了重新定义。

① 译者注：皮尔斯认为：“一个符号代替另一个事物，因为符号与事物相似。”（Peirce，1931—1958：3.362）任何感知都有作用于感官的形状，因此任何感知都可以找出与另一物的象似之处，也就是说，任何感知都是个潜在的象似符号（恩斯特·贡布里希，1968：12）。从具体到抽象，象似性幅度可以很宽。icon 有符号、图标、图符、象似符号、图像等意思，在此翻译为“象似符”或者“符号”。

作者简介：玛格丽特·H. 弗里曼，美国洛杉矶山谷学院名誉教授，美国米瑞菲尔德艺术与认知学院（Myrifield Institute for Cognition and the Arts）院长，美国艾米莉狄更斯国际学会创始人之一，其在认知美学，尤其是认知诗学领域有卓越建树，代表作有《意义解读：文学的作用》（1999）、《隐喻与超越：认知新发展》（2009）等。
译者简介：徐畔（1975—　），哈尔滨师范大学教授，博士研究生导师，中国比较文学学会认知诗学分会理事，从事比较文学研究。

# 0 引言

本研究试图从认知的角度解决长期存在的诗歌功能问题。我的目的是展示诗歌作为审美能力的一种表达，是如何潜在地使我们能够从认知上接触和体验现实的“存在”、所有存在的和不存在的、可见的和不可见的。正如遥远的可见世界和不可见世界是通过科学知识被体验到，它们也可以通过艺术感被体验到。科学家和诗人不是在追求不同的现实：他们是在从不同的角度追求它们。人类的认知因此具有不同的方面和功能，无论是科学的、诗意的、语言的、感觉的等。这一切的基础是审美能力，它不是根据审美能力的产物——趣味、美感和艺术乐趣来定义的，而是作为记忆、想象、注意、辨别、专业知识和判断的认知过程来定义的。正如科学家们构建现实模型，然后测试它们的有效性以获得知识一样，因此我认为，象似性是诗人使听众/读者对诗歌作出情感反应的手段，作为存在的经验现实的符号。

书面语言的最大难题是我们如何能够将页面上的物理印记翻译成可理解的语言，使我们能够思考、感受、想象和体验自然世界以及社会世界的元素。对于文学艺术来说，当历代和跨文化的作家们都觉得用非常相似的术语来描述它们的动力和起源就足够了，但只有随着20世纪认知科学的兴起，从创作者和经历这些创作的人的角度来更深入地探索不仅文学艺术是什么，而且它们是如何成为文学艺术的认知维度，他们才发现这样的探索是重要的，甚至是必要的。例如，阿奇博尔德·麦克利什（Archibald MacLeish，1960）研究了3世纪中国诗人陆机（Lu Chi）和19世纪英国诗人塞缪尔·泰勒·柯勒律治（Samuel Taylor Coleridge）的评论，提出了这些有趣的基本问题：

> 例如，有没有可能通过任何方式，将世界的所有复杂性带入心智中？无边无际的空间，究竟是如何被一平方英尺的纸包裹起来的呢？可能我们不仅有陆机的断言，还有但丁（Dante）的喜剧可以证明，然而——怎么可能呢？又怎能从心里的方寸空间倾泻而出？兰波（Rimbaud）做到了，但他是如何做到的？（9）

作为对柯勒律治（1951［1817］在《文学传记》（*Biographia Literaria*）中关于诗歌本质的著名陈述的回应，想象的力量“在不和谐特性的平衡或调和中显露出来：……

一种超乎寻常的情绪状态，具有超乎寻常的秩序”(269)，麦克利什问道：

> 但如果调和存在于诗中，那么被调和的事物也一定存在于诗中——“超乎寻常的情绪状态”和“超乎寻常的秩序”。正是这种暗示，诱使诗的追求者走向谨慎的崩溃边缘。如果诗中有秩序和情感等待调和，它们在诗中的什么地方，它们又是如何到那里的？（43）

预见到认知革命的到来，麦克利什对诗人的局限性做了一个有趣的让步：“这些是黑暗和困难的问题，涉及任何诗歌艺术的实践者都无法探索的推测：它们需要新的哲学检查——革命性的美学理论——由新科学大师们进行的科学实验。”(47)虽说这话可能有点天真，但毕竟各个时代、各个文化传统的诗人都对诗学效果的成因进行了深刻的观察，亚里士多德、陆机之后的文学评论家和哲学家也纷纷参与到这个问题的讨论中——的确，已经发生了一种转变，促使人们以西方科学方法为基础，对仍被普遍认为是艺术奥秘的事物进行更严格的研究。这不可避免地引起了紧张局势，不是在艺术家和科学家之间，而是在科学家和艺术评论家之间，反映在由科学与美学造成的差别上。

自然科学关注物理现实的本质，美学关注认知科学。尽管认知研究人员挑战了笛卡尔(Descarte)的将自我和世界作为两种不同实体的模型，即思维实在(心智)在空间中没有外延，而物质实在(实物)既有质量又有外延，我们仍然将自己困在带有这种划分的基本假设的理论公式当中。正如维特根斯坦(Wittgenstein)多年前指出的那样，语言既限制了我们对世界的感知，也促进了我们对世界的感知。我们现在谈论的是“具身心智”，因此仍然将心智保持为一种物质、一个客体。[①]“心智”(mind)是一种将“心智运作”(minding)活动具体化的名词化结构，心智运作将心智变成一种可以被放进另一件事物或者从另一件事物中拿出来的事物。在开始解决麦克利什的

① 原文注释：肖恩·梅(Shaun May，2015)对身心互动的概念进行了类似的观察：当然，我们可以从生理学和神经学的角度来询问我们做某事需要什么，而不是在我们做某事的时候“思想和身体是如何相互作用的”。至少在这些观点的若干表述中，“大脑约束心智”“具身心智”和“延展心智”的假设犯了同样的逻辑错误——认为心智位于任何地方的说法是合乎逻辑的。(58)

“黑暗和困难”的问题时，我们需要揭露和质疑建立在我们探究之上的假设。

一种消除主义、唯物主义的世界观认为，只有既有质量又有外延（物质实在）的物体才存在。神经科学近期许多工作以这项观点为基础，用神经生物学的术语解释人类的意识和主体性，使它们变成大脑的器官。当我认为“没有像心智这样的事物”时，我不赞同大脑负责我们所有活动的观点。正如托马斯·福克斯（Thomas Fuchs, 2018）所说，“大脑成为心智的器官——但心智不在大脑中，因为心智是总体表现、格式塔以及作为有生命的存在与我们的环境、作为人类与我们的同类之间的所有关系的有序模式”（207）。因此，大脑是人的一个器官，而心智不是人的器官。心智运作是我用来描述人类的认知（感觉—肌动—情感—概念）过程的术语。尽管我们拥有马克·特纳（Mark Turner, 1996）所说的“内省性思维意识”，但延续他的论述，这是“一种松散的幻想。意识［……］厚颜无耻地自诩为全面且无所不能的，而事实上真正的运作往往发生在别处，以过于迅速、过于聪明且过于有效的方式进行着……”（6）。特纳写道，这项工作产生的意义“不是局限在概念空间的精神客体，而是在多个空间上的投射、绑定、连接、混合和整合的复杂操作”（57）。我将说明这些操作主要是前意识的。

塞缪尔爵士学堂（Sir Samuel Hall）哲学教授，多萝西·埃米特（Dorothy Emmet）在向曼彻斯特大学哲学专业的毕业生致辞时曾对我们说：“不管你们是什么人，我希望你们不会作为天真的现实主义者离开这所大学。”我当时很好奇为什么埃米特会强调这一点，在专心沉浸在哲学的四年之后，这一点对我们似乎是显而易见的。我从未忘记她的话，我终于明白了她临别赠言中的智慧。她实际上是在用奥卡姆剃刀定律（Occam's razor）切入哲学事业的核心。① 我们被教导说，所有的发明，所有的发现，都必须从这样或那样的公理开始。正如阿兰·索卡尔（Alan Sokal, 2000）所表达的，

---

① 原文注释：从历史上看，哲学传统被分为两种相互冲突的观点，根据我所遵循的认知理论，这两种观点都不合理：朴素实在论认为可感受的特质（我们对颜色、味道等的主观体验），用福克斯（Fuchs, 2018）的话来说，是“物质世界的客观特征”（25）；唯心主义认为我们的感知都是完全主观的，“从中我们只能得出关于我们自以为生活在其中的现实的有问题的结论”（6）。与两者相反，福克斯为他所谓的“中介直接性”的现实辩解：“构成我感知基础的中介和转换的多重过程也可以成为共有现实的基础。它们不仅为我创造了惊鸿一瞥的瞬间，而且为我们呈现了对象本身。因此，我们可以将‘朴素实在论’的概念替换为植根于共享生活世界的唯心主义。”（171）

科学始于客观现实存在的公理："存在一个真实的世界；它的属性不仅仅是社会建构；事实和证据确实很重要。"（51）也许具有讽刺意味的是，宗教也是从一个类似的公理化假设开始的：存在一个上帝。正如卡尔·萨根（Carl Sagan，2007）所说："我认为科学至少在某种程度上是有根据的崇拜。"

科学和宗教的世界以它们截然不同的方式开阔了我们的心智，让我们对抽象世界的想法超越感官。原子时的发现，以其不变的、精确的振荡，取代了几个世纪以来我们用来记录时间的地时或太阳时的概念。原子时是朝着抽象的一种移动，远离与我们感官联系更加紧密的时间流逝的认同，时间是由地球和太阳的昼夜运动记录的。宗教依赖于另一种抽象，它相信非物质的精神世界。

哲学家和诗人的目的是不同的。哲学开始于科学和宗教止步的地方。通过质疑客观现实的基本公理，哲学通过逻辑开启了另一个世界的可能性。诗歌与哲学的不同之处在于诗歌的真理来自经验而非逻辑的知识，因此，正如华莱士·史蒂文斯（Wallace Stevens，1951）指出的，"他们正在追求一个整体的两个不同部分"（54）。我相信，那个"整体"是"存在"的潜在本质。通过认知分析，人们可能会开始回答麦克利什关于诗歌如何发挥作用的问题。但是，我再进一步追问，将整个世界带入心智，将空间封闭在纸上，从心底倾泻而下，那么诗歌的意义何在？因此，我在这项研究中的目标是探明诗歌如何使我们能够以象征的方式进入并从美学上参与潜在的自然中人类经验的所有领域。①

## 1　象似性与现实的存在

我注意到文学和认知研究中几个反复出现的因素，从而得出了诗学象似性理论。如果考虑到历代诗人和作家的评论，一个共同的元素就浮出水面了，尽管他们的写作视角和体裁截然不同。他们谈论"客体的本来面目"（艾略特，Eliot）（1964：82—83），就诗歌而言作为一种"现实的想象"（Yeats，1918：13）。安东尼·赫克特（Anthony Hecht，1995）谈及诗歌作为捕捉"现实的丰富复杂性——客观世界复杂的丰富"

---

① 原文注释：虽然我关注的是诗歌，但总体上说，美学象似性的可能性适用于各种艺术。

（130）。这些作家认为，诗歌艺术有能力唤起体验具体的、前范畴世界的感觉，就像心智运作（minding）将其概念化之前一样。约瑟夫·康拉德（Joseph Conrad）《"水仙号"上的黑水手》（*The Nigger of the Narcissus*）的序言中简洁地表达了这种诗歌艺术的概念：

> 一部即便以再低微的姿态渴望达到艺术境界的作品，其每一行都应蕴含其合理性依据。而艺术本身或许可以被定义为一种一心一意的努力，旨在对可见的宇宙给予最高形式的公正，揭示其各个方面潜在的多样且统一的真理。这是一种努力，旨在从其形态、色彩、光线、阴影、物质的各个方面以及生活的种种事实中，找出其中每一个所具有的根本的、持久的和本质的东西——它们那唯一能启迪人心且令人信服的特质，即它们存在的真正本质。[……] 因此，所有艺术首先诉诸感官，当艺术以文字形式表达自身时，若其崇高愿望是触及情感共鸣的源泉，也必须通过感官来发出召唤。[……] 我正努力完成的任务，是凭借文字的力量，让你听到、让你感受到——首先是让你看见。仅此而已，再无其他，这便是一切。（Conrad，1947：705–708；my italics）

康拉德（Conrad）的任务是什克洛夫斯基（Shklovsky，1965）所说的制造"使石头成为石头"（12）。正如亚里士多德（Aristotle，1995）在他的《诗学》（*Poetics*）第9章中首次提出的那样，议论性语言从现实的特性中抽象出来以捕捉它们的共同点，而美学语言则相反：它捕捉到了经验现实的特殊个性的本质，现实的"存在"。"存在"这一术语，就其最广泛的意义而言，是指存在的或被认为存在的东西，物质的或非物质的；狭义地说，存在是现实的"本质"。在诗学象似性中，存在被理解为有机系统的"生命"和使石头成为石头的"本质"。在这个意义上，人类认知活动的特定创造可能成为现实本质的象似符。

埃尔兹别塔·塔巴考斯卡（Elżbieta Tabakowska，1999）对象似性关系提出以下观点：

> 传统上，人们普遍认为象似性关系是单向的过程：从表达到概念。然而，如果我们赞同，辨别一种给定相似性的能力起因于语言使用者对特定文化和语言的了解，那么我们可以合理地认为这个过程可能被反过来：通过（语言学）惯例，

语言使用者可能会（通过辨别有关的相同点）将特定表达与特定概念联系起来，因此得出对现实的某种看法或解释。（411）

塔巴考斯卡（Tabakowska）在这里提出的建议——象似性与我们感知现实的方式有关——反映了我在用诗学象似性来定义我所指的内容时所采取的方向。就像一件手工制品可能是超越自身的某物的象征，人类制度的特定元素，如文化或社会，也可能成为超越它们自身的某些事物的象征。因此，阳光法案和市政厅会议是民主原则的象征；马丁·路德·金（Martin Luther King）在1963年的《我有一个梦想》（*I Have a Dream*）演讲和巴拉克·奥巴马（Barack Obama）在2015年关于黑人女性困境的演讲是种族、经济和社会正义平衡尺度的象征。

我想到了几个世纪以来作家们所做的类似陈述，即艺术抓住了不可言喻的、看不见的、无法表达的东西。然而艺术是具体的、个体的、表达的、情绪的、描述的、情感的、主观的。艺术如何能在具体的同时表达抽象的事物呢？阿奇博尔德·麦克利什（Archibald MacLeish，1960）认为诗人的工作如下：

诗人的劳动就是与世界的无意义和沉默作斗争，直到诗人能够强迫世界有意义，直到他能使沉默成为真理，使非存在成为存在。这是一种劳动，它承担着“认识”世界的任务，不是通过解释、论证或证明，而是直接地，“就像一个人知道嘴里的苹果一样”。（9）

麦克利什（1952）的诗歌《诗艺》（*Ars Poetica*）表达了同样的原则：

| *Ars Poetica* | 诗艺 |
|---|---|
| A poem should be palpable and mute<br>As a globed fruit<br>...<br>A poem should not mean<br>But be. | 一首诗应当摸得着，却不会说<br>好像圆圆的水果，<br>……<br>诗不应隐有所指，<br>应当直接就是。（赵毅衡 译）① |

① 诗歌中文翻译来自：赵毅衡《美国现代诗选：上》，外国文学出版社1985年版，第332页。

通过使一首诗成为现实，诗人制定了它被创造的表现形式：存在本质的原始体验构成了现实结构的基础。莫里斯·梅洛-庞蒂（Maurice Merleau-Ponty，1962［1945］，1968）指出，这种现实对我们来说通常是“不可见的”，不是缺席或空白，而是隐藏在可见的事物中，但始终存在于当下。我们在这个世界上固有的感觉，我们在当下的体验，被梅洛-庞蒂（1968）描述为：“自我对自我的在场，不亚于存在，是先于任何哲学的，但它只有在那些它受到威胁的极限处境中才能被认识，比如在对死亡的焦虑中或者在对他人对我的注视的焦虑中。”（404）在情绪激动的时刻，即使只是暂时的，我们也会自我意识到我们的存在是“在场”的原始存在的一部分。这种意识在艺术中创造了象似性的可能性：创造性的人类表达与经验现实的在场的关系。在准备探讨这种关系时，以下部分将简要讨论认知自我的本质、科学和美学的作用，以及为认知美学中涉及的跨学科领域建立合适术语的必要性。

## 2 审美认知理论 + 构建

随着关于人类大脑工作机制认知的神经科学的迅速发展，以及关于心智的心理学的类似发展，认知科学家不再认为艺术是科学所不能企及的。[①] 然而，在应用适用于自然科学的方法论时，问题就显露出来了。例如，考虑一下凡·高（Van Gogh）对朋友埃米尔·伯纳德（Emile Bernard）关于自己的画作《圣保罗医院花园》（*The Garden of Saint-Paul Hospital*）的说明：“你会明白，这种赭红色、带灰的暗绿、黑线勾勒轮廓的组合，会引起一些焦虑的感觉，我的一些不幸的同伴们经常忍受这种焦虑。”（转引自迈克尔·基默尔曼，2015：24）[②] 他的绘画观察——灰色会让赭红色显得悲伤，这些与“勾勒出轮廓的黑色线条”相结合，会产生焦虑感，伯纳德将会理解这种情感——直击体验绘画的意义。然而，凡·高的绘画观察并没有告诉我们，如此的绘画特征如何能唤起他的同伴们所经历的“一些”感受。大概，这个说法可以被实证检验，但是问题依然存在。一个定量的结果能在多大程度上告诉我们关于人类大脑是如何在情感上感受到这种视觉影响的呢？ 我们是否需要一个统计上充足的数字来向我们保证这些情感

---

① 原文注释：阿布拉莫等（2017）对认知文学人类学和解释学作出了出色的学术研究调查。
② 原文注释：这幅画的图像可以在这个网站上看到 http：//www.vggallery.com/painting/p_0659.htm。

确实被表达出来了呢？超过 90%？为什么不是 50% 呢？或者实际上，如果只有一个观察者记录了这样的反应，为什么那个关于凡·高的有效证明就不重要了呢？

你可以设想一下，实证研究员借助功能性磁共振成像技术来确定这幅画是否触发了与感官知觉和情绪关联的大脑某些区域的反应，但这个方法又能给我们带来什么启示呢？[①] 神经科学家们已经发现，大脑中的某些突触通路会根据接触环境的体验而发展其用途，因此，每个人的大脑都略有不同。[②] 一位同行画家，一位艺术史学家，一位美术馆 / 博物馆的常客，或者一个没有艺术经验的人，对凡·高的画可能会有非常不同的反应，这并不奇怪，更不用说人们的注意力会受到情绪波动或早餐食物影响的变化。

然而，在对凡·高的这一评论进行考量时，又一个问题浮出了水面。科学方法论的一个重要组成部分是可重复性，即精准重复，从一个特定的研究中得到相同结果的重要性。假设没有添加剂，海拔高度没有变化，水总是在相同的温度下沸腾。关键在于精确重复。艺术是独一无二的。就像诗歌中的语言效果一样，灰色和赭红色的使用与会让人产生一种悲伤的感觉之间并没有完全的对应关系。就像诗歌中的语言效果一样，一起使用灰色和赭红色会产生一种悲伤的感觉之间没有一一对应的关系。正如凡·高提醒我们的那样，它必须以某种方式存在于这幅画的特点组合中：符号学符号（semiotic signs）——在此情形下为视觉上的——我将主张，能够被证明与其描绘对象形成了标志性的相似表象。麦克利什对诗歌也表达了同样的观点。在一首诗歌中，引起情感反应的不仅是声音本身，而且是声音与诗歌意象、句法模式、隐喻和主题。挑战在于确定这些组合如何唤起情感反应。被用于创作诗歌或绘画的感觉认知的感觉—

① 原文注释：这样的调查并非没有价值。2017 年春天，歌剧演员蕾妮·弗莱明（Renee Fleming）参加了一项功能性磁共振成像实验。研究人员发现，蕾妮的大脑会呈现出不同的活动，这取决于她是说话、唱歌或仅仅是想象唱歌（詹格劳，Jangraw）（2017）。当弗莱明想象唱歌时，大脑中包括情感、运动和视觉的更多区域变得活跃起来，这是一个有趣的发现，因为想象唤起了感觉认知。

② 原文注释：福克斯（2018）引用了神经学研究中的实证研究，提供了大脑神经可塑性使生活经历导致的皮层重组成为可能的证据。

肌动—情感过程对于他们的读者来说不一定是可复制的。[①] 尤其是就一幅绘画作品而言，任何实证检验都必须被进行，正如一些实验所做的那样，观察员实地观察这幅绘画作品，而不是网上或艺术书籍中的一种表现物。因为是纹理、笔触等的质感，甚至是画的展示方式，促成了观察者的情感反应（罗宾逊，2005）。

当说到诗歌时，问题就复杂了。一首诗歌感觉—肌动—情感（知觉）的情感反应不仅存在于诗歌的意象上，而且存在于诗歌的韵律上：模式和重复的元语言特征，话语的曲折变化，它们只是部分地以书面形式表现出来，如词汇选择、顺序和标点符号。在不考虑韵律学的情况下解读一首诗，可能会错失它的感觉情感，因此导致误读或错判诗人意图，不是从交际意图的意义上理解，而是从强度或内涵的意义上理解。

一个问题仍然存在：一种科学的方法对尚未被专家记录在案的艺术有什么要解释的吗？几个世纪以来，艺术家和艺术专业学生就艺术的许多表现形式的本质发表了深刻的评论。这些评论显示出了复杂和深奥的知识。然而，对于这种观察证据的明确说明或对艺术达到这种效果的方式分析往往是缺失的。丹·恰森（Dan Chiasson，2010）在詹姆斯·斯凯勒（James Schuyler）《其他的花：未收录诗集》（*Other Flowers: Uncollected Poems*）的一篇述评中做出了引人注目和显著的评论，他认为："斯凯勒（Schuyler）准确找到了记忆与悔恨的安息角。"（45）[②] 由于没有给出任何例子，人们需要阅读斯凯勒的诗歌，以对恰森的所指进行有根据的探寻，尽管那样，斯凯勒实现这种"精确的安息角"的方式可能并非显而易见的。[③] 角（angle）这个术语意味着

---

① 原文注释：罗曼·雅各布逊（1960）引用了安东·马蒂（Anton Marty，1908）对"情感的"胜过"情绪的"一词的偏好："所谓的专注于说话者情感的或'表达的'功能，旨在直接表达说话者对他所谈论内容的态度。它倾向于产生某种情感的印象，无论是真实的还是虚假的；因此，马蒂发起并倡导的'情感的'一词……已被证明比'情绪的'更可取。……感叹词中的情感功能在某种程度上影响着我们所有的话语，包括语音、语法和词汇层面。"（354）

② 原文注释：恰森可能从华莱士·斯特格纳（Wallace Stegner）的小说标题"安息角"（Angle of Repose）（也有译为"安眠的天使"）得出的评论。他对这部遗作集里的许多诗歌做出了评论。他表达了对一卷书的兴趣："这卷书明确了斯凯勒对这些诗起初的排斥所隐含的好坏之分：告诉我们是什么让斯凯勒的好诗与坏诗不同。猜测为什么这163首诗没有入选？并且有些比其他的更好吗？"（44）在评价这些诗的好、坏和平庸时，人们应该做的不仅仅是"猜测"。审美认知正是这样做的一种尝试。

③ 原文注释："安息角"（angle of repose）一词最早被记录在劳登（Loudon）的著作中（*Encyclopaedia of Cottage, Farm, and Villa Architecture*，1833）："斜坡以大约32度角倾斜，或称为砖石安息角。"（《牛津英语词典》）它指的是依靠所用的建筑材料，可以达到永久稳定的角度。

视觉角度；保持某种静止。正如角的复数用法可能暗示的那样，记忆和悔恨的角被理解成不相关的效果，还是被理解成相互关联的轴呢？恰森的措辞是引人注目和令人难忘的；它让人想起了艾米莉·狄金森的诗行，"悔恨——是觉醒的——记忆——"（H57，F781/J744/M383），"经历是条弯路"（H175，F899/ J910/M425），"用来代表安息"（A191，A831，A66，F895/J1068 and 1775/ M534），但狄金森对这些术语的使用与斯凯勒的是相同还是不同，这一点也不明显。[①]

文学批评中的这种解释性省略——解释性例证、解释性证据、解释性评价——正是审美认知研究所寻求补救的。在其描述方式中，应用于诗歌的审美认知无异于文学阐释学或"细读"。不同于文学诠释学，审美认知关注为诗歌效果提供解释方法，为诗歌评价提供理论依据。为了做到这一点，审美认知超越了文本本身，不仅像传记、历史、社会或心理分析那样，为艺术的内容提供相关的语境证据，而且延伸到人类心智运作本身的动态运行机制，因为它包含了人类经验概念化形成中由感觉—肌动—情感印象所引起的感情。从这个角度来说，文化、生活经历、历史资料等，都是创造性的人类表达的更大领域中的必要子集，与经验现实相关。

神经认知（neurological cognition，简称 neurocognition）[②]，这一领域为更深入地探究诗歌效果的证据提供了可能性。一个春日，一名在马萨诸塞州谢尔本瀑布花桥工作的志愿者对我说，当她驾车去往大桥时，从收音机里听到的曲子仍然在她脑海里回荡。其他志愿者也参与进来：他们说歌曲有多大的侵入性（毕竟，他们是园艺师）。志愿者问道，为什么大脑倾向于墨守成规？神经认知仍处于科学发展的早期阶段。例如，有研究表明，在听音乐时，音乐家的左脑更活跃，与之截然相反的是普通人的右脑更活跃。但是，为了测试音乐体验和专业知识能让我们进一步了解大脑功能而设计的实验会有什么结果呢？在演奏中，当通过手动操作乐器而非听录音来感受音乐时，

① 原文注释：艾米莉·狄金森没有出版她的大部分诗歌，也没有给她的诗歌命名。狄金森的诗歌文本来自手稿的在线图像，并通过档案识别号进行识别，H 代表霍顿图书馆或 A 代表阿默斯特学院档案馆，后面是诗歌编号：F 代表 R. W. 富兰克林（R. W. Franklin，1998），J 代表托马斯 H. 约翰逊（Thomas H. Johnson，1955），M 代表克里斯泰恩·米勒（Cristanne Miller）版本。

② 原文注释：从神经学的角度探索艺术通常使用的术语是神经美学。关于神经美学的争议源于对研究者的反应，这些研究者声称（或至少暗示）只有大脑活动才能解释艺术活动，仿佛自我只是大脑过程的一个功能（正如认知神经科学的许多研究假设的那样）。人们不必非要接受这个假设去承认神经认知在我们理解艺术的反应方式中发挥着作用。

大脑的反应会有所不同吗？在创作和聆听古典、摇滚、重金属或新浪潮音乐时，大脑的功能是否有所不同？记忆在对音乐的反应中起到什么作用呢？技术至今还没有足够先进，无法充分回答这些问题；至于大脑中可能发生的事情，功能磁共振成像扫描只能提供最粗糙的迹象。然而，随着科学开发出进一步研究大脑运作的工具，这些问题也许有一天会得到答案。①

前面的讨论提出了一个重要的观点。没有仪器来探测和检验假设，科学就无法发展。想想伽利略的望远镜、电子显微镜、欧洲核子研究中心的加速器。在这个意义上，詹巴蒂斯塔·维柯（Giambattista Vico，1948［1744］）在18世纪的告诫中说，可以从某种不同的角度来看待，我们无法知道我们自己没有创造事物的原因。维柯用他的人类文化的“新科学”和笛卡尔科学做比较（M.Freeman，2011）。这两门科学在制造人工制品方面是相似的，无论是物质的还是非物质的。它们的区别在于制造这类制品的目的。科学仪器是被用来探索关于自然世界的知识，文化仪器是被用来模拟人类与自然世界的关系和对自然世界的反应的。在造型艺术中，仪器是物质的：雕塑和建筑中的木材、黏土、混凝土、钢材；视觉艺术中的油画颜料、水彩、画布、羊皮纸；音乐艺术中的黄铜和其他金属、木材、象牙、兽皮。在其他艺术中，仪器与人体的关系更为密切：舞蹈中的肌肉运动、歌唱和口头诗歌中的声带。文学处于人工制品和人体的界面上：墨水、铅笔、纸张，以及后来的计算机、照相机、电影都为语言服务，这些都是在人类认知发展过程中出现的。②艺术中的媒介选择，就像科学中的媒介选择一样，既促进了实践，也限制了实践。

审美认知另一个潜在的有用的区域是评价。它仅仅是一个感官品位的问题，就像那句老生常谈的短语所说的那样，品位无可争辩吗（de gustibus non est disputandum）？或者鲍姆嘉通（Baumgarten，2007［1750］）的“品位”应该被理解为鉴赏力？③是什么或者谁决定一部小说是否优秀，甚至伟大？《麦田里的守望者》

---

① 原文注释：关于诗歌神经认知反应的一份近期工作的有益调查可能会在雅各布逊的书（2017）中找到。

② 原文注释：N.凯瑟琳·海耶斯（N.Katherine Hayles，2017，2018）探索了“认知集合”（cognitive assemblages）：协调机器和人类认知活动的分配系统。

③ 原文注释：史克鲁顿和芒罗（Scruton and Munro，2018）指出鲍姆嘉通（Baumgarten）所理解的品位不是感官能力本身，而是一般意义上的辨别和评价。关于美学的广泛调查，请参阅他们在《大英百科全书》（*Encyclopedia Britannica*）上的文章。

（*Catcher in the Rye*）是像一些人说的伟大，还是像另一些人说的幼稚？为什么有些读者认为《愤怒的葡萄》（*Grapes of Wrath*）是最好的书之一，而文学评论家则倾向于将其归入“好但不伟大”的范畴？[①] 自从伊曼努尔·康德（Immanuel Kant，1911［1790］）在美学的定义中加入了判断，在艺术的讨论中评价的问题一直是备受质疑的，即使艺术鉴赏家是普遍精通于分辨平庸与优秀的，尽管并非绝对正确。显然，品位问题和更大的问题之间是有区别的，品位问题确实是私人的（personal）和个人独特的（individually idiosyncratic），更大的问题是什么使艺术成为艺术，以及如何就什么是好——甚至是伟大的——艺术达成某种共识。我认为，“品位”和“美感”绝不是回答这些问题的（唯一）相关标准。品位、美感和愉悦是由审美能力产生的，而不是审美能力的组成部分。

存在一些共识——即使不是普遍的，专家之间更是这样——人们可以探究为什么一些艺术品具有普遍有效性，而另一些则没有。专家“知道”的是什么，使他们能够对艺术质量做出判断？如果偶尔判断错误，所有的评价因此都是可疑的吗？这些都不是新问题。它们已经被困惑和争论了几个世纪。事实上，时间一直是品质争论的一个决定因素：莎士比亚（Shakespeare）是伟大的，因为他仍然在跨越时代、跨越语言和文化与我们对话。但这并不能让我们更深入地了解是什么让莎士比亚的作品经久不衰。我们仍然面临着一个难题，为什么莎士比亚的作品比同时代的克里斯托弗·马洛（Christopher Marlowe）或其他人的作品更受重视。缺少对审美认知的这些因素更好的理解，是一种我们所使用的术语和构成我们思维（thinking）基础的假设的更清晰的阐述。

## 3　构建多学科术语体系

当人们考虑使用“认知的”（“cognitive”）这一术语来描述某些当代学科时，重新定义术语的需求就变得清晰起来。广义上，“认知的”一词可应用于所有人类心智

---

① 原文注释：我关于塞林格（Salinger）和斯坦贝克（Steinbeck）的小说例子援引自约翰·F. 达西（John F. Dacey，2010）。他写道：“自我在 20 世纪 60 年代中期第一次读到它以来，它一直是我最喜欢的书”，而塞林格的书就是个“冒牌者”，其中“标题和书的其余部分一样毫无意义”（4）。

运作（minding）的活动，因此“所有的研究都是认知的”这种表述是多余的。自心智科学从自然科学中分离后，在认知科学中把它（cognitive）用作形容词是可以理解的。认知语言学是针对乔姆斯基（Chomskyan）语言学早期表述发展起来的，乔姆斯基语言学认为大脑中有一个专门用于语言的独立的句法模块，而认知语言学家认为语言功能是分散的。然而，两者都声称带有认知的标签。通过调换形容词—名词词组的位置，各种认知学科可以更准确地被理解为看待同一认知能力的不同模式，无论它们是语言学的、心理学的、社会学的、神经学的、科学的、美学的等等。出于这个原因，认知诗学（cognitive poetics）的使用是同样有问题的，因此我现在采用诗学认知（poetic cognition）作为一种更准确的描述。

作为审美认知的一个分支，诗学认知在构建诗歌效果的本质以及将诗歌效果与人类认知过程联系起来的方面具有提供一种理论和方法的潜质。然而，认知诗学像所有在其应用领域中尝试跨学科亟须的努力一样，“各类学科彼此借鉴，互相引用”。[卡利斯等（Callies et al.），2011：3]这种研究仍然处于非常早期的阶段。西蒙·佩尼（Simon Penny，2017：427—433）指出跨学科本质上是不稳定的。它随着新的世界观的出现而产生，并朝着形成新学科的方向发展。跨学科的特点是暂时采用的术语来自不同学科发展出来的概念，这些术语不可避免地失去了其原始表述的严谨性，因为它包含了来自不同于最初使用它的环境的现象。在这个阶段当中，（术语）意义本身变得不稳定，这种情况印证了佩尼（2014：n.p.）在一门学科发展史上的第一个阶段：

1. 尚未形成的词汇和模糊迹象的阶段。

2. 在这个阶段，来自不同领域的思想相互交流，新的关系和差异被建立起来，在此基础上，一种反映新世界观的新词汇被谨慎且精辟地建立起来。

3. 这个阶段，为了进行复杂和密集的话语，群体成员有效地使用这个新词汇。在这个阶段，这些术语的认识论历史是共同的知识，这些术语作为简略的表达方式使用。

4. 这些术语逐渐变得具体化，不再代表过去的研究和争论。例如，这些术语被写进教科书，传授给新一代学生，他们把这些术语当作公理化的基本现实。因此，在第二和第三阶段中如此严谨发展的术语变得像充满假想意义的魔法咒语。

5. 此阶段术语范例失败的问题，往往看起来只需要技术或方法上的调整，但随着问题的发展，最终变成原则性问题。此时，术语范例的解释力形成问题，内部和外部的质疑开始了。

返回 1 并重复。

考虑到不同阶段的痕迹特征可能同时出现，佩尼的阶段说法没有如此严格地被定义为在实践中发展的一门学科。尽管如此，佩尼的几个阶段也有助于提供一个学科发展周期的粗略轮廓。

诗学认知作为一门新兴学科，已经发展到第 2 阶段，但其术语依旧不稳定。这种不稳定性源于几个方面，反映了佩尼学科发展周期中不同的阶段。有时，这种不稳定性源于对另一学科中具有特殊意义术语的借用。同构就是一个恰当的例证。该术语最初在自然科学中被理解为指具有相同结构的不同有机体，在文学批评中被用于将内容与形式联系起来，从而导致一种误导性的假设，即形式和意义在某种程度上是可分离的两个部分，就像两个不同的有机体一样。在认知语言学里，乔治·莱考夫和马克·约翰逊（George Lakoff and Mark Johnson，1980，1999）一直致力于保持形式和意义的原始区别，这种区别对诗学象似性变得非常重要。

另一种不同类型的问题来自构成跨学科术语基础的假设。人类通过语法名词化将事件、活动或过程具体化（制造物体）的倾向，导致概念分类，模糊了感觉—肌动—情感体验的前意识过程。楚尔（Tsur，2008）认为诗歌的一个重要功能是通过延迟分类来进入这些前意识过程。只有当我们能够穿透心智（mind）或隐喻等概念的物化，将其视为心智运作和隐喻的主动过程时，我们才能感知它们特定的认知功能。

佩尼在阶段 2 中的术语不稳定性也可能是因采用了原始学科中已经达到阶段 4 的术语。文学批评中的许多术语，如源自古希腊语的美学（aesthetics）或模仿（mimesis），被当作公理化的假定事实，“充满了假定的意义”。当一个单词被翻译时，它倾向于改变意义。例如，在托马斯·肯皮斯（Thomas à Kempis）15 世纪的论著《模仿基督》（*Imitatio Christi*）中，“模仿”（imitation）的拉丁语含义是通过做基督所做的来遵循他的戒律。根据《牛津英语词典》（*OED*），这个词首次被记载在 16 世纪的英语中，其动词形式“模仿”（imitate）仍然带有通过行动遵循的主动概念。然而，其英语名词化形式的物化却采用了更为现代的观念，即通过模仿行为或态度而非行动来复制，甚至产生了仿冒的概念，从而引发了佩尼第 4 阶段所特有的范式问题，因为这种用法在第 4 阶段未经审视就已被采用。

"认知"（cognitive）一词是反映第 5 阶段范式性失败的一个典型案例。也就是说，从广义上讲，这个术语指的是心理过程。在过去，这些心理过程局限于概念推理，排除了肌动功能、感觉印象和情感动机的前意识过程。然而，随着神经科学中大脑研究的发展，认知心理学家的研究不断指出，感觉认知——感觉—肌动—情感官能——在人类"心智运作"（minding）中起着不可或缺的作用（M. Freeman，2009）。福克斯（2018）指出："感知、注意力、行动、规划以及运动执行至关重要地取决于意向性，即诸如唤醒、警觉、驱力以及基本的动机和情感状态等重要功能，这些功能主要与脑干和间脑中的中枢相联系，并且为意识的所有高级功能提供能量。"（111）意动功能因此产生于生物体的生命，成为感觉—肌动—情感官能的基础。这种对认知本质理解的发展，引导和制约了"认知的"这一术语在诗学认知中的运用。

"美学"一词也存在类似的问题。这个词源于希腊语"感觉"（αἴσθησις），意思是知觉、理解、洞察力，在现代它被限制于研究艺术中的品位、美感和快感。然而，审美能力是认知的一个基本方面，它涉及用于判断自然和人文科学在内的一切人类活动的记忆力、想象力、注意力、辨别力、专业知识以及判断力。使用带有这种预设理论负荷（pre-assumed baggage）的词汇所带来的问题表明，需要有新的术语来取代它们，以避免产生误解。然而，这样的提议似乎不太可能实现，甚至可以说是不可能实现的。

这些术语流动性和具体化的例子只是使用的术语中的一部分，通常没有定义，并且在诗学认知的实践中，导致对其他误导性主张缺乏共同理解。围绕诗学象似性理论中作为功能元素的特定术语展开，并将这些特定术语应用于各种诗歌例子，然而，我们意识到这些术语的整体意义总是大于部分意义的总和。正如麦克利什指出的，对于诗学象似性的挑战是，诗歌通过何种方式能够"将世界的所有复杂性带入心智中"。

# 理论探索

【栏目主持：支宇教授】

# 能源人文学兴起的心智转换机制及其动因

赵秀凤

［中国石油大学（北京）外国语学院，北京 102249］

**摘　要：**

能源人文是在新唯物主义、环境人文学等后人文主义影响下新发展起来的一个跨学科研究领域，旨在采用更广阔的理论框架和视角，阐释能源之于现代性的塑造作用，为破解现代性危机，寻找包括政治、文化和社会变革在内的整合性方案。本文运用认知心理学的“心智定式”和“心智定式转换”理论剖析能源人文研究兴起的生成机制和社会动因。分析表明，能源人文学是认知主体遵循“揭露—打破—超越—重构”逻辑，扬弃传统化石能源褒奖性心智定式，用后人文主义和新物质主义思想进行创造性心智定式转换的产物。通过对人类中心主义心智定式的颠覆性重构，能源人文学在对化石资本主义制度和文化理念进行批判和匡正的基础上，呼吁破除发展主义和榨取主义（extractionism）逻辑，重塑能源之于可持续发展的意义和价值。能源人文学的兴起是外部现实困境与认知主体对定式超越内驱力联袂推动的结果，是一种通过能源想象和能源书写重塑能源与社会和文化关系的价值和审美自觉的理论和实践探索。本文旨在加深对这一新兴研究动向的深层思考，并以此揭示当代人文学者在力图突破现代性焦虑，探索后现代主义文化重建的认知心理过程。

**关键词：**

能源人文；心智定式；心智转换；能源批评；认知诗学

基金项目：本文是教育部人文社科规划基金项目“多模态能源舆情话语的认知批评研究”（21YJA740055）和北京市社会科学基金规划项目“多模态视域下中西能源话语比较研究”（21YYB006）的阶段性成果。

作者简介：赵秀凤，博士，中国石油大学（北京）外国语学院教授，博士研究生导师，主要从事认知诗学、能源人文学、能源话语研究。

## The Mental Set-Shifting Mechanism and Motivations for the Emergence of Energy Humanities

Zhao Xiufeng

( School of Foreign Languages, University of Petroleum–Beijing, Beijing 102249, China )

Abstract:

Energy Humanities is an emerging interdisciplinary field influenced by posthumanist perspectives such as new materialism and environmental humanities. It seeks to employ broader theoretical frameworks and perspectives to elucidate the role of energy in shaping modernity, offering integrated solutions—encompassing political, cultural, and social transformations—to address the crises of modernity. This paper applies the cognitive psychology theory of "Shift of Mental Set" to analyze the generative mechanisms and social motivations behind the rise of Energy Humanities. The analysis reveals that Energy Humanities emerges from a cognitive process aligned with the logic of "exposure-breakthrough-transcendence-reconstruction", wherein cognitive subjects critically move beyond the traditional affirmative mindset toward fossil fuels and creatively shift their mental sets through posthumanist and new materialist ideologies. By subverting and reconstructing anthropocentric mental set, Energy Humanities critiques and rectifies the institutional and cultural tenets of fossil capitalism, advocating for the dismantling of developmentalism and extractionism while redefining the significance and value of energy for sustainable development. The rise of Energy Humanities is driven by both external systemic crises and the intrinsic cognitive impetus to transcend established paradigms, representing a theoretical and practical endeavor to reimagine and re-narrate the relationship between energy, society, and culture through value-laden and aesthetic consciousness. This paper aims to deepen understanding of this nascent academic trend, shedding light on the cognitive-psychological processes through which contemporary humanities scholars grapple with modernity-induced anxieties and explore postmodern cultural reconstruction.

Key words:

energy humanities; mental set; mental set shift; energy criticism; cognitive poetics

## 0 引言

“能源人文”（energy humanities）是由加拿大学者伊姆雷·子曼（Imre Szeman）和美国学者多米尼克·博耶（Dominick Boyer）于2014年在《能源人文的兴起》一文中首次提出的一个术语，用以概括和命名一个悄然兴起的跨学科研究——从人文社会科学视角考察能源与社会及文明之间的关系（赵秀凤、曹春华，2020；唐建南，2022a，b；陈文佳，2024）。在能源人文学者看来，能源不只影响到环境，还塑造了我们的现代性，包括我们习以为常的现代生活样态及日渐严重的现代性危机，因此，能源是一把探究现代性危机根源，找到包括政治、文化和社会变革在内的整合性应对方案的钥匙（Szeman，2015:5）。基于此，能源人文研究运用人文社会科学的理论和方法，重新思考能源与人类文明之间的关系，推动能源研究的“文化转向”“伦理转向”和“话语转向”（赵秀凤、曹春华，2020：32），并探索应对生态灾难，通往未来的可持续发展之路（Boyer & Szeman，2014）。

基于对能源人文社会属性的共同认知，来自不同领域的研究者共擎“能源人文”大旗，协同考察能源与几个主要场域——历史和未来、权力和政治、文学和艺术、哲学和伦理——之间的复杂动态关系，短短数十年间取得了丰硕的研究成果，使“能源人文”成为一个21世纪跨学科研究的新动向。对此，赵秀凤、曹春华（2020）曾做了相对系统的梳理，使我们对欧美能源人文研究形成了全景式了解。近几年能源人文研究成果持续增长，尤其是能源文学研究领域如能源书写、能源批评理论和实践等，知识生产迭代迅速，影响范围不断扩大。对此，我们亟须回答下列问题：是什么认知机制和动因催生了这一现象？能源人文何以能成为一个跨学科研究热点？本文尝试基于广义认知诗学视角，运用心智定式转换理论，探索上述问题的答案。

## 1 心智定式转换

“心智定式”（Mental Set，又称“心理定式”“思维定式”，支宇、赵越，2022：140）是一个认知心理学概念，指认知主体在与周围环境不断探索互动中形成的固有看法和思维定式，是一种受到长期的环境、教育等影响形成的持久稳定的对外界刺激的反应结构；人们通过它来认识世界，对事物进行预测，对事件进行归因，并做出解释，它可以帮助人们快速地做出反应，节约认知资源（李绍洪，2005；乐国安、李绍洪，2006）。“心智定式”是连接主体心理与外部世界的中介和桥梁；认知主体以一种固定的感知偏好、知觉习惯和思维方式来接收与处理外界信息，具有极为重大的“生存价值”（great survival value）（Tsur，1992）。

然而，外部世界是流动不居的，当既有“心智定式”不足以支撑主体应对外界时，主体就会产生一种心理冲动：突破固守心智定式，对既存的定式进行调整、转换甚至颠覆。当然，催生“心智定式转换”（mental set shift）的因素有很多，而且，心智定式本身也会因外界环境、个体因素的变化而变化，认知主体调整既有心智定式，无论是主动还是被动，都是一种生命体验的常态。

“认知诗学之父”以色列学者鲁文·楚尔在其著作《走向认知诗学理论》（1992）一书中首次把“心智定式”和“心智定式转换”引入认知诗学，其主旨是为文学阅读过程中所产生的审美效应提供认知心理阐释。不过，楚尔所探讨的主要不是主体如何根据外部世界做出心智调整，而是作为阅读者的认知主体如何应对具有审美诗性特质的语言表征。换言之，楚尔用“心智定式转换”阐释阅读者获得的诗学审美体验，并由此开创了认知诗学的心智定式研究范式。

## 2　能源人文研究兴起的心智定式转换机制

虽然楚尔对推动认知诗学的心智定式范式做出了开创性贡献，但是，研读他的论述和分析，我们发现他仅强调接受者个体的心智定式及其转换，从单一维度审视文学审美体验，具有一定的片面性。事实上，文学创作者的心理过程及其对文学交流的认知期待也一直处于“惯性固守和创新转换”心智定式的矛盾运动过程中。文学创作者在既定心智定式的导引下构思作品、创设人物和故事情节，因此，可以说，心智定式是文学创作的原动力，然而，摆脱定式束缚，追求超越，又往往是每一位文学创作者的天性（周国清，1997: 71）。正是在两种心理动力的矛盾互动中，创作主体不断进行自我调节，力图达成既有心智定式与审美超越的协调统一。除文学接受者和创作者外，事实上，文学批评者也遵循如此的心智定式动力规律，调整和突破长期形成的模式化的心智定式，从新的视角审视文学活动，考察和评价文学主题和文学创作手法，也是文学批评理论和流派不断推陈出新的动力源泉。

从这一角度来看，新兴的能源人文研究正是在对既有心智定式的扬弃中不断调整创生的产物。这种心智定式的转换首先表现为能源人文学者对“能源”认知的转变。在长期形成的普遍的文化心智定式中，“能源”是人类文明发展的动力，成就了工业革命的化石能源（煤炭、石油）是推动人类走向现代化的“功臣”，是需要运用科学技术、经济、管理、外交、政治等手段去获取、维护和博弈竞争的国家利器（赵秀凤、曹春华，2020）。这种对化石能源的褒奖性认知与石油产品一样在现代社会中无孔不入，形成了“石油现代性”宏大叙事，其中人类被描述为摆脱“屈辱的历史”，逃离原始状态，与自然法则抗争，从神秘的地下钻探挖掘出黑色的金子，点燃人类文明进化之路。

这样的宏大叙事赋予了“石油”童话或神话色彩，如波兰记者理夏德·卡普钦斯基（Ryszard Kapuściński）曾如此描述：“石油是一种有异味的液体，在空气中熊熊燃烧，简直就像金币沙沙作响。发现石油的感觉就像在漫长的地下摸索徘徊之后突然发现了密室宝藏。”（Kapuściński，1985: 35）这类叙事把石油塑造成一个具有自我牺牲精神的主人公，从被困的地下逃脱出来，自发地馈赠人类。这类叙事创造了某种“石油神话”，对石油进行了美化处理，在公众中塑造石油的正面形象，使石油公司的这类广告语——“石油使我们的现代生活成为可能；石油如同血液一样之于我们不可或缺”——可以冠冕堂皇广而告之。

然而，关于石油的这种褒奖性心智定式掩盖了石油文明所导致的生态环境灾难、道德及政治危机。科学研究表明，人类对化石能源的过度依赖——开采、燃烧、排放是当今环境危机的罪魁祸首，是使人类坠入“人类世”（Anthropocene）的元凶（Crutzen，2002, 2010）。如果我们固守既存心智定式，沿用石油神话叙事，对其危害视而不见，对化石能源所塑造的资本主义制度、现代文化和价值理念不进行批判和匡正，人类将面临毁灭性后果。正如子曼和博耶在《能源人文论文集》开篇所论，“对‘现代性’的赞扬，其实隐含着对化石能源合理性的认可，但却忽视了能源在推动现代化的同时也为我们这个星球带来了生态灾难。能源人文就是要揭示其中的问题，弥补能源不在场的缺陷”（Szeman & Boyer，2017: 13）。

基于这一认识，子曼和博耶等人强烈主张把“能源”纳入环境人文学、社会文化学等人文研究视野，在阐释人类历史、社会和文化发展时必须考虑“能源”的作用和影响（Szeman & Boyer，2017），这种呼吁及其着力推动的能源人文主义浪潮就是一种典型的对既有的、惯用的文化心智定式的超越，打破既定认知思维定式，颠覆固有的建立在发展主义和榨取主义（extractionism）资本逻辑基础之上的叙事定式，从后人文主义视角重新审视能源之于人类可持续发展的意义，是一种对既有心智定式的颠覆性重塑。

## 3 心智定式转换的促成性要素

### 3.1 外因：现实困境与文化思潮

促成这一心智定式转换的因素有很多，其中最主要的是人类生存环境日趋恶化的现实困境。气候变暖、极端天气频发、物种灭绝率提升、土壤板结、森林面积锐减等各类生态灾难已成为威胁人类生存的不争事实。颠覆人类中心主义的固有认知，匡正人类行为，减少人类活动对全球生态系统的破坏，是时代和现实之需。因此，以蕾切尔·卡逊（Rachel Carson）《寂静的春天》（1962）为标志的生态人文主义思想，以燎原之势迅速发展，各类生态研究如生态文学批评、生态哲学、生态美学、生态文化学、生态语言学逐渐成为各领域的显学，联手对建立在技术理性、工业社会和科学权力基础上的工业文明展开强有力的批判（赵秀凤、曹春华，2020：26）。这种生态人文主义思想与新物质主义（new materialisms）和后人文主义（posthumanism）哲学思潮一起，以反思、质疑和批判现代人文主义为己任，致力于拆解基于"人是万物的尺度"这一命题所建构的主体性原则（金洁，2019：49），即破除以人为中心的文化心智定式。

在传统心智定式看来，"能源"是一种为人类提供福祉的资源，是待勘探、待榨取、待利用的非生命的"物"，在人与"能源"的关系中，人是占据绝对优越性的主体。纠正这一心智定式，重新探讨和审视人类中心化所忽视的人与能源的存在关系问题正是能源人文主义发端的基本哲学逻辑。基于这一逻辑，能源人文主义学者认为，我们应该认识到作为"物"的能源其实始终"在行动、在创造、在毁灭、在转变"（Keller & Rubenstein，2017：1）。能源也是具有能动性的行动者——煤炭、石油这类高碳化石能源铸就了19世纪中后期以来所形成的资本主义制度和国际政治版图，形塑了当代的"化石资本主义"（fossil capitalism）（Angus，2016）。正如子曼（Szeman，2015）所述，当今人们津津乐道的"现代性"（modernity）其实就是"石油现代性”(oil modernity),即我们熟悉的现代生活大厦是建立在石油驱动的廉价能源系统基础之上的(LeMenager,2014)。美国历史学家迪皮什·查克拉巴蒂(Dipesh Chakrabarty)也指出,“现代社会之自由大厦是建立在不断扩大的化石燃料基础之上的;到目前为止,我们的自由绝大部分是用高能耗换来的”(Chakrabarty,2009:208)。突破“能源”作为被动客体的认知定式,重新认识能源在本体意义上的能动性、活力性和生成性,有助于“在心理层面和在本体论层面实现彻底的去殖民化”(Neyrat,2020:73),重塑人类与物质世界之间的互动关系。

### 3.2 内因:理论和行动自觉

上述所论的外部现实环境的困境与后人文主义、新物质主义及生态主义思潮的崛起,只是心智定式转换的外部诱因,然而,更为主要的动力是学者、文学艺术创作者自身对定式超越的内驱力,一种通过能源想象和能源书写重塑能源与社会和文化关系的价值和审美自觉。匡正在文学景观中长期存在的“能源无意识”,展示能源想象缓解社会生态危机的巨大潜力(唐建南,2023: 45)是能源人文学认知主体的一种心理驱力和精神创造力,是一种遵循“揭露—打破—超越—重构”逻辑的元意识。例如,石油批评(oil criticism)的开创者,当代著名印度作家高希(Ghosh),于1992年发表了《石油小说》(*Petrofiction*),首次揭露了石油书写在文学场域中的缺席现象,他指出,石油尽管是现代文明的基石,可是在世界文学史版图中,石油书写却是“荒凉贫瘠”“寂静无声”的(Ghosh,1992: 30),文学创作者对石油冲突带来的血雨腥风和世界格局变化无动于衷,这一现象本身就是一种集体无意识的表现,是一种心智定式顽疾。同样,子曼和博耶(Szeman & Boyer,2017)对能源在人文社会科学领域的不在场也提出了尖锐批评。正是这种反思式心理自觉,促使他们勇于揭露惯性心智定式的缺陷和弊端,倡导人们从技术主义、消费主义、增长主义等化石资本主义迷思中自我匡救,通过对文学、文化、艺术、历史、政治等领域的社会实践和文化实践展开深入系统的能源批评,揭露能源对社会伦理、习惯、价值、制度、信仰和权力的形塑作用(Szeman,2015:6),重塑人与自然和谐共生的世界图景。

外因和内因合力推动下的心智定式转换或颠覆绝不只停留在心理和认知层面,而是转化成了实实在在的能源批评实践,这在文学文化批评领域尤为突出,能源批评成为一颗在生态批评场域中冉冉升起的新星。为了全面重塑已有话语和已有研究对象，从能源视角探讨生态、社会、文化与政治维度上的人类与非人类的自然关系（Szeman & Boyer, 2017：9），能源批评界提出了一系列新概念，如“石油叙事学”（petronarratology）、“能源书写”（energy writing）、“石油书写”（oil writing）、“能源无意识”（energy unconscious）、“能源暴力”（energy violence）等。这些能源新概念突破和颠覆既有人类中心主义的心智定式，是弥补能源不在场缺憾的强有力抓手。例如，巴特·威灵（Bart Welling，2018）提出了“石油叙事学”与“再栖居叙事”（reinhabitary narrative），用以构想超越现代化石文明的未来图景。威灵义正词严地指出，现代石油宏大叙事鼓吹浮华的消费主义和自由至上的生活理念，这是一种极其有毒的人类至上主义，他指出，为了“抵制人类中心主义书写、推翻侵吞地方家园的逻辑、颠覆庞大的全球化石油文化的根基”，有必要构建石油叙事学，剖析现代石油文化的问题根源，并从生态区域主义的角度建构“再栖居叙事”（Welling，2018：445）。这种叙事打破廉价石油永不枯竭的“能源神话”，主张为保护挚爱的家园，使用可替代能源，实现人类的再栖居（Welling，2018：447，转引自唐建南 2023：47）。

新概念提供新视角，能源批评的首要发力点就是揭露和批判以石油现代性为基础的高碳生活和文化理念如何不知不觉地浸入文学艺术想象，以一种“能源无意识”的隐性状态形塑着包括审美情趣在内的现代感知。例如在美国盛行的道路小说（road fiction）和电影中，如凯鲁亚克的《在路上》、纳博科夫的《洛丽塔》等（LeMenager，2014：81），充斥着对汽车旅行的描写或刻画，这种建立在廉价石油基础之上的汽车旅行往往被赋予自由、便捷和舒适的文化和情感价值。这种汽车书写或许出自创作者及所代表的西方文化的一种石油无意识，说明石油所缔造的现代性已经沉淀为一种普遍的文化心智定式。20 世纪以来的文学影视作品反复再现汽车、道路、塑料、电器等石油产品构成的物质世界，不断强化“与石油文化相关的感官价值和情感价值”（LeMenager，2014：67— 68），宣扬“石油美学”，形塑着公众对石油现代性的情感和价值认同，“石油基础设施已经成为现代人类的具身记忆和栖居所在”（LeMenager，2014：114）。

正是基于这一认识，能源文学批评学者麦克唐纳（MacDonald）反问道：“难道不是任何一部现代小说都是石油小说吗？”（MacDonald，2012：7）在他看来，即使不是作家刻意以石油为主题创作小说，已经固化的能源无意识也会让其在想象空间中再现石油驱动的现代社会。所以，打破习以为常的心智定式，掀开现代性审美面纱，揭示其虚幻的“石油乌托邦”(Petrotopia)(LeMenager，2014：75)本质，是能源文学创作者和批评家的首要职责。在这方面，尼日利亚作家哈比拉(Helon Habila)步子迈得更大，她用独特的能源文学视角，创作了著名的石油小说《浮油》(*Oil on Water*)，为我们揭示了西方帝国在殖民地进行石油开采的“丑恶面貌”。通过对悲惨场景的书写，如被烧焦的土地、被污染的水源、频繁上演的暴力事件及由此引发的大规模混乱、疾病和死亡，作者揭露了石油暴力带来的生态和社会灾难。超越能源无意识作用下的文学创作，哈比拉有意识地运用多重叙事和隐喻等叙事手法把石油暴力置于小说舞台的中央，凸显能源暴力导致的生态和民族灾难，折射出石油资本背后的非正义性，也促使人们反思和质疑廉价石油驱动的现代生活大厦的合理性和正当性。

## 4 结语

在外部环境因素和内驱力的双重作用下，能源人文研究者和能源文学创作者联手，致力于打破既有的人类中心主义的心智定式，充分认识到能源的能动性，尤其是其对现代性的支撑性作用，通过提出新概念，采取新角度，调整变换视域，反思能源、权力、文化与生态和现代危机的内在联系，建构能源批评新定式。值得一提的是，能源人文学对心智定式的颠覆和重构，势必会影响或与文学接受者对新的心智定式的期待相呼应。对文学艺术接受主体来说，人类中心主义带来了现代性焦虑，也使他们产生了审美疲惫，他们也对新的心智定式充满了期待，从一定意义上来说，接受主体的心理内驱力，也构成了能源人文学推进心智定式颠覆和重构的文化心理动因。

综上，化石能源现代性导致的种种危机诱发了一种普遍性存在的后现代、后人文情绪，形成了一个融“现实境遇、文学艺术书写、想象性体验感知”于一体的心智定式格式塔，促使人们不约而同地渴望摆脱现代性危机，摆脱人文中心主义文化枷锁，重新塑造人与物(能源)、人与自然、人与人之间和谐共生的后人文世界图景，新兴的能源人文学是对这一时代呼唤最及时的回应。从某种意义上来说，能源人文学是对西方现代性、世界格局和自我传统进行理性反思的产物，是一种反西方现代性的批评模式。能源人文学意味着与西方现代性在核心心智定式上的分道扬镳，意味着在突破和颠覆传统心智定式基础上对既定的以榨取主义为核心的话语体系的解构，为突破人类中心主义文化传统所导致的现代性焦虑，推动生态和可持续发展意义上的文化重建提供新视角。

当然，我们也必须认识到，在欧美新兴的能源人文学研究在“反现代性”方面存在制度性局限，反现代性的本质应该是对现代性权力关系的颠覆和对权力关系的重构（陈胜云，2023：12）；现有的能源人文学研究虽然也揭露和批判了化石能源资本主义的种种弊端，但是，对于如何从制度层面重构权力关系，缺乏系统性思考，至多也仅仅停留在反思和意识自觉层面，尚缺乏更为深层次的颠覆性思考。

参考文献

[1] Angus I. Facing the Anthropocene: Fossil Capitalism and the Crisis of the Earth System [M]. NYU Press, 2016.

[2] Boyer D., Szeman I. Breaking the Impasse: The Rise of Energy Humanities [J]. University Affairs, 2014, 40 (3): 40-44.

[3] Carson R. Silent Spring [M]. Boston: Houghton Mifflin, 1962.

[4] Chakrabarty D. The Climate of History: Four Theses [J]. Critical Inquiry. 2009, 35 (2): 197-222.

[5] Crutzen J. P. Anthropocene Man [J]. Nature, 2010 (467): S10.

[6] Crutzen J. P. Geology of Mankind [J]. Nature, 2002 (415): 23.

[7] Ghosh A. Petrofction: The Oil Encounter and the Novel [J]. The New Republic, 1992 (2): 29-34.

[8] Habila H. Oil on Water [M]. Penguin UK, 2010.

[9] Kapuściński R. Shah of Shahs [M]. New York: Harcourt Brace Jovanovich,1985.

[10] Keller C., Rubenstein M.J. (eds). Entangled Worlds: Religion, Science, and New Materialisms [M]. Fordham Univ Press, 2017.

[11] LeMenager S. Living Oil: Petroleum Culture in the American Century [M]. New York: Oxford University Press, 2014.

[12] MacDonald G. Oil and World Literature [J]. American Book Review. 2012, 33 (3): 7-31.

[13] Neyrat F. Literature and Materialisms [M]. Routledge, 2020.

[14] Szeman I. On the Energy Humanities: Or, What Can Philosophy Tell Us about Oil? (A Preliminary Sketch) [J]. European Union Centre of Excellence, 2015 (1): 1-22.

[15] Szeman I., Boyer D. Energy Humanities: An Anthology [C]. Baltimore: John Hopkins University Press, 2017.

[16] Tsur R. Toward a Theory of Cognitive Poetics [M]. Amsterdam: Elsevier

Science Publishers,1992.

[ 17 ] Welling H. B. Petronarratology: A Bioregional Approach to Oil Stories ［ J ］. English Studies, 2018 （ 4 ）：442-457.

[ 18 ] 陈胜云．中国现代性作为新现代性的理论阐释［ J ］. 现代哲学，2023（ 2 ）：8-16.

[ 19 ] 陈文佳．“能源人文”对文学研究对象和方法的重塑［ J ］. 外国文学，2024（ 1 ）：156-166.

[ 20 ] 金洁．后人文主义之后——21 世纪西方人文精神的新走向 ［ J ］. 河南科技大学学报（ 社会科学版 ），2019, 37（ 3 ）：49-54.

[ 21 ] 乐国安，李绍洪．心理定式发生机制的模型建构［ J ］. 心理学探新，2006( 2 )：3-8.

[ 22 ] 李绍洪．论心理定式的形成及其对个体心理、行为的影响机制[ J ]. 南开学报( 哲学社会科学版 )，2005（ 增刊 ）：46-50.

[ 23 ] 唐建南．人类世的能源书写：论阿特伍德的“疯癫亚当”三部曲 ［ J ］. 中国石油大学学报 （ 社会科学版 ），2022（ 3 ）：39-45.

[ 24 ] 唐建南．新世纪的能源书写研究及其生态关怀［ J ］. 外国文学，2022（ 6 ）：149-157.

[ 25 ] 唐建南．能源人文学视阈下的石油书写研究 ［ J ］. 广东外语外贸大学学报，2023, 34（ 6 ）：44-52.

[ 26 ] 赵秀凤，曹春华．能源人文：一个新兴的跨学科研究领域［ J ］. 中国石油大学学报，2020（ 3 ）：25-34.

[ 27 ] 支宇，赵越．“心智转换”与“具身认知”——“广义认知诗学”的两大学科范式与理论进路 ［ J ］. 湘潭大学学报（ 哲学社会科学版 ），2022, 46 （ 2 ）：139-145.

[ 28 ] 周国清．论文学创作中心理定式与审美超越互动的力源与意义 ［ J ］. 湖南师范大学社会科学学报，1997（ 2 ）：71-76.

# 中西方艺术审美认知差异新解：基于认知神经美学视角

刘 旭[1] 吕 鑫[2]
（1. 四川大学艺术学院，成都 610207；2. 北京工业大学艺术设计学院，北京 100124）

**摘 要：**

本文基于认知神经美学视角，深入解析中西方艺术审美差异背后的文化根源与认知机制。研究发现，中国文化以“整体之意”为核心，强调艺术表现中的和谐与神韵，形成“情景嵌入”的审美认知模式；而西方文化则追求“局部之实”，注重个体性与理性分析，呈现出“语境独立”的审美倾向。这种分化不仅体现在艺术风格上，还通过大脑对视觉信息的差异化处理得以验证，即中国观者更关注整体场景与背景关系，西方观者则倾向于聚焦对象本身。对比中西方审美愉悦体验可进一步体现艺术审美模式的文化差异：中国艺术通过“超客体”激发多重精神意象，而西方艺术则以“单客体”传递直观快感。本文系统揭示了文化经验如何塑造审美认知模式，并探讨了这些差异在当代设计中的延展与转译，为跨文化美学研究与艺术实践提供了新的理论支撑与创新路径。

**关键词：**

中西方审美认知差异；整体之意；局部之实；直观快感；双重愉悦

---

基金项目：本文系国家社会科学基金项目“认知美学基本问题研究”（22CZX059）、四川哲学社科基金项目“基于认知神经美学对三星堆青铜头像艺术风格的阐释与创新设计研究”（SCJJ24ND248）阶段性成果。

作者简介：1. 刘旭，博士，四川大学艺术学院在站博士后，助理研究员，主要从事认知神经美学相关研究。
2. 吕鑫，博士，北京工业大学艺术设计学院副教授，硕士研究生导师，环境设计系副主任，主要从事认知美学理论与美感意识研究。

# A New Interpretation of Aesthetic Cognitive Differences between Chinese and Western Art: A Perspective Based on Cognitive Neuroscience of Aesthetics

Liu Xu[1] Lv Xin[2]

(1. College of Art, Sichuan University, Chengdu 610207, China; 2. College of Art and Design, Beijing University of Technology, Beijing 100124, China)

Abstract:

Adopting a novel perspective grounded in cognitive neuroaesthetics, this essay delves into the intrinsic cognitive mechanisms through which culture shapes the divergence in artistic concepts and aesthetic expressions. Distinct cultural contexts have given rise to a pronounced contrast between Chinese art, which emphasizes the "meaning of the whole" and Western art, which centers on the "reality of the part". These cultural experiences further shape differing aesthetic cognitive patterns, specifically manifested in the perceptual tendencies toward "background" versus "object", cognitive styles of "contextual embedding" versus "context independence", and the contrasting aesthetic gratifications of "supra-objective" versus "single-objective" experiences. Such differences continue to resonate within the practices of contemporary design. The aim of this paper is to systematically analyze how cultural frameworks influence the modes of artistic expression in both traditions, while uncovering the underlying neural mechanisms that support these distinctions. By tracing the necessity and internal logic of these aesthetic divergences, the study seeks to illuminate the evolving principles of aesthetics emerging from the dynamic interplay between cognition and culture.

Key words:

Differences in Aesthetic Cognition between Eastern and Western Cultures; The Significance of Wholeness; The Reality of Details; Intuitive Pleasure; Dual Enjoyment

---

## 0 引言

在美学研究科学化的背景下，作为认知神经科学的分支学科，认知神经美学正逐步发展为一门独立的交叉学科，它为研究艺术与审美背后的心智与脑机制提供了全新的理论工具和独特视角，通过揭示大脑感知与认知机制来探讨审美体验的生成与演变（Meng & Liang，2022）。尽管中西方艺术差异是一个被长期讨论的话题，文化作为塑造艺术观念与审美表达差异的关键因素，迄今为止尚未从认知神经美学的角度进行系统化的解读。尤其是中西方文化如何通过影响各自不同的艺术风格与审美认知模式进一步塑造中西方独特的审美体验，仍然是亟须深入探讨的课题。本文以文化为切入点，旨在从认知神经美学的视角探讨中西方艺术风格和审美认知模式的差异及其背后的文化根源。通过分析这些差异的内在逻辑，本文试图揭示认知与文化交互作用下的中西方审美分化与美学演化规律，并进一步探讨这一规律在当代艺术与设计中的转译可能性。本研究旨在为认知神经美学领域拓展新的研究维度，同时为当代艺术创作与设计实践提供坚实的理论支撑。

## 1 文化环境影响下中西方艺术风格的分化

### 1.1 中国“整体之意”的感性艺术表现

中华文化起源于内陆的农耕文明，早期的中华先民生活在天地苍茫、四季变换、气候多变的环境中。在这片土地上，先民们常常目睹的是天地苍茫、云雾缭绕的自然景观，自然而然地，他们的生活与山川原野紧密相连，深刻感受到自然界生生不息的生命力与秩序。先民们的生活节奏与自然的变化紧密同步：日出而作，日落而息，年复一年地经历春种、夏锄、秋收、冬藏。这种节奏与自然四季的交替和昼夜的循环息息相关。通过与自然的共生，他们逐渐理解并顺应了阴阳的规律，与天地建立了深厚而独特的联系。正是这种深刻的联系，使得古人对天地产生了深深的敬畏与尊重。在中国儒家学派孔子眼中，“天、地、君、亲、师”，认为对天地的敬畏在对君、亲、师的敬畏之上。中国道家学派和阴阳学派思想家们认为，感性世界中处处有宇宙中各种力的相互作用的侵入（阿恩海姆，2019：45）。即自然界有其规律，而人类也不例外地包含在这种秩序之中。阿瑟·瓦莱在他那本论中国的《道德经》专著中曾这样写道：“造车的人、木匠、屠夫、弓箭手和游泳者，其熟练的技巧并不是来自对有关事实的积累，也不是靠拼命地使用自己的肌肉和外部感官，而是对隐藏于各种表面的差异和多样性中的那种最根本的一致的利用，通过这种利用，就使存在于自身中的最根本的要素同他使用的工具的最根本的要素达到一致。”（瓦莱，1985：55）这些都在表达一种中华人民与天地交融的和谐状态，即“天人合一”的宇宙观，这也造就了中华先民思维模式是整体的、混沌的，重和谐、重综合以及感性与理性融合下的直觉体悟。这种“感性与理性融合”下的整体观深刻影响了中华文化的方方面面，尤其体现在中国的传统艺术中，传统书画艺术的审美追求与精神实质充分反映了这种整体性的思维方式。中国传统书画的审美意识呈现出“审美去分化”的特征，追求一种无言之大美（支宇，2024）。这种“大美”美学观强调整体的共性而非个性，契合了中华文化中对和谐与统一的高度重视。艺术家们不单单追求对某一对象逼真再现，而是通过笔墨和构图表达出自然共通的内在生命力与和谐感。具体来说，传统山水画中的“气韵生动”便是这种美学观的集中体现。南齐画家谢赫在“六法”中将其列为绘画的首要标准，唐代史家张彦远进一步阐释了这一理念：“若气韵不周，空陈形似。”如果气韵表现得不生动、不到位，那画得再像也是一个空空的壳子，强调艺术的精髓在于捕捉自然的共通神韵，而不仅仅是具体的形似（长北，2008：143）。这种对“气韵”的追求，使得艺术家更注重表达自然的整体气息和情感，而不是仅依靠理智精准地再现山川树木的每一个细节。在表现上，艺术家也不过分强调物体的独立性，物体轮廓的边界刻画往往比大多数写实油画更加模糊。换言之，物体的边缘以一种不明确的方式呈现，使其逐渐消失或融入其他物体或背景之中（Cahill，1960：82）。例如，北宋画家范宽的《雪景寒林图》便完美体现了这一审美追求，画中天色阴沉，似夜幕笼罩，秃枝寒林，桥梁屋宇，湖水堤岸皆被落雪覆盖。画家通过雄壮的山势和浓厚的雪色，烘托出了自然的磅礴气势与隆冬时节天寒地冻的深邃韵味，做到了真正的“气盛韵浓”，超越了单纯的形似描绘（聂世忠，2005）。此外，在中国传统人物画的“造像”维度，以《簪花仕女图》为例，支宇教授认为，中国古典人物画，普遍描绘的是用一种“非个性化”的人物形象来表达一种“去分化”的美感，即不会刻意凸显个体差异，而是通过一种抽象和概括的技巧，捕捉并描绘出特定历史时期人物的共性面貌特征与神韵精髓。而在明末，意大利传教士利玛窦就已说过这样一段话来对比中国人物画与欧洲人物画的区别：“中国画但画阳不画阴，故看人之面躯正平，无凹凸像。吾国画兼阴与阳写之，故面有高下，而手臂皆抡圆耳……吾国之写像者解此法，用之，故能使画像与生人亡异也。”他认为中国人物画只画亮面不画阴影，使人的身体面部看起来十分扁平，没有通过光影明暗塑造人物立体之相。但事实上，中国传统人物画的根本目的在于揭示人物所承载的集体精神和内在神韵本质，而非使“画像与生人亡异”，这种绘画风格典型地表现出人物之间难以区分的相似性，展现了中国传统绘画中的统一和谐的“大美”理念（支宇，2024）。另外，唐代画家张萱绘制的《捣练图》也极具代表性，这是一幅绢本设色画，传张萱原作已不复存在，现存为宋徽宗摹本，此卷现藏于美国波士顿美术馆。该画描绘了宫中妇女捣练缝衣的场面，构图上，“由几组人构成手卷中既独立又相关的画面。首先映入眼帘的是四位宫廷妇女围绕着一个长方形石槽。她们的姿态和动作十分协调；站立的身姿和手中的捣杵突出了垂直的动感。与此对照，第二个场景则由坐在地上的人物形象构成—— 一个在理线，另一个在缝纫。二人手中若有若无的纤细丝线，与前段中沉重的木杵构成戏剧性的对比。第三段画与第一段遥相呼应：它描绘的也是四个站立的妇女，也形成一个平行四边形的组合。她们正在展开一匹白练熨烫，白练沿水平方向亦张亦弛地延伸，与两边妇女略微后仰的体态动形成微妙的张力”（巫鸿，2022：201）。在人物形象的刻画上，如同《簪花仕女图》一般，画家并未对每个人具体的五官特征进行阴阳凹凸的写实性塑造，而是用近乎相同的线条勾勒出五官轮廓，尤其是那近乎相同的眉眼。画中没有任何一位人物成为绝对的焦点，呈现出一种类型化的审美表达，就有种仿佛只画了一个人，这个人在不同的时间维度出现在同一画面中的错觉。这种手法强调了整体与和谐，而非突出个体，呈现出“超以象外”的神韵之美。因此，单独鉴赏每个形象可能无法捕捉其美感，必须将其放入整个画面的上下文语境中，才能领略其中的“大美”奥妙。若将画面右侧的四位妇女逐一欣赏，她们只是简单的不同角度的姿态组合——后侧面、四分之三面、正面和侧面。但当放入整体场景中时，她们以逆时针构成了一个圆状的组合，展现出“刚柔相推”的节奏感，从而激发观者对她们劳动中的神韵之美的体会。这种风格使得观者在欣赏时更容易关注到人物之间的互动和相互关系，而非单一人物的细节表现，其处理方式符合东方文化对感性与理智融合下对整体性的把控，强调了在画面中各个元素的和谐与一致性。

### 1.2 西方“局部之实”的理性艺术风格

与中国传统艺术追求共性的美学观念不同，西方艺术更注重个体的独特性和个体性的情感表达。毕达哥拉斯学派坚信，天界的事物与地上的事物有原则上的区别。以星体运行的轨迹为例，他们认为人们可以从同一轨迹的有规律的重复中预示到它的行踪。毕达哥拉斯学派主张“数”是宇宙及自然事物的根本，万物的基础源于数的生成与演化，这使得数字和逻辑在西方艺术中占据了重要地位。自此西方文化逐渐发展出一种以分析、推理和理性为基础的思维模式，这种模式也为后来的艺术创作奠定了坚实的基础。宇宙中的一切都由数构成，并以客观形式存在，这种客观性驱动了艺术家们对现实世界的探索。从古希腊苏格拉底开始，西方美术逐渐通过理性和数学的手段模仿现实，这为西方艺术的发展指明了方向。到了文艺复兴时期，透视学、解剖学、光学和色彩学的发展为西方绘画的写实技巧提供了科学依据，这一转变标志着艺术创作中的科学与美的结合。西方绘画的审美追求发展为既在于真实，又在于美的体现，这使得艺术家在创作时不仅要考虑形式的准确性，还要注重美感的呈现。

以风景画为例，西方画家特别注重对象和环境的准确分析与描绘，强调比例、明暗、透视等科学法则。对于人物画，则非常强调自我和他人的分化，“自我的诞生”一直是西方绘画艺术最引人注目也最引人入胜的重要特征（支宇，2024）。每个人物和角色都展现出独特的“个性”，不仅外貌与众不同，内在的精神也独具特色。西方艺术通过精准的视觉再现技巧，细致地描绘人物的形态、面貌和五官，力图打造真实立体效果。同时，艺术家们也善于捕捉角色的内在心理特征和个性化的思想意识，从而生动传达其独特的精神世界。例如，桑德罗·波提切利（Sandro Botticelli）的《春》（1445—1510）是文艺复兴时期的重要代表作，它是木板蛋彩画，现藏于佛罗伦萨乌菲齐美术馆。它用希腊神话故事展示了春天的风吹拂着人类理性的苏醒，以人性代替神性，显现了强烈的人文主义精神。从内容上看，这幅画的灵感来自波利齐亚诺的长诗《比武篇》，主要展示了神话中的人物（吴海卓，2006）。左侧描绘的是墨丘利，他手持法杖、脚踏飞鞋，是众神的使者，迅速为神明传递消息，此时他正用法杖驱散冬季的乌云。画面的中心是维纳斯与她的三位侍女美惠三女神——美”“纯洁”和“欢悦”，她们在自由舞蹈，维纳斯则静静欣赏。小爱神丘比特蒙着眼睛，飞翔在维纳斯的上方，正准备发射他的金箭。右侧是风神塞弗罗斯，他强行将山林女神克洛利斯掳为妻，克洛利斯惊叫着试图逃跑，但她的嘴里却绽放出鲜花。最终，她化身为花神弗洛拉，身着华丽的服装，为大地撒下美丽的花朵。从人物形象上看，画面中共出现了9个人物，每个人物的表情都生动且迥异，波提切利在人物面部的解剖表现上展现了对人类五官特征的观察，尤其是在鼻子、眼睛和嘴巴的比例上。他对面部的轮廓细致地刻画，表现出面部客观现实的立体感和层次感。人物面部的微妙表情展现了其情感状态，波提切利通过不同的眼睛、嘴唇和整体面部表情的变化来传达各自的情感。这种对解剖结构的理解使得人物的情感表达更加真实和细腻。除了人物形象外，《春》的背景描绘同样细腻。众神的活动在绵延的橘子树中展开，透过树丛映现出的蓝天，恰如其分地增强了空间的层次感。树木的排列巧妙地形成了纵深效果，画家娴熟地运用了建筑师布鲁奈尔利奇的透视原理。整幅画的素描关系和空间处理协调而自然，展现了波提切利对透视技巧的深刻理解与运用。这一切不仅彰显了理性思维与科学成果的结合，更折射出强调人性与个性的人文主义思想中科学与理性的光辉。

## 2 认知神经美学视角下文化经验对中西方审美认知模式的塑造

### 2.1 中国“全局”与西方“对象”的观看之道

若将东西方比作两个创作主体，为什么会出现两种如此不同的艺术表现形式？这可能是视觉认知模式差异所导致的。首先，认知模式的构建是通过与周围环境的相互作用逐步塑造出对外部世界的认识，进而形成自身认知结构。（钟毅平、叶茂林，2010：12）皮亚杰（Jean Piaget）的认知心理发展理论也强调，知识的形成并非完全源自主体或客体，而是在两者互动中构建的。在该过程中，文化作为构成外部世界的重要组成部分，对人的认知建构起到了关键性作用，且具有传承性。理查德·道金斯（Richard Dawkins）在他的《自私的基因》中提出了“Meme”概念（道金斯，2012：217），它表达的是一个“文化传递单位”的概念，并指出这种传递方式与生物基因的遗传机制相似，即文化基因像生物基因一样，通过知识、思想、技能、习俗等形式在社会中复制、变异，并在不同地域和环境中独立发展。这使得中西方文化基因朝两个完全不同的方向分化，在各自独立的中西方文化的长期浸润和“遗传”下，中西方的认知模式展现出显著的差异。在文化环境与大脑共进化的历程中，这两种文化实际上也构建了两套截然不同的视觉思维系统，进一步“渠化”①出了各自独特的审美认知结构。中华文化强调与自然的和谐共生，注重整体性与感性的直觉体验，并对自然的韵律怀有敬畏之心，因此在中国的视觉认知和视觉语言中，强调的是一种率性、稚拙、天真烂漫的写“意”表达，力求神韵而忽视具体形态，这种表达可以理解为“三

---

① “渠化”（Canalization）是一个描述神经发育或认知功能如何被引导或限制在特定路径上的概念，通常指大脑在遗传、环境或学习经验的影响下形成相对固定的神经通路或行为模式。

分靠画像，七分靠想象”，是一种全局的观看模式。而相较之下，西方文化更倾向于通过理性分析和思辨来审美，追求通过科学法则和比例对美的本质进行理性把握，重视形态细节的真实与神韵的结合，强调素描和写实的精确性，追求视觉上的“真”，是一种聚焦对象的观看之道。

## 2.2 中西方审美“场景嵌入”与“语境独立”的认知风格

人们对书画艺术的审美感知虽然可能在瞬间发生，但实际上这一过程在大脑中经过了三个重要步骤：首先，视觉刺激会通过视网膜中的感光细胞将光信号转化为神经信号，这些信号通过视神经传递到大脑的初级视觉皮层。在初级视觉皮层中被处理为基本特征，如形状、颜色、轮廓和对比度。其次，这些信息会进一步被组织为基础且连贯的视觉形式，以帮助辨别图形与背景。最后，通过与长期记忆中的既有知识进行关联，使这些基本形式获得意义。其中，前两个步骤构成视觉认知的基础过程，属于自下而上的信息处理。这一过程是人类的视觉系统在处理外部视觉信息时，依赖相同的生理和神经机制，这些机制在不同文化背景的个体中基本一致。（Nisbett R. E. & Masuda T.，2003）而认知操作引导的最终理解阶段则可以视为自上而下的处理方式，它涉及多个额外因素，如文化经验、知识经验、成长经验等（刘旭、吕鑫，2024），就如罗伯特·索尔索（Robert L. Solso）认为的，审美包含两个层次：内生知觉和外生知觉。

> 内生知觉（由于源于基本的物理刺激，所以又被认知心理学家称为“由下而上的加工”），需要由眼睛与大脑协同完成。此二者将电磁能转换成神经化学代码……人们对包括艺术在内的视觉刺激物的观看方式都是天生的，这是最初的编排与知觉。通俗地讲，内生知觉就是感觉—认知系统的“硬件”（罗伯特·索尔索著，周丰译，2018：2）……外生知觉，由于它依赖于一个人看到某物而引发的所有观念及其全部的个人历史与认知。（罗伯特·索尔索著，周丰译，2018：3）

在视觉艺术的感知与想象过程中，第三步尤为关键，值得注意的是，文化经验对审美认知的影响非常显著，它甚至塑造了个体的视觉感知和处理方式。人们在长期接触不同的文化价值观、思维方式和视觉环境时，会渠化出独特的信息处理模式。

（Chiao et al.，2008；Miyamoto et al.，2006；Nisbett，2001）鲁道夫·阿恩海姆（Rudolf Arnheim）在《视觉思维》中也曾提到，在“学习”的过程中（学习哪一个应首先被选择出来），被“学习”对象的最独特的方面（或特征）会迅速进入显著地位（阿恩海姆，2019：89）。尼斯贝特（Nisbett）及其同事将人的认知风格归纳为分析认知风格和整体认知风格（Nisbett et al.，2001；Sanchez-Burks et al.，2003）。分析认知风格倾向于将焦点物体从其周围的语境中分离出来（即场独立性），侧重于物体的属性而非物体之间的关系，并依赖规则来进行分类与推理，以及使用因果关系进行解释（Nisbett & Miyamoto，2005）。与此相对，整体认知风格则更加注重语境（场依赖性），关注物体之间的关系，并依赖相似性来进行分类和推理。中国文化强调整体性及人与环境的和谐，倾向于嵌入情景之中，从整体角度处理视觉信息，注重物体与背景的相互关系。这种文化差异进一步体现在不同人群在视觉信息处理过程中可能调用的脑神经机制上（Han & Northoff，2008）。加拿大大学古切斯（Gutchess）团队（2006）借助功能性磁共振成像（fMRI）就已经在探索中西方人在视觉信息处理中的文化差异，尤其是在物体和背景场景的编码过程中。实验使用了三种不同的视觉刺激，包括孤立的物体（孤立的大象）、无主要物体的背景场景（无大象的丛林），以及包含目标物体的背景场景（丛林中的大象）。结果显示，在视觉信息的早期处理阶段，中西方就开始使用不同的加工策略，具体而言，西方人在看到视觉图像的前 300 毫秒内，主要关注的是具体的物体，而中国人会在短至 150 毫秒的时间内关注到视觉图像中的更多区域（Chua et al.，2005）。在进一步处理物体相关任务时，西方人大脑的双侧中颞回、左顶极回和右顶极回等与视觉物体处理有关的区域表现出更高的活跃度，其中中颞回是一个与对象语义知识检索有关的区域。相反，中国人的梭状回有更高程度的激活，梭状回的激活代表了对复杂图像结构的感知处理，而非其语义特征。这一发现指出了中西方文化在视觉处理和信息编码策略上的差异，强调了不同文化背景如何影响大脑对视觉信息的处理方式。在另一项后续研究中，通过适应范式考察了文化差异对和谐与不和谐场景的神经适应影响，特别是评估了东亚与西方文化在统一性与非统一性场景的神经适应性上的表现。统一性场景指的是物体与背景和谐匹配的场景，而非统一性场景则是将物体置于不典型背景中（例如把一头牛放在厨房）。结果显示，中国参与者在外侧枕叶复合体（lateral occipital complex）对非统一性场景表现出较强的敏锐性，该脑区主要负责物体处理（Jenkins et al.，2010）。整体而言，中国人对整体场景的敏感度较高，在面对非统一性场景时，才会分配更多神经资源来处理物体。换句话说，中国文化倾向于整体性处理，强调物体与背景的语境关系，即需要嵌入整个情景去处理，因此才在非统一性场景中表现出更强的敏感性。相对而言，西方人对背景非统一性的影响较小，主要关注物体本身，反映出西方文化的语境独立的处理特征，能够对物体进行快速的语境抽离。

### 2.3 中国“超客体”的二重愉悦体验与西方“单客体”的直观快感

除了中西方在艺术表现方式、视觉认知风格上有明显的差异之外，这些艺术品给人们带来的审美愉悦似乎也有不同之处。从视觉观看到审美愉悦遵循一定的机制处理范式。首先，人类拥有共通的审美神经机制，这使我们能够产生共同的审美愉悦体验（胡俊，2024）。然而，不同的文化背景会引发审美脑机制的文化差异性，这正是前文所提到的由“自上而下”加工机制主导的现象。文化、教育背景、环境、民族及个人经历等因素，在审美过程的后期阶段通过海马体记忆系统、边缘情感系统以及激发个体体验的默认模式网络，对相同的审美对象赋予不同的认知意义，进而引发各异的审美情感，最终形成差异化的审美体验。在中国传统绘画艺术中，无论是谢赫的“气韵生动”还是无言“大美”，无不体现了画家在画一种超出画外的双重客体样态。其中，“第一客体”指的是借助笔墨等媒介在纸上呈现出肉眼可见的图形“实在”，例如中国山水画主要是利用各种不同的线条来勾勒物象的内外轮廓、边界，表现物体的形态，然后随物赋彩，添加青绿赭等几种简单颜色来渲染山石树木等，甚至中唐之后盛行“以黑代色”“墨即是色”“墨分五色”的黑白水墨山水，仅用黑白的明暗对照，来表现物体的颜色、结构和空间位置等。（胡俊，2024）这便可以被叫作“第一客体”，根据视觉加工原理，大脑首先会对这些“第一客体”进行层级处理。其次，对其不同方向的线条、不同明度的黑色、黑白对比等基本视觉元素进行初步分析，这一过程主要发生在大脑的初级视觉皮层（V1 区）以及对方向、边缘、明暗敏感的高级视觉区域。通过这些加工，我们能够识别出画面中物体的基本结构、轮廓与空间关系，此时“第一客体”的样态逐渐明晰。这时，大脑已经完成了对山水画中具体物象的形态认知，比如山川、树木、房屋等，由于中国画对事物的概括能力很强，寥寥几笔就能将构成事物的本质描绘出来，符合大脑对事物恒常性把握的视觉习惯，因此我们对“第一客体”的识别是迅速的，会花费更少的时间来处理。在认知神经美学中，审美加工的流畅性与审美愉悦密切相关。当观者迅速完成对“第一客体”的识别时，流畅的视觉体验会激发大脑奖励机制，带来初步的审美愉悦感。这种愉悦感不仅源自视觉信息处理的效率，还体现了中国山水画独特的简练美学所传达的秩序感与和谐感，进一步深化了审美体验。这种具象化的体验为观者提供了第一层次的愉悦，即源于形态结构和视觉秩序带来的高流畅性的审美愉悦。然而，中国山水画先贤并不止步于物体的具象表现，而是追求一种更深邃的意境之美。画面中的留白、虚实相生、墨色浓淡的变化，以及整体构图所营造的空间氛围，引导观者的情感和想象力超越黑白画面之内，延伸到画外的意境世界。这种意境所呈现的“超越之美”，便可称为“超客体”或“第二客体”。“超客体”并非具体的物象，而是观者在审美体验中通过想象力和情感共鸣生成的精神意象，如山水之间的宁静、幽远与空灵之感。这一过程多涉及有关推理、思考、判断、反思大脑皮质，具体可能会激活前额叶皮层、顶叶联结区及情绪加工区域（如杏仁核与岛叶），使观者在感知具象形态之上，进一步获得精神上的愉悦与满足。相较之下，色块构成是西方风景画的基本造型手法，通过丰富细腻的笔触与五彩斑斓的色彩叠加，西方风景画不仅再现了各种自然景物，还巧妙地运用了色彩的深浅变化与光线的明暗对比，清晰地勾画出物体之间的边界，展现出不同物体的形状与质感，从而逼真地再现自然景观的真实面貌。在这种绘画风格中，大脑前期需要花费更多的时间处理繁杂的色彩变化、光影交替以及物体间的边界关系。在此之后，便能明确地识别出现实存在的景象，写实风景画胜似照片，观赏者也无须调用额外的情感联想或精神意境的拓展，即“一千个读者心中有且只有一个哈姆雷特”与中国传统山水画中的“超客体”相比，西方风景画更倾向于“单客体”的表现形式。西方风景画的审美愉悦通常被视为更直接的，它主要来源于物体的视觉再现。当画面过于明确且写实时，大脑能够迅速并毫不犹豫地认知审美对象。换句话说，这种愉悦感源自物象本身的精细描绘和真实再现，更侧重于一种直观的感官享受。有趣的是，研究表明，当我们反复欣赏同一处美丽的风景时，愉悦感往往会随着观看次数的增加而逐渐减弱。因此，尽管西方风景画的写实风格能在初次观赏时给人留下深刻印象，但随着欣赏的重复，这种震撼感可能会逐渐消退。

## 3 中西方审美认知差异在当代设计中的延展与转译

当代设计实践延续了中西方艺术审美认知的传统分野，并通过现代技术手段实现文化基因的转译。在建筑设计领域，这种差异集中体现为对“整体关联”与“单客体聚焦”的认知偏好。以中国建筑师贝聿铭设计的苏州博物馆新馆为例，其院落式布局与折线屋顶融合了江南传统民居的空间语言，通过光影、水体与园林元素的精妙嵌套，模糊了建筑与自然、展览与游览、观众与场所之间的边界。贝聿铭以现代几何手法抽象转译传统意象，使建筑在材质、比例、尺度与城市肌理上与周边古城区环境高度和谐共生，不破坏原有语境而又创造出新的文化表达。观者在游走中完成空间解读与情感共鸣，其设计逻辑呼应了中国传统美学中“情景嵌入”的认知模式——依赖顶叶与海马体对背景关系的整合，而非颞叶对物体特征的独立提取。这种“超客体”体验由物质空间激发的情感回响与文化认同共同驱动，更契合中国人自上而下、以语境为导向的审美加工机制。相较之下，弗兰克·盖里设计的毕尔巴鄂古根海姆博物馆（西班牙，1997）则体现了西方理性思维对“单客体”的聚焦。该建筑以极具未来感的钛金属曲面构成自由扭动的体量，其反光表皮在自然光线下呈现出不断变化的视觉效果，形成一个高度自我表达的雕塑性地标。建筑设计强调形式语言的独立性与材料肌理的技术控制，脱离了城市与历史语境，以独特的几何逻辑与功能分区打造一个可供快速识别与解析的“超级单客体”。“在当代城市的艺术化趋势中，‘表皮’成为视觉消费的主要对象，它不仅在视觉中产生快感，也在象征上强化其非日常性。”（赵毅衡，2024）西方后现代建筑在城市中更像一个功能与象征性并重的“视觉奇观”，强调个体感知的直接性与唯一性。其审美认知依赖于颞叶对物体轮廓与属性的快速识别，符合尼斯贝特（Nisbett）提出的“分析性认知”特征，即剥离语境关联，通过前额叶皮层对客体形式与功能的理性解析完成审美判断。

在产品设计领域，家具设计师吕永中的“半木”品牌，体现了中国传统美学中“情景嵌入”的设计理念。吕永中通过对自然材料的精心挑选与保留，展现出中国文化中的“天人合一”和“简约至上”思想。“半木”设计的核心在于整体性和空间的关联。每件家具的设计都不是孤立的单体，而是与周围环境、空间背景以及使用者的情感体验紧密相连。吕永中通过留白、非对称构图等方式，让每个家具元素与环境相互呼应，创造出一种静谧、内敛的空间氛围，家具不仅是功能性的物品，更是生活情境的一部分。它们通过细腻的材质、简约的线条和流动的形式传递出一种精神内涵，引导用户在日常使用中体验到情感的共鸣和文化的深度。这种设计符合中国审美中对“第二客体”概念的重视，通过非直观、含蓄的方式唤起观者的情感联想。相对而言，IKEA 的设计哲学则体现了西方设计中对“单客体聚焦”的偏好。IKEA 家具以简洁、实用为核心，强调功能性与视觉上的清晰性。每件家具都是独立的、标准化的单体，注重模块化的设计，易于组装和使用。IKEA 的产品设计大多通过简单的几何形状、直线条和明晰的功能标识，力求在最短时间内传达出每个家具单品的功能和形态。IKEA 的设计注重“功能性”而非“情感联结”，强调产品的明确性和实用性，避免了过多的情感隐喻和文化意涵。这种设计策略强调的是物体独立性，符合西方审美中对“分析性认知”的追求，通过清晰、直观的视觉信息让用户快速理解并使用产品。

视觉设计领域也反映了这一审美认知差异。中国设计更倾向通过柔性抽象的方式婉转而含蓄地传达情感和精神内涵，就像中国画讲求的“留白”，是一种特殊的空符号，这种空白并非真空，而是通过引而不发的方式营造“言有尽而意无穷”的意境美（赵毅衡，2025：16）。例如，设计师黄海为电影《影》《一代宗师》《道士下山》等设计的宣传海报。黄海在设计这些海报时秉承深入浅出的原则，在内容上不过分突出演员个体；在构图上不断精简和淬炼并抛弃不必要的细节；在色彩上色墨与留白相映成趣。反观西方设计，则通常体现出分析性、逻辑性和对形式感的强调，注重对象的清晰表达和直观呈现。例如，被誉为“现代电影标题设计之父”的索尔·巴斯（Saul Bass）以其极简且强烈的视觉风格闻名。他为电影《西北偏北》（*North by Northwest*）、《惊魂记》（*Psycho*）等设计的海报和片头动画，通过简洁的图形、几何构图和强烈的对比色，直接传递出影片的核心主题和紧张氛围。这种风格化的设计抓住了观众的注意力，并以明确的形式和象征性元素使信息易于理解，展现出西方设计追求的理性美学和明确性。

综上所述，中西方审美认知差异在当代设计中并非简单的形式对立，而是根植于文化经验塑造的神经机制的分化。这种分化进一步揭示了认知神经美学框架下“文化基因”对审美表达的深层规约。值得注意的是，中国传统审美认知以“第二客体”为核心，通过情感联想和精神意境的拓展，在有限视觉信息中建构多重语义空间，赋予艺术更深层的内涵。然而，过于强调“第二客体”可能增加大脑的理解难度，观者需要依赖额外的说明或引导才能准确解读作品的深意。相比之下，西方艺术偏重对“单客体”的精细描绘，以直观而明确的方式传递信息，虽能有效减轻大脑的阐释负担，但视觉内容过于易于理解，可能导致观赏体验缺乏新鲜感与挑战性，最终引发审美疲劳或倦怠。因此，未来应在保留中西方各自独特审美传统的基础上，积极推动两者之间的深层互鉴与融合。尤其是在信息技术迅猛发展的当下，全球文化的交流与碰撞日益频繁，不同文化元素正以前所未有的速度实现交织与重构。这一趋势不仅为艺术创作与设计创新打开了更广阔的空间，也使审美表达突破了地域与形式的限制，从而为观者带来更加丰富、深层且多维的审美体验。

---

参考文献

[1] Bodurogˇlu, A., Shah, P., & Nisbett, R. E.（2005, May）. Cultural Differences in Visuospatial Working Memory and Attention. The Midwestern Conference on Culture, Language, and Cognition, Evanston, IL, United States.

[2] Cahill, J. Chinese Painting［M］. Geneva: Skira. 1960.

[3] Chiao, J. Y., Iidaka, T., Gordon, H.L., et al. Cultural Specificity in Amygdala Response to Fear Faces［J］. Journal of Cognitive Neuroscience, 2008, 20（12）: 2167-2174.

[4] Chua, H. F., Boland, J. E. & Nisbett, R. E. Cultural Variation in Eye Movements During Scene Perception［J］. Proceedings of the National Academy of Sciences, 2005, 102: 12629-12633.

[5] Han, S. & Northoff, G. Culture-Sensitive Neural Substrates of Human Cognition: A Transcultural Neuroimaging Approach［J］. Nature Reviews Neuroscience, 2008, 9（8）: 646-654.

[6] Jenkins L J, Yang Y J, Goh J, et al. Cultural differences in the lateral occipital complex while viewing incongruent scenes［J］. Social cognitive and affective neuroscience, 2010, 5（2-3）: 236-241.

[7] Meng, F. & Liang, Y. A New Interpretation of the Essence of Aesthetic Experience: From the Perspective of Cognitive Neuroaesthetics and Aesthetic Anthropology［J］. Journal of Aesthetic Education, 2022, 56（4）: 97-120.

[8] Miyamoto, Y., Nisbett, R. E. & Masuda, T. Culture and the Physical Environment: Holistic versus Analytic Perceptual Affordances［J］.

Psychological Science, 2006, 17 （2）: 113-119.

[9] Nisbett, R. E. & Masuda, T. Culture and Point of View [J]. Culture and Psychology, 2003: 167-189.

[10] Nisbett, R. E. & Miyamoto, Y. The Influence of Culture: Holistic versus Analytic Perception [J]. Trends in Cognitive Sciences, 2005, 9 （10）: 467-473.

[11] Nisbett, R. E., Peng, K., Choi, I., et al. Culture and Systems of Thought: Holistic versus Analytic Cognition [J]. Psychological Review, 2001, 108 （2）: 291.

[12] Sanchez-Burks, J., Lee, F., Choi, I., et al. Conversing Across Cultures: East-West Communication Styles in Work and Nonwork Contexts [J]. Journal of Personality and Social Psychology, 2003, 85 （2）: 363.

[13] 阿恩海姆．视觉思维［M］．滕守尧，译．成都：四川人民出版社，2019.

[14] 长北．中国古代艺术论著集注与研究［M］．天津：天津人民出版社，2008：143.

[15] 道金斯．自私的基因［M］．卢允中，张岱云，陈复加，等译．北京：中信出版社，2012：217.

[16] 刘旭，吕鑫．认知美学视角下审美认知的“同而不和”[J]．认知诗学，2024(1)：73-83.

[17] 聂世忠．论中西传统美术的差异［J］．装饰，2005（5）：34.

[18] 索尔索．艺术心理与有意识大脑的进化[M]．周丰，译．郑州：河南大学出版社，2018：2-3；3；187；22.

[19] 瓦莱．《“道”和它的力量》［M］．纽约：谷鲁弗，1985：55.

[20] 吴海卓．美在其中——波提切利的蛋彩画《春》赏析[J]．南京艺术学院学报(美术与设计版)，2006（3）：104-106；139.

[21] 巫鸿．中国绘画：远古至唐［M］．上海：上海人民出版社，2022：201.

[22] 赵毅衡．城市空间艺术化与“表皮”美学［J］．上海大学学报(社会科学版)，2024，41（5）：132-142.

[23] 赵毅衡．符号学讲义［M］．北京：北京大学出版社，2025：16.

[24] 支宇．审美去分化与具身认知：“重写中国艺术史”的理论进路与核心理念[J]．文艺争鸣，2024（8）：106-111.

[25] 钟毅平，叶茂林．认知心理学高级教程［M］．合肥：安徽人民出版社，2010：12.

# “非自主记忆”与“主题认同批评”：普鲁斯特批评思想的认知阐释

吴山倩文

（西南交通大学外国语学院，成都 611756）

**摘　要：**

法国作家马塞尔·普鲁斯特的《追忆似水年华》(1913—1927；*À la recherche du temps perdu*）既是世界文学史上一部无与伦比的文学巨作，同时也包含着丰富而深刻的认知心理学思想与认知批评理论观点。普鲁斯特文学创作的核心概念是“非自主记忆”，即感官线索在无意识的情况下触发自传式记忆。虽然早期认知心理学家提出的“非自主意识记忆”与普鲁斯特的观察相吻合，但单纯的认知神经科学解释无法深入讨论普鲁斯特“非自主记忆”的本质。对此，比利时批评家乔治·普莱通过对比普鲁斯特与柏格森的批评思想，将普鲁斯特的文学活动解读为超越认知功能的整体，强调重现记忆的相互关联。这表明，真正的理解来自对碎片经验的反思综合。普鲁斯特的“主题认同批评”要求借助批评回忆发现全部作品的共同主题，把握身体主体间的“我思”。

**关键词：**

马塞尔·普鲁斯特；非自主记忆；记忆检索；主题认同批评；认知心理学

## “Involuntary Memory” and the “Thematic Criticism of Identification”: A Cognitive Interpretation of Proust’s Critical Thought

Wu Shanqianwen

(School of Foreign Languages, Southwest Jiaotong University, Chengdu 611756, China)

作者简介：吴山倩文，西南交通大学外国语学院讲师，主要从事现象学文艺理论与批评研究。

Abstract:

The French writer Marcel Proust's *In Search of Lost Time* (1913-1927; *À la recherche du temps perdu*) is not only an unparalleled literary masterpiece in the history of world literature, but also contains a wealth of profound ideas from cognitive psychology and theories of cognitive criticism. The central concept in Proust's literary creation is "involuntary memory", where sensory cues trigger autobiographical memories unconsciously. While early cognitive psychologists' concept of "involuntary conscious memory" aligns with Proust's observations, a purely cognitive neuroscience explanation is insufficient to delve into the essence of Proust's "involuntary memory". In response, the Belgian critic Georges Poulet, by comparing Proust's critical ideas with those of Bergson, interprets Proust's literary activities as an integral whole that transcends cognitive functions, emphasizing the interconnections in the reproduction of memories. This suggests that true understanding arises from the reflection and synthesis of fragmented experiences. Proust's "thematic criticism of identification" requires discovering the common themes in the total work through critical reminiscence, thereby grasping the corporeal intersubjective *Cogito*.

Key words:

Marcel Proust; involuntary memory; memory retrieval; thematic criticism of identification; cognitive psychology

---

## 1 普鲁斯特的“非自主记忆”概念

马塞尔·普鲁斯特（Marcel Proust）在38岁（1909）开始写作《追忆似水年华》（以下简称《追忆》）。13年来（直至去世），这位文人隐居在巴黎奥斯曼大道102号二楼，房间里铺着软木。他独自一人，被锁在房间里，卧床不起，创作了他的文学作品。他工作时精疲力竭，白天睡觉，很少外出，天黑后才出门。在这么多年的紧张写作中，他从记忆中寻找写作素材。他将自己和周围人在童年时期以及作为巴黎花花公子生活中经历的趣闻、事件和情感转化为他“研究”中的200多个角色。普鲁斯特并不是神经科学的研究者，神经科学是一门学科，诞生于20世纪60年代末。然而，为了创作作品，他迫切需要了解记忆是如何运作的，以便最好地利用它。“由于重新激活记忆对于滋养他的创作至关重要，因此他对记忆产生了兴趣，尤其是对记忆的一个关键阶段：记忆检索。”（Gisquet-Verrier & Riccio，2024）

在接受埃利·约瑟夫·博伊斯（Élie Joseph Bois）的采访时，普鲁斯特强调，他认为作品中至关重要的是自主记忆和非自主记忆之间的区别。这个公式不是指记忆的形成，而是指记忆的检索。普鲁斯特观察到，自主记忆是“智力和眼睛的记忆，它只给我们过去的面孔，没有真相”；非自主记忆是“通过一种气味、一种在完全不同的情况下发现的味道……不由自主地实现的”（Gisquet-Verrier & Riccio，2024）。当感官线索吸引注意力并引发一种情绪时，大脑将自行找到与之相关的记忆。这意味着无须进行有意识的搜索过程即可恢复自传体记忆，正如在“玛德琳蛋糕”（Proust，2014）情节中所首先展示的那样。

直到 1932 年，认知心理学的先驱弗雷德里克·C. 巴特利特（Frederic C. Bartlett）才加入了这一观察。根据实验，巴特利特（1932）提出回忆是一种重建，会导致初始记忆的近似形式，有时甚至是错误的。这是由于文化知识的影响以及与回忆条件相关的因素的侵入引起的扭曲。

## 2 非自主记忆的神经认知解释

1885 年，艾宾豪斯（Ebbinghaus）区分了三种基本记忆类型：非自主无意识记忆、自主有意识记忆、非自主意识记忆（Tulving，1985）。然而，一个多世纪以来，从事人类记忆实验研究的研究人员只考虑了两种记忆形式：非自主无意识记忆和自主有意识记忆。格拉夫和沙克特（Graf & Schacter，1985）提出将记忆分为显性（意识）记忆和隐性（无意识或自动）记忆，分别由有意和无意的检索支持。记忆测试（自由回忆、提示回忆和再识别）表明，自主意识或显性记忆是一种有意识的检索过程参与的行为。在外行人的心目中以及在大多数科学分析中，“玛德琳蛋糕”这一情节通常被同化为一种自愿提示回忆的形式，即味觉信息驱动着对记忆的主动搜索。事实上，普鲁斯特指出，在“玛德琳蛋糕”情节中，这些主动和有意识的过程是无效的。《追忆似水年华》出版近 80 年后，人们对感官线索的唤起力量进行了无数研究。继加拿大心理学家雷切尔·赫茨（Rachel Herz）研究了气味对回忆的强大影响之后，随后的许多其他文章在感知、情感和认知的交叉点上展示了气味强大的唤起和情感力量，这种力量通常超过其他感官线索，例如视觉或听觉信息（Gisquet-Verrier & Riccio，2024）。然而，虽然其中一些后期研究唤起了普鲁斯特的“玛德琳蛋糕”情节，但在大多数情况下，受试者必须使用实验者提供的线索进行明确或有意识的研究过程，因此无法重现“玛德琳蛋糕”情节的条件。

隐性记忆的首个实例通常归因于克拉帕雷德（Claparède），当他再次见到失忆症患者时，患者缩回了手。原来，他曾用藏在手中的针刺伤过她，尽管她对这一事件没有任何有意识的记忆。克拉帕雷德的例子表明，隐性记忆是指一种普遍的无意识现象，即接触一种刺激可能会影响对后续刺激的反应，而与初始事件无关。隐性记忆依赖于两种刺激之间存在某种关系，不适用于自传体记忆，因为它与任何先前的记忆无关，也就是说，经验的初始条件不会被重现（Gisquet-Verrier & Riccio，2024）。

1904年，西蒙（Semon）提出了“回想记忆”（ecphory）的概念，用以描述由与记忆中存储的信息相匹配的线索引起的记忆检索，并有意识地访问该记忆（Schacter & Tulving，1978）。沙克特指出，普鲁斯特的“非自主回忆”是一种常见的体验，不需要“刻意努力回想过去”（Schacter，1998）。伯恩森（Berntsen）引入“非自主自传体记忆（IAM）”概念，即在日常生活中遇到的线索唤起对过去事件的回忆，这些事件迅速且不受控制地浮现在脑海中，无须有意识的努力（Berntsen，1996）。他强调，非自主自传体记忆比自愿记忆更具体、更少排练、更生动，情感上更积极（Berntsen，1996）。这种非自愿记忆的检索时间比策略性检索事件的时间短。长期以来，只有艺术家才会考虑IAM，而普鲁斯特是第一批指出气味肯定比更常见的视觉更为具体的人（Gisquet-Verrier & Riccio，2024）。

梅斯（Mace，2004）将启动刺激分为“内部和外部”，然后将其与抽象、感知或状态类别相结合。研究发现，大约30%的IAM被归类为感官性质，而普鲁斯特描述的特定线索（气味、味道）则更少。然而，与普鲁斯特的观点相呼应的是，感官线索往往会引发更多的情感记忆，并比其他类型的线索唤起更强烈的感觉。研究发现，在两名极度密集逆行性遗忘症患者中，接触线索可部分恢复器质性遗忘症，这支持了IAM源自无意识过程的观点。

在接触部分检索线索或提示后，记忆恢复的过程与普鲁斯特所描述的情况很相似，这种现象已经在动物身上的几种情况下得到探索。例如，马丁-奥尔达斯等人（Martin-Ordas，et al.，2013）表明，黑猩猩和猩猩在几年前经历过一种涉及隐藏工具的强化情境，当它们看到与初始事件相关的特定线索时，能够记起工具的准确位置。这项研究可能表明，就像普鲁斯特的例子一样，接触检索线索可以帮助猿类检索关联记忆，这反映了人类非自主自传体记忆的一些特征。人们还使用各种方法研究了线索引发的检索过程中涉及的大脑结构，包括损伤和代谢活动测量。吉斯凯 - 维里尔和申克（Gisquet-Verrier & Schenk，1994）发现，与人类一样，提醒线索对海马体受损的大鼠仍然有效，这表明提示线索在动物中很大程度上依赖于非自愿过程。

贝克尔等人（Baker，et al.，1981）的研究结果表明，杏仁核（情绪过程中的关键结构）的损伤会阻碍提取线索的有效性，因此情绪可能与这种情况有关。吉斯凯 - 维里尔等人（Gisquet-Verrier，et al.，2003）对动物在接触提醒物五分钟后采集的血液样本进行了分析，结果表明，只有当线索能有效地引发提取时，促肾上腺皮质激素和皮质酮水平才会升高，这反映了动物情绪的增强，也解释了接触线索的延迟生效。为了解释情绪和记忆提取之间的联系，萨拉和布雷（Sara & Bouret，2012）提出，提取线索的呈现会诱发一种缩短的条件反射，从而导致去甲肾上腺素的释放，而去甲肾上腺素通过增加注意力，启动激素级联，从而促进记忆提取。

科学家们认识到感官线索的记忆触发机制在于回忆者偶然触碰感官线索之时，过去经验的条件被重新生成，从而在感官线索与过去事件之间建立联系。进一步来看，由感官线索诱发并生成的记忆提取与情感进程互为因果。尤其值得注意的是，情感进程取决于记忆生成的有效性，这就指明了不自主回忆者通过过去经验条件的再生产（记忆生成基础）将情感进程与记忆提取关联起来。然而，我们从认知心理学得到的关于记忆提取及其生成条件（情感与记忆提取的联系）的实证解释将不自主记忆还原为普遍进化的大脑结构，进而忽视了不自主记忆的前反思根源和特定的文化主体性。

从认知科学视角考察非自主意识记忆打破了实证心理学的二元论认识局限。然而科学家们试图借助认知神经科学为现象世界（普鲁斯特的回忆）揭示非历史和非时间性的永恒定律。在体现为“本质”与“原因”概念的科学决定性的背后是一种“先验和构造主体性”。不同于经验主义者的世界与意识分离的观点，持“反自然的智力主义”立场的认知科学家将世界看作“先验综合”的结果，他们为科学的“世界”设置某一自主的理性主体用以生成其对象的统一性。智力主义与经验主义一样着眼于世界的“核心本性”，因而终究只是“对象思维”的扩散增长（Mooney，2022）。

尽管这种将物质性情感与记忆检索关联的神经科学解释似乎很有说服力，但它未能解决普鲁斯特通过密集写作进行记忆检索实践的意义问题。非自主意识记忆的认知研究，尤其是通过经验证据 / 数据分析情绪促进的记忆检索，如果不解释重建和检索的记忆之间的相互联系，将科学情感与回忆身体的时间体验联系起来，充其量是不完整的。

## 3 非自主记忆的认同“我思”

乔治·普莱（Georges Poulet，1968）坚称，“没有两个意识的巧合就没有真正的批评”。正如梅洛－庞蒂的知觉现象学理论摒弃了将作为意识与自然关系的现象身体统摄于一种“格式塔精神辩证法”的做法（Kojima，2010），普莱（2017）同样远离形而上立场，将笛卡尔“我思”（the Cogito）重释为一种类似现象身体的存在“我思”，并借助认同批评重历经典作品的作者经验，揭示了被认为是在超越的客体中构造自身的纯粹意识观念的谬误。

尽管胡塞尔现象学通过现象学还原方法实现对黑格尔主客辩证法的超越，但胡塞尔所主张的“我的自我域还原”（reduction to my sphere of ownness）和“先验自我自动构造”（auto-constitution of the ego）将主客关系理想化（Franck，2014），遮蔽了人的存在现实，类似于梅洛－庞蒂所讲的呈现为显与隐的交织关系的肉身主体性。批评家需要以激进的态度对其本人实施意识的自然运动的反转，以返回世界的被给予性。内在于作品的“我思”被批评家感知效仿，并在自我的还原意识中被发现为另一个在我身上说话的意识，或次级的内在性。在追踪再现存在经验流变的批评文字中，“我思”以自我表达将其自身展开并形成批评家亲身的经验模式。

从普鲁斯特的文学思想出发，普莱的意识批评理论在现象学哲学维度扩充和延伸非自主自传体记忆概念。由接触线索触发的记忆检索的非自主性与现象学批评聚焦的存在起点即“我思”的初始经验相契合。普鲁斯特的独创性在于现象学还原意义上的非自主记忆不仅是他用于自我与世界的一种根本发现的存在“我思”，也是他进一步将其运用于小说创作的表达“我思”。除客观因素外，检索记忆的变形归因于世界的发现与“再现”是一种意识用以表达自身的对世界存在方式的现象学模仿。感觉的多样与变化尤其出现在文学语言中。普鲁斯特自觉地将其早期的文学研究成果和阅读经验用于小说创作。他发现意识的自我呈现或表达“我思”是个人的全部智力活动的核心，便设法让非自主记忆成为他的创作起点，进而在重构记忆片段的同时以批评的注意力追踪有关“我思”的主题暗示，即作品中不断复现的语词、图像和观念，以深入文本的无意识和表达的肉身主体间性，开启意识认同批评。无论作为阅读对象的表达“我思”，还是作为记忆对象的身体“我思”，作品的存在“我思”都借助意识认同和主题并置的总体批评被统一于意识自身。

非自主记忆的认同“我思”试图通过重复经验以再造姿势，从而把握他人的意识。普鲁斯特在他自己身上复原的他人的思想和感觉方式要在“时光重现”“重读”“再经验”“纠正”等回忆与比较之中被深入理解。批评回忆所提供的即兴记忆将读者注意力从单部作品的创作目的即特定的次级完善转向复现的暗示和沉迷的深意，并最终在批评意识中反映出某种稳定的本质（Poulet，1968）。普鲁斯特之后的批评家拉蒙·费尔南德（Ramon Fernandez）同样通过同情模仿、重复他人姿势，但他试图以一种精细的智力图式在更高的批评视域中，几何般纯粹地取代无序的多样创造移动。普鲁斯特不满足于将移动再现为清晰可感的流动深度，寻求以非柏格森式的总体回忆对这些本质步伐加以抽象。费尔南德对于感性形式的表现虽反映出他人的经验现实，却未有通过批评回忆使迟到但光亮的统一性或重新聚合的部分间的终极统一性呈现于经验片段之间的某种象似性。作为现象学主题批评先驱的普鲁斯特非常清楚，除了少数罕见的作家，如巴尔扎克、雨果或创作《法国历史》的米歇尔，绝大部分作家无力为读者展现思想世界碎片的完整图像。批评给他人的思想世界以总体作品的总体揭示。

## 4　作品空间的认同“我思”并置：普鲁斯特的主题批评

柏格森不满于19世纪心理学家对垂死者和处于极端处境之人所作的所谓“增强记忆”的解释。心理学解释将总体记忆看成记忆的线性叠加，柏格森却认为总体记忆内在于时间的流动现实，是对逃逸的时间记忆的综合。“垂死者”凭借精神的松弛完成从经验认知到内在视觉的“注意力转换”（Poulet，2011）。普鲁斯特的主题批评是对形而上的总体记忆的抵抗。回忆者并不像拥有全景视觉的垂死者那样超脱自己的身体处境，而是借助初始的回忆“我思”发现他人意识。记忆画面所反射的多样心理状态并未在更高层面相互渗透并呈现出生命时间的流动本质，“绵延”的内在意识从未独立于世界。作品空间的记忆并置在其根本上是认同的“我思”在肉身空间的自我并置，并置的“我思”借助总体批评恢复存在的真实接续性并走向超越主体性，即处于绝对变化的意识自身。柏格森的内在时间是“纯粹绵延”的直觉，而普鲁斯特以“时间的空间变形”为艺术原则（Poulet，1977），他的审美空间时间只能是一种间隔的“绵延”。他希望凭借意识的空间构造和记忆片段的空间并置超越时间的非连续性。

过去的时刻和地点并未像现代主义作家笔下的存在那样被替换为不断更新的现在时刻，而是由批评回忆保存和复制。小说伊始，马塞尔质疑过去时刻永远逝去，随即在“玛德琳蛋糕”片段经历了非自主记忆对过去时间与地点的恢复。在参与事物的存在与不自主的记忆片段之间，思想在意识的初始即“我思”时刻恢复记忆。贡布雷在记忆的画面中清晰可见，“我们花园中的所有花朵，和斯万先生园中的花朵，及维沃纳河上洁白的睡莲，还有村里那些善良的人们和他们的小屋、教堂，整个贡布雷以及它的周围，所有一切有形有质的东西，都从我的一杯茶中诞生了”（Poulet，1977：65—66）。在如同一杯茶的极窄空间，被遗忘的贡布雷随着回忆“我思”的扩张构筑其自身的广袤空间：村庄、教堂、花园、相邻的乡村等全部事物同时出现；同时，“丢弃于整个存在沿线、一个个封闭的花瓶”似的生活时刻组成普鲁斯特情感记忆的中心。任何一个时刻也无力将其自身与其他时刻融合，成为“连续的绵延块体”，记忆事物虽稀有却无法让普鲁斯特通过它们重建时间。同样地，记忆的空间地点既不属于外部空间，也不归于纯粹绵延。在地点记忆的静止与重启的交替之中，普鲁斯特以“心灵的间断”“不可预料的爱或记忆的动荡”以及“他人存在的意外启示”为认同“我思”主题，揭示出意识的连续性。

非自主记忆的地点重构奇迹不过是从“心灵深处冒出的封闭地点的图像，就像封闭的时刻”，重拾的地点彼此隔离，互不相连。非自主记忆尚未解决认同“我思”把握自身存在的难题。为此，普鲁斯特尝试借助“在地移动”的旅行、过去与现在时刻的陡然切换，以及景物和相邻景物间的视角转换与视觉画面相调协，在分散的地点之间建立一种连续和共通性。在道路或人生的一个个拐角，在地旅行者与景物的新的侧面相遇。不仅脚下蜿蜒的道路促成视觉的惊人曲线，而且感知的曲线促成塔楼与房屋的旋转景观。同样地，记忆的人物随着想象的曲线而旋转，如普鲁斯特言及盖尔芒特一家总是“从我生活中的某个险境与曲折中升起，像一座城堡，重逢在铁路上，时而在左边，时而在右边”（Poulet，1977：81）。观者身体的移动带来道路的弯曲感，正如闪着“嫉妒火焰”的翻转的注视带来恋爱对象的弯曲。在其他情形下，位移空间的弯曲无须身体移动而直接由自然之光的转动招致，观者静观变化的日光呈递风景的多样侧面。普鲁斯特如此写道：“……只需看着阳光在风景中变换位置，便足以让后者在我们眼前渐渐改变，仿佛我们自己移动去更好地看它。”（Poulet，1977：81—82）观者紧随日光流转，跨越任时光打破的美的景观之地，参与“一次静止且纷繁的旅行”。感知曲线将存在的物件、人与地点联系起来，“每件事都与无数其他事物和谐相通”（Poulet，1977：80）。随着道路的蜿蜒与马车的转动，马尔丁维尔和维厄维克的三座塔尖接连改变各自的景观方位或处于对立的空间，以至于原本相隔的塔尖在不断试错中逐渐聚拢，融为一体：

> 孤单地，耸立在平原的地平线上，仿佛迷失在广袤乡野中，马尔丁维尔的两座尖塔向天空升起。很快我们看见了三座尖塔：一座迟到的尖塔，维厄维克的尖塔，经过一场大胆的急转弯，来到它们面前，重新加入了它们……我看到它们羞怯地寻找着它们的道路，在那几次笨拙的摔倒后，它们的高贵轮廓紧紧靠在一起，互相滑动，最终在那依旧泛红的天空下，合成了一道黑色的身影……（Poulet，1977：78）

普鲁斯特的小说看上去如同“一个巨大的景观”，在广阔的空间内部，转动的光线之下，事物的多样侧面接续出现。他因而在不可穷尽的多样性知觉中理解事物与其自身和与其他事物的关系。普鲁斯特采用身体移动、光的流转或非自主记忆引发视角的多重转换和曲线感知，空间位移与笛卡尔用以逼近真理的认知进程不无相似。以系统的观看达到现实的本质认识终究是一种绝对心智的虚构，尤其是当认知对象为他人的意识，观看者将面对极大的挑战：

> 被存在者（beings）用于展现它们内在无穷多样性的尺度，让它们逃脱了所有的观察。它们显现得越多，消失得也越彻底。阿尔贝婷的十倍身影，已经是阿尔贝婷的消失。真正的形象迷失在一群面具中。难道真有一个真实的形象吗？为了能从这么多同时既真实又虚假的化身中做出选择，心灵被一种它自己释放出来的、不可思议的多元性困扰——而且，奇异的讽刺是——这一切的释放，恰恰源于一项行动，而它本来希望，这项行动反而能将心灵引向统一。（Poulet，1977：87—88）

频繁的位移将文本带入类似“外来植物的侵袭”的处境（Poulet，1977：88），观者深陷不断繁殖的存在形象。为此，普鲁斯特最终以记忆片段的审美空间并置走出感性图像的迷宫。空间并置作为一种认知方法取代了空间位移，相邻事物最初的排他性也被一种文本间性调解。

普鲁斯特逐渐围绕“predellas”隐喻发展出认同“我思”的主题批评。“predella”原指祭坛画底部或“脚”处的长水平结构。此类结构通常绘有叙事场景，这些场景与上方较大图像（reredos）的主题相关。普鲁斯特实际已将认同“我思”方法类比于现象学化的宗教艺术象征。在巴尔贝克卧房的墙面书架玻璃反射的落日碎片与窗外天水一线处的想象的祭坛人物画之间，在展陈于博物馆的久远的绘画大师创作的狩猎图景系列与想象的祭坛人物画之间，普鲁斯特暗示记忆片段与作品空间之间的呼应：

> 当我走进房间时，紫罗兰色的天空……像一幅宗教画那样倾斜向海，悬挂在地平线的枢纽上，仿佛高祭坛上的圣像。而日落的不同部分，反射在下层桃花心木书柜的玻璃上，这些书柜沿墙而立，我通过思维将它们与那幅它们从中剥离出的奇妙画作相联系，似乎像某位古怪的画家很久以前为一场狩猎聚会创作的不同场景，这些场景被展览在博物馆的展厅中，彼此并排放置在不同的面板上，只有参观者的想象力才能将它们准确地安放在祭坛屏风的基座上。（Poulet，1977：101—102）

小说家并不单纯地表现过去的事物，而要借助批评想象和总体回忆把握事物的存在方式和它们共同的认同“我思”主题。正如落日的镜面反射被玻璃框格切割，马塞尔的过去被时间分割成记忆的碎片。当记忆片段排列于作品的表层时，如同某一系列的“predellas”在祭坛的整体空间依次展开，小说家的批评想象首先将各个图景统一起来。最终形成的主题批评不仅是对一部小说的总体想象，而且是对全部作品的总体重建。

在小说《追忆》所有卷册的最后时刻，当小说的内在连贯性仍未可见时，普鲁斯特一方面仍然扮演不断拓展藏品规模的“收藏家”，另一方面将最后的回顾与澄明的注视投向全部记忆：

……然后，那种不连续的多重情节，直到这一刻仍等同于一系列孤立的并置画面，突然在包容一切的心灵中腾出了空间，形成了一种相互关联、相互照亮，并且可以说是自我构成的连贯影像的现实。（Poulet，1977：103—104）

小说看上去不再是“一系列不同的片段的集合”（Poulet，1977：104），而是“一种整体性，在那孤立并排的祭坛底板之上，可以辨认出一个圣物匣，或者说是祭坛屏风，底下是描绘圣者生平事迹的画作”（Poulet，1977：104）。“Predellas”隐喻的象征意义在最后一刻被完全揭示。非自主记忆片段的空间并置实质上是认同“我思”的主题并置，如同“a reredos”在“predellas”的主题并置的统一性中被辨识，认同“我思”在记忆片段的主题并置的统一性中被辨识。

要同时反对柏格森所批判的“谬误绵延”和他所信奉的“纯粹绵延”，也要纠正笛卡尔的主体“我思”，普鲁斯特必须寻找新的时间超越途径。普鲁斯特的作品因间断和闭塞的构建原则而与某种时间的延续无缘（Poulet，1977：104）。借助“总体作品的记忆”，构成作品的不同片段得以在“心灵的洞穴”被保存和整体复制。“正如图像中的法国史”，小说不再是暂时的，也不再是一部“历史”，而是用于“装饰地点”和形成“图示的空间”的“图像的集合”。普鲁斯特的时间总是转换为充满回忆的地点，如盖尔芒特、贡布雷的教堂，因而是一种空间化的并置时间。非自主记忆的片段在总体的记忆自身当中以任意或无序的时间出现，却按照空间次序排列，“如同陈列于我们儿时橱柜的果酱罐子”（Poulet，1977：105）。“多元的记忆片段让位并构建它们自己的空间，即艺术作品的空间”（Poulet，1977：106）；在这最后的空间，全部记忆片段和谐共在并相互映照。

普鲁斯特探索的“总体记忆”并非作为记忆增强效果的生命事件再现，也非精神松弛状态的形而上的意识流动，而是借助批评回忆所抵达的自我统一与精神现实。普莱发现了普鲁斯特小说中的认同“我思”的批评视角，他的小说阅读因而是“我思”的重复发现和并置“我思”经验的再造。

## 5　身体主体间性

认同“我思”的经验表明，意识的他者性存在要求自我与他人团结一致地体验这一存在。以身体主体间性即意识认同为基础的共同存在经验可以被解释为“以言说讲话或其他艺术让生命与存在物更进一步地表达”(Mooney，2022：226)。以为他者带来自由为出发点，即将书的意识生命从物质和客体处境解救出来，读者借助认同“我思”的表达与并置把握作品的心理现实。

若将文学阅读看作读者对于作者、叙事者和作品人物的“读心”活动的发现，那么“具体的‘读心’模式”将“塑造我们与小说、戏剧以及叙事诗的交互，同样也决定着我们与那些专注于想象和意识的回忆录的交互”。所谓“读心”，即“对产生自无法眼观的心理状态的人们行为的释义能力，如思想、欲望和意图”(Zunshine，2022：viiii)。文学作品的“读心”比日常的“读心”更为复杂，呈现出“多重嵌入的意图次序”(Kramnick，2018：111)。如同马塞尔对地点和景物的接受一样，读者对于作品“读心”的接受同样以身体主体间的认同“我思”为起点。“读心”模式作为一种思想方式和存在表达是推断式“读心”活动的基础；读者认同于“读心”模式，进而参与嵌入式的心理表征，并体验作品的“秘密生活”。

## 6 结论

普鲁斯特曾表明，创作《追忆》的核心是“非自主记忆”，即感官线索在无意识的情况下触发自传式记忆。早期认知心理学家提出记忆的重构过程观点，并区分了不同类型的记忆，其中“非自主意识记忆”与普鲁斯特的观察相吻合。认知心理学和神经科学解释无法深入讨论普鲁斯特“非自主记忆”的发生机制，因其未涉及对过去经验与存在的参与。比利时批评家乔治·普莱将普鲁斯特的文学写作描绘为一种超越认知功能的总体进程，强调记忆检索的相互关联，表明真正的理解来自对碎片经验的反映综合。在普莱对于《追忆》所体现的主题批评要素的判断基础上，隐藏于小说的主题批评意识在本论文中被重释，以揭示非自主记忆的认同“我思”本质及其与小说作品的关系：普鲁斯特通过重读和批评回忆将非自主记忆片段并置于总体作品的空间，以此辨认全部作品的认同“我思”主题，并把握存在。

参考文献

[1] Baker, L. J., Kesner, R. P., & Michal, R. E. Differential Effects of a Reminder Cue on Amnesia Induced by Stimulation of Amygdala and Hippocampus [J]. Journal of Comparative and Physiological Psychology, 1981, 95 (2): 312–321.

[2] Bartlett, F. C. Remembering: A Study in Experimental and Social Psychology [M]. London: Cambridge, 1932.

[3] Berntsen, D. Involuntary Autobiographical Memories [J]. Applied Cognitive Psychology, 10, 435–454.

[4] Centre Culturel International de Cerisy-la-Salle & G. Poulet. Une critique d'identification [C] // In Les chemins actuels de la critique. Union générale d'Éditions, 1968: 9-23.

[5] Franck, D. Flesh and Body: On the Phenomenology of Husserl [M]. Bloomsbury Publishing, 2014.

[6] Gisquet-Verrier, P., F. Botreau & C. Venero, et al. Exposure to Retrieval Cues Improves Retention Performance and Induces Changes in ACTH and Corticosterone Release [J]. Psychoneuroendocrinology, 2003, 29 (4): 529-556.

[7] Gisquet-Verrier, P., & Riccio, D. C. Proust and Involuntary Retrieval [EB/OL]. Frontiers in Psychology, 15. https://doi.org/10.3389/fpsyg. 2024.1235098.

[8] Gisquet-Verrier, P., & Schenk, F. Selective Hippocampal Lesions in Rats do not Affect Retrieval Processes Promoted by Prior Cuing with the Conditioned Stimulus or the Context [J]. Psychobiology, 1994, 22 (4): 289–303.

[9] Graf, P., & Schacter, D. L. Implicit and Explicit Memory for New Associations in Normal and Amnesic Subjects [J]. Journal of Experimental Psychology Learning Memory and Cognition, 1985, 11 (3): 501–518.

[10] Kojima, H. From Dialectic to Reversibility: A Critical Change of Subject-Object Relation in Merleau-Ponty's Thought [C] // Toadvine, T. & L. Embree (eds.). Merleau-Ponty's Reading of Husserl. Springer, 2010: 95-113.

[11] Kramnick, J. Paper Minds: Literature and the Ecology of Consciousness [M]. Chicago; London: The University of Chicago Press, 2018.

[12] Mace, J. H. Involuntary Autobiographical Memories are Highly Dependent on Abstract Cuing: the Proustian View is Incorrect [J]. Applied Cognitive Psychology, 2004,18 (7): 893–899.

[13] Martin-Ordas, G., Berntsen, D., & Call, J. Memory for Distant Past Events in

Chimpanzees and Orangutans [ J ] . Current Biology, 2013, 23 ( 15 ) : 1438–1441.

[ 14 ] Mooney, T. Merleau-Ponty' s Phenomenology of Perception [ M ] . Cambridge University Press, 2022.

[ 15 ] Centre Culturel International de Cerisy-la-salle & G. Poulet. Une critique d' Identification [ C ] // In Les chemins actuels de la critique. Union générale d' Éditions, 1968: 9-23. //http://ci.nii.ac.jp/ncid/BA69182984.

[ 16 ] Poulet, G. Proustian Space ( E. Coleman, Trans. ) [ M ] . Baltimore: Johns Hopkins University Press, 1977.

[ 17 ] Poulet, G. Bergson: The Theme of the Panoramic Vision of the Dying and Juxtaposition [ J ] . PMLA/Publications of the Modern Language Association of America, 2011, 126 ( 2 ) : 483–499.

[ 18 ] Poulet, G. Etudes Sur le Temps Humain: Intégrale Tome 1: La Durée Intérieure [ M ] . Pocket, 2017.

[ 19 ] Proust, M. Swann' s Way: The Moncrieff Translation, Contexts [ M ] . Criticism ( S. Lee, Ed. ) . W. W. Norton, 2014.

[ 20 ] Sara, S. J., & Bouret, S. Orienting and Reorienting: The Locus Coeruleus Mediates Cognition through Arousal [ J ] . Neuron, 2012, 76 ( 1 ) : 130–141.

[ 21 ] Schacter, D. L. Memory and Awareness [ J ] . Science, 1998, 280 ( 5360 ) : 59–60.

[ 22 ] Schacter, D. L., Eich, J. E., & Tulving, E. Richard Semon' s Theory of Memory [ J ] . Journal of Verbal Learning and Verbal Behavior, 1978, 17 ( 6 ) : 721–743.

[ 23 ] Tulving, E. Memory and Consciousness [ J ] . Canadian Psychology/ Psychologie Canadienne, 1985, 26 ( 1 ) : 1–12.

[ 24 ] Zunshine, L. The Secret Life of Literature [ M ] . Cambridge, Massachusetts: The MIT Press, 2022.

# 公共情感：一种认知性环境批评研究视域

贾　晶

（深圳大学人文学院，深圳 518000）

**摘　要：**

公共情感作为环境批评的研究视域，重在阐发一种扩展性同情与相互之爱。与环境伦理诉诸的关怀伦理一致，共同指向环境批评与现实空间的关联性。公共情感具有认知性，是一种判断性评价与表达，能够理性与明智地指引我们的实践行为。公共情感纳入环境批评的视域，突出了环境批评实践的伦理价值，有助于实现环境批评的价值向度。

**关键词：**

公共情感；环境批评；认知诗学；价值向度

## Public Emotions：A Cognitive Perspective on Environmental Criticism

Jia Jing

（School of Humanities， Shenzhen University， Shenzhen 518000， China）

Abstract：

As a research perspective in environmental criticism， public emotions emphasize an extended sympathy and mutual love. In alignment with the ethics of care advocated by environmental ethics， it jointly points to the connection between environmental criticism and real-world spatial contexts. Public emotions are cognitive in nature， they are evaluative judgments and expressions that can rationally and prudently guide our practical actions. Incorporating public emotions into the perspective of environmental criticism highlights the ethical value of

作者简介：贾晶，深圳大学人文学院比较文学与世界文学博士研究生，主要从事生态文学研究。

critical practice and contributes to the realization of its value dimension.
Key words:

public emotions; environmental crisis ; cognitive poetics; value dimension

## 0 引言

公共情感（public emotions）是一种认知性环境批评研究视域。环境批评（environmental crisis）是有着深厚伦理向度的批评方法。生态危机是人类层面、生态层面、国家层面、社会层面的公共性问题，是一种共业的存在。当下面临一种临界状态，“人类几千年延展演化下来的生存方式、生产方式、关系方式、心性状况、价值体系、人与自然的关系等等，几乎同时出现了重大动摇和改变”（刘洪一，2021：185）。为了可持续发展需要建立新的目标，而公共情感对国家向其目标的前进会产生巨大的影响。作为以扩展性同情和相互之爱为基础的公共情感具有认知性，是一种判断性评价与表达，能够理性与明智地指引我们的实践行为。“所有社会都需要考虑对失败的同情、对不公正的愤怒、为支持包容性的同情而限制嫉妒与厌恶。……必须打动民心，并且需要着意于激发人们对其所面临的共业怀有强烈的情感。”（努斯鲍姆，2022：3）对于一个社会来说，唤起并维系对一些有价值项目的强有力承诺是重要的，“比如社会再分配、完全包容以前受排斥或边缘化的群体、环境保护、对外援助以及国防建设”（4）。

努斯鲍姆关注的是完成共业的空间。当我们把公共情感的应用范围从人类社会延伸至生态界时，在关注自我生存环境的同时，会关注到周边环境、生态界的平稳与安全，对生命本身的同情会超越自我，延伸至生存的大环境，乃至整个生命共同体。在公共情感的指导之下，我们在特定的语境与境况当中，在尊重生命共同体的前提之下，观照特定生命的生存权利，在力求关注整体的视域中保护个体的生命权。环境批评需要在公共性和个体性兼顾的包容性中考察文学与文化文本。人类的理性与情感处于相互影响的间性互动当中，面对生态界，绝对的理性会在人类对生命共同体的理解中产生桎梏，我们需要将情感智性、关怀伦理纳入生命共同体的观照当中。

## 1 环境批评的旨归

当代环境批评进入跨学科的范畴之中，认知诗学的视野被纳入环境批评的领域。环境批评不仅关注文本外部的环境，而且转向文本内部的叙事结构，研究叙事如何呈现出人类的环境建构、环境焦虑，引导读者在故事世界中生成环境认知。以美国学者艾琳·詹姆斯（Erin James）在《故事世界协议：生态叙事学与后殖民叙事》(*The Storyworld Accord: Econarratology and Postcolonial Narratives*）中提出的“生态叙事学”为代表，其“将生态批评对文学与自然环境之间关系的关注与叙事学对作家创作叙事的文学结构和手段的关注结合起来”(James，2015：xv)。其将环境批评与叙事研究结合起来，分析作品是以什么样的叙事方法呈现环境正义、环境焦虑、环境危机，引导读者进入故事世界，将读者阅读视为一种沉浸（immersion）或传输（transportation）的过程。同时，在“非人类转向”(non–human turn）思潮的影响之下，环境批评关注作品中的非人类叙事，其包括超自然物叙事、自然物叙事、人造物叙事、人造人叙事。(尚必武，2021：124）我们将环境批评的视野扩展至动物、植物等非人类的身上，其中关涉环境批评与关爱情感之间的关联。叙述环境正义、关怀非人类处境的叙事能够让“人们有能力以想象的方式进入遥远他者的生活，并产生参与其中的情感”(范昀，2022：76)，唤起人类对环境危机的焦虑、对过往生态的怀旧、对当下环境异变的乡痛等环境保护的情感认知。进而，情感认知转化为一种伦理意识与认同，在环境批评中作为研究视域培养读者对环境危机的智性认知与环境灾难的生命共情，即文学内蕴的诗性正义培养着积极的情感，这种情感又能够化为伦理，引导批评实践。

解决生态界的危机，达成生态界的平衡是环境伦理与环境批评共同的旨归。环境伦理有着关爱伦理的指向，因之与公共情感建立了关联。公共情感包括扩展性同情、相互之爱和理解。公共情感的介入使得环境伦理超越了道德，将关爱转化为一种意识与认同。我们对环境的关爱不仅源于一种价值建构，而且环境本身就是我们生存的根本，其关乎我们的生命存续。即情感“不仅需要关于价值的信念，还需要关于某件特定事情的信念：相信那些外在于我们、我们不能完全掌控的事物是有价值的和重要的”(暗蓝，2024：126)。环境批评需要落于环境伦理上，旨归是整个生态界的平衡与稳定，具有强烈的现实意义，需要公众的理解与践行才能取得批评的效果，实现价值的向度。其所达成的诉求具有强烈的公共性特征。首先，环境批评学者具备了公共情感研究视域，会对人类与自然所遭遇的矛盾和苦难产生深深的同情；其次，公众在批评实践中被培养公共情感，与环境伦理并行、融合，经由叙事的力量，完成对生态界内在价值的认同。生态写作与批评都是一种生态叙事，尤其是在环境批评当中，面对公众，我们要将同情、爱和正义编织于批评的叙事当中，让公共情感成为我们理解生态界的视域。在此，我们由内心生发的同情将有利于生命共同体的建设与表达。

环境伦理一方面观照生命共同体结构，另一方面观照个体生存的阈限与边缘群体的生存与文化。其"以仁爱为情感基础，以环境体验为前提，以关爱之心、关照之责为具体表现形式。一方面，它具有布伊尔提出的'弱势人类中心主义立场'的环境伦理观兼顾濒危物种与濒危人群的特点；另一方面，相比布伊尔的环境伦理，它注重环境伦理实施的具体语境、情感基础，强调环境伦理的示范性、操作性，突出环境伦理的关爱话语与关照之责"（方红，2014：24），将体验性、情感性、场景性的重要价值表现出来，与努斯鲍姆阐释的爱对正义的重要性这一命题形成互文与互通。并且，"公共情感"的超越之处在于爱是一种意识与认同，是完成公共事业的情感认知。在环境批评的过程中，要以同情性、关爱性、宽容性的视域面对文本与场景，注重特定环境当中的情感指向与情感认同。在理性与情感的双重考量中认知文本与事件，以仁爱作为伦理考量的底层逻辑与情感基础。环境伦理强调的关爱、大爱是一种公共性的情感。仁爱善行不仅包含正义的欲望，而且超越正义的欲望，进入一种崇高的同情与博爱的境界当中。如罗尔斯所说，人类之爱与正义感"都包含着行使正义的欲望。前者更强烈和更广泛地表现这一欲望，它除了正义的义务之外还准备履行所有的自然义务，甚至要超出它们的要求。人类之爱比正义感更为宽广全面，它推动着分外有功的行为，而后者却不如此"（罗尔斯，2009：149）。所以，我们要将基于关爱的公共情感纳入环境批评研究的过程当中，使得我们对文本与场景的批评与实践更具公正性、包容性和情感性。

## 2　公共情感作为认知性环境批评研究视域

环境批评关注由人类改造后的生存环境，自然不再是远离喧嚣的荒野，而是参与人类生命的周边环境。环境批评不仅在于远方的荒野，同时还有脚下的土地。更重要的是，远方的荒野与脚下的土地都是经由人类改造过的环境，它是生命共同体与扩展伦理的成员。正如克里考特所说，“生态学是关于共同体的科学，生态良知是社会生活的伦理”（Callicott，1991：15—16）。环境批评的价值意义超越文本细读的批评与研究，超越学术意义的阐释与考证，具有深刻的现实意义与指导价值。努斯鲍姆研究与阐释的公共情感为环境批评提供了一种仁爱的伦理向度，有助于实现环境批评的内在价值。

公共情感作为环境批评学者的研究视域，具有“事件”性的意义。这是一种开创性的、面向未来的视域。在比较文学中，视域（perspective）是一种语际多元透视的研究视野或研究眼光（杨乃乔，2017：128），强调研究主体对问题的深度透视。公共情感的视域并不是对文本内容的一种事实性的说明，而是一种事件性的阐释。它是一种真正意义上的事件建构，具有“过程性、流动性和不可预测性”（张进，2022：21），具有向未来开放的未完成性。研究者在此视域下是一种“经历经验”的过程，而不是“拥有经验”的过程。换句话说，创作者、研究者、读者共处于一个事件所生成的世界中，处于全新的创建过程中，对现有思维进行认知开拓。在具有开放性的认知空间中培养正向的、积极的公共情感，避免或者消解人们因未知、焦虑与恐惧造成的环境疏离，不仅在个体生命价值层面与人类的美好生活相关，而且在现实维度事关人类与非人类的未来存续。当代环境危机频发是一种全球风险与全球事件，对环境危机的认知扩散需要公共情感的培养。我们惯常认为生态危机、气候灾难是发生在远方、全球的事件，我们在理知层面上习得全球变暖等气候事件，但是似乎仅限于此。只有当我们理解全球即是在地的，远方的受难者就是在地的每一个你我，只有在道德情感的层面感知作为现实的灾难，才能与理知并行，脱离环境疏离的现状。公共情感作为一种认知性研究视域，是一种朝向未来的价值取向。

情感不仅仅是个人行为的激发点，一旦我们将个人情感汇聚在一起，它就能够成为改变人类历史的一种动力。在建立合宜的社会（decent society）的过程中，公共话语背后的深层规范性具有法理层面与道德层面的双重性。情感在理解与稳定“道德的规范性”（moral normativity）上具有重要意义。在亚里士多德看来，情感不仅是形成良好感知的重要辅助，而且自身就包含了重要的认知，情感是成就实践智慧的重要条件（范昀，2022：71）。20 世纪的“情感研究”在神经科学、认知科学、社会学、人类学、灵长类学、动物学的实证证据的支持下，不再被视为“情理二分”视域下的单一单元，而是一种多维度的心理过程与心灵状态。情感是智性的，涉及对外部世界的认知评价（cognitive appraisal）。（努斯鲍姆，2022：译者序 3—4）公共情感是指一种以扩展性同情（extended sympathy）和相互之爱（mutual love）为基础的公共文化，能够支持公正社会的目标。努斯鲍姆强调，所有现代的社会都需要培养民众的公共情感。一些杰出的领袖之所以能够成功，原因之一就在于，他们懂得如何打动民心，如何激发民众对共同事业的强烈情感。关于生态界的问题，环境批评面对的不仅是知识分子的理论阐释，更是一种公共的环境问题。在公共情感视域当中面对公共事业，表达了对生命共同体的爱。努斯鲍姆认为，“爱——如同所有情感一样——在我们的认知评估中起着重要作用，从而影响我们的理性思考”（von Mossner，2018：51）。她主张，“适当的同情与爱”（appropriate sentiments of sympathy and love）不仅在个人交往中至关重要，还可以通过让我们对遥远的他者（包括人类与非人类的痛苦）产生共鸣，从而帮助我们克服不公与剥削（51）。作为以爱和扩展性同情为基础的公共情感，具有认知性的成分，对行为动机、道德和实践具有深远的影响。努斯鲍姆认同情感的认知性，“她对这些情感的态度是基于它们所包含的认知和判断，她推崇爱、宽恕、痛苦、怜悯和同情等情感”（陈芬，2021：201）。即努斯鲍姆认为情感由广泛意义的认知性状态组成。公共情感本质上是一种判断性的评价与表达，能够理性与明智地指引我们的实践行为。

努斯鲍姆把情感视为对价值感知的理智反应。认知性理论认为，情感要么部分地、要么全部地由广泛意义上的认知性状态组成。这就形成了一种重要的情感认知性理论，即所谓的判断主义（judgementalism），它强调情感在本质上就是（或者必然包括）评价性判断（努斯鲍姆，2022：译者序 13）。“情感的认知性内容取决于我们理解和评价对象的方式。所有的情感都涉及某种指向对象的、理智的想法或感知，以及某些对对象之重要性或显著性的评价性认可。情感反应是对某个对象的判断；这些情感判断是价值判断的一个子集。”（努斯鲍姆，2022：译者序 14—15）在环境批评中，引导读者面对环境危机采取重视、关注与同情的态度，从而对接下来的实践行为做出改变。利奥波德在《沙乡年鉴》中阐释了“土地伦理”的观点，将我们的视野和对生命的理解置入人类与生态界的根本连接，我们对生命共同体的公共情感是在对土地伦理的认知中做出的伦理判断。在公共性的视域中，我们才能够理解生命的整体性，培养对共同体的深厚情感。在公共情感的视域中，我们能够达成一种扩展性的同情状态，这种状态是一种超越物种、种族、性别的公共同情。

在阐释公共情感所具有的共同性旨归的同时，我们需要思考，公共情感是否会限制个人自由，是否与自主的自由观念不符。当面对生态界形成一种扩展性同情的时候，是否能够真正达成环境伦理所追求的平衡。在这一过程当中，我们会不会失落了个体的观点与情感。努斯鲍姆梳理了洛克、卢梭、康德面对特定类型情感培养的态度和观点，尤其指出，康德认为不良的社会行为根源于人性，是一种根本恶。卢梭在《社会契约论》当中建议建立了一种公共宗教，其在一定程度上包含了惩戒与强制，会导致暴力与残忍。努斯鲍姆指出："在不以卢梭的那种方式变得不自由与独裁的情况下，一个合宜的社会为了稳定和激励如何才能比洛克和康德做得更多?"（努斯鲍姆，2022：7）在努斯鲍姆看来，"情感不仅是冲动，而且包含评价，含有可评价的内容"，"情感可以支持一个有抱负却不完美的社会的政治文化基本原则，设想一个生活领域，如果所有公民都赞同平等尊重的基本准则，就可以期望所有公民重叠：罗尔斯所称的'重叠共识'领域"。（8）在此基础上，努斯鲍姆包容个体的经验，"新的博爱必须保护……幽默和个性有自由发挥的空间"（39）。这是一种更加温和、仁慈，更具相互性与关联性的公共情感。我们看到，公共情感对公共旨归的追求中会包容个性自由发挥的空间，在特定的案例当中，对环境正义的追求会考虑多方因素。当公共情感的培养目标是建构起对环境的热爱、同情与认同时，环境批评成果的影响将会切实地落在对大地的关怀中。

努斯鲍姆认为所有的情感都是"幸福式的"（eudaimonistic），这种幸福主义（eudaimonism）不是利己主义，而是承认其他生命具有内在价值。与罗尔斯顿在《环境伦理学》中所强调的自然中的生命体有内在价值的观点相同，"每一个有机体都是价值的一个增殖器"（罗尔斯顿，2000：254）。生态系统是一个网状组织，内在价值与工具价值相互交织，成为一种关联。我们在对自我的爱延伸至对环境的爱的过程当中，需要将自我与环境关联于一体。一些会激起我们内心深层情感的人，是我们通过对有价值生活的想象而以某种方式与他们相联系的人，努斯鲍姆将其称为"关注圈"（circle of concern）。"如果远方的人们与抽象的原则要支配我们的情感，那么这些情感就必须因此以某种方式将它们置于我们的关注圈内，造成一种属于'我们的'生活的感觉，其中这些人与事件是作为我们及其自身繁荣的一分子而与我们有关系。"（努斯鲍姆，2022：14）关注圈由自我走向社会、走向环境、走向生态界，是一种对关联性、关爱性、同情性的认知与实践。即当我们看见环境危机发生时，不论在任何地域发生都是在地的，都是与我相关的，认知到环境危机与我息息相关后生成同情与爱的情感，进而更加重视环境危机的严峻性。爱是维系一个合宜社会的核心情感的根源，指意志控制范围之外的对事物的强烈依恋，培养对生存环境的爱有助于实现环境批评的旨归。“罗尔斯所设想的依赖原则（principle-dependent）的情感，如果不补充或注入这种爱，就会过于冷静，太过靠近心灵的表层，从而无法达成他想要实现的目标。”（19—20）而这种爱最终走向了一种博爱，消解着人类之间的对抗性、冲突性，让人类走向更加宽容的情感空间。

## 3　公共情感视域指导下的环境批评研究实践

为了在整体性的关注中兼顾种族与性别的问题，环境正义与生态女性主义应运而生。多种思潮有着重叠与交叉的部分，思想的共同旨归是追求平等与公正。在追踪种族与性别的问题时，关联出环境与文化之间的关系。我们在美国印第安作家路易丝·厄德里克（Louise Erdrich）的文本中可以看到对印第安文明保留的渴望，对女性之间相互之爱的友谊的捍卫，对印第安居住地生态环境恶化、保留地文化消失的悲伤。在文本当中，那种对焦虑的书写，表达出对原住民生态环境和文化环境被挤压和变形的不安和恐慌感，让我们感知到境况的严峻性。在厄德里克的《鸽灾》（*The Plague of Doves*）中，通过对作品中印第安人的被诬陷与被杀害感受真实的痛苦、不公与同情，将对印第安人土地的占有与毁灭和鸽灾的生态灾难关联起来，在共情与同情的视域中看待生态环境与人文环境的灾难表征。小说中写道：

> “……以后你向别人提起我的死，要告诉他们我很勇敢。下面我要为自己唱一首死亡之歌。”……“老实跟你说吧，”过了一会儿卡斯伯特说，“没人教我唱过死亡之歌，他们觉得我不配。”“那就编一首，”阿西吉纳克说，“我帮你。”（厄德里克，2017：76）

> 穆夏姆告诉我捕猎水牛的老猎人看到地上满是水牛尸体时，他们心中有何感受。他们极度饥饿，看到白人的买卖方式披着脆弱的外壳，看到烧焦的小麦下的绿草，看到水牛如同虱子般，一群群地迁移，踏平蹄下的青草。（252）

穆夏姆看到过北达科他州的天上数不完的鸽子拍打着翅膀，天上一直传来低低的鸽鸣。他想，虽然鸽子的尸体像地毯似的覆盖在地上，可它们并没有真正死去，而是飞上天了。（263）

印第安人的失落与保留地生态环境的失落是具有强关联性的。鸽灾象征着道德的失落。道德的失落会导致对一切的残酷，生态和人文都走向一种灾难的景观。同时，随着生态的破坏与文化的失落，道德的境况会变得愈加不容乐观。在《鸽灾》中，厄德里克讲述了三位无辜的印第安人被残暴地绞杀，他们所遭遇的对待，就像那些手无缚鸡之力的鸽子一样，被抢占了土地的资源、生存的资源。他们无力、悲伤，成片地死亡，就像铺满大地的鸽子的尸体。厄德里克温和而有力的叙述让我们感知到了平静背后深沉的痛苦和忧伤。当珍贵的土地逐渐被工厂占据，我们似乎听到了土地的哭声，那里包含着印第安人的鲜血与泪水。我们能够共情到土地与印第安人的呜咽，鸽子与大树的哭声。厄德里克通过呈现印第安人文化与生态的处境引出了环境正义的呼声。环境正义面对的是经济的不正义导致的生存的不公，获得少部分生存权益的群体却承受着更大范围的环境危机。从文学的场域当中阅读，我们发现，环境正义在深层意义上呈现出一种更大范围的灾难的黏合性、关联性与公共性。生态界是一种整体的空间，鸽灾不仅象征着印第安人土地与文化的失落，其更象征着一种人类整体的失落。厄德里克不仅表达出了对正义的呼吁，还有一种公共之爱的失落，对同情的摒弃带来的灾难。这样的叙述与写作给我们的批评启发是对公共性与同情性的呼吁与认同。从分裂与争夺的态势中撤退，走向公共的关怀、同情与博爱当中。

在对疏解矛盾的路径找寻中，厄德里克的作品《甜菜女王》（*The Beet Queen*）以女性之间相互的关爱、理解和对矛盾的化解指向了关怀伦理与良性生态的价值旨归。在《甜菜女王》当中，玛丽的处境是被挤压的生态、文化、性别的象征，通过她的坚韧、真实、勇敢，还有与斯塔、塞莱斯汀之间亲情与友情的情感关联与互相帮助，我们看到了最终那种爱意的和谐。作品表达了公共之爱所实现的生命的充盈、平衡与完整。《甜菜女王》通过讲述原住民的相互之爱对生活不公与残酷的化解，映射出对原住民生存地域失落与生态环境破坏的悲伤。同时，通过女性之间的团结、友爱表现她们对生活的信心，呈现出原住民意志的坚韧和对生命的捍卫。厄德里克通过叙述三位女性之间的友爱与关怀，还有她们面对自然温和的态度，呈现了一种关爱的价值向度。

> 本来我担心玛丽会因为前一天斯塔的行为对她不满，说话刻薄。但她什么都没说，打扫干净面粉后，安心住了下来。（Erdrich，1998：275）

> 我经常离开蓝山，看看多特后再回来，但玛丽一直待在这儿，因为斯塔处于非常脆弱的状态中。（275）

> 我爱植物。很久以来，我一直以为植物死亡时没有痛苦。但有一次我跟玛丽探讨这个话题，她给我看了一份剪报，剪报上说植物被连根拔起时会进入休克状态，甚至会发出难以形容的声音，就像感受到了恐惧，一种只有在特殊乐器上才会出现的拉长的元音。不过我还是喜欢植物年复一年、生生不息的特质。我不喜欢剪下来的花，只喜欢长在地里的花，喜欢这些睡莲。（286）

> 保留地的路是砂砾铺成的，褐色的灰尘在车后漫天飞扬。一路上不见城镇的高楼，只看到某栋被废弃的矮屋，只有狗对它们不离不弃。（198）

在斯塔弥留之际，三位女性一起生活。玛丽与塞莱斯汀在斯塔最后的时光里对她进行了悉心的照料与呵护。她们之间的情感成为抗拒生存艰难的一种方式，她们用爱与关怀捍卫着原住民生命的珍贵和坚韧，对自然的爱与对和谐的追求呈现出一种崇高的道德情感。厄德里克用友情对苦难与贫瘠进行了颠覆性的解构，也是用这种友爱、团结与包容对抗现实当中生存的艰难与生态的灾难，试图用爱来化解生存的困境，同时对造成土地消失与生态破坏的力量进行反讽与批判。厄德里克提供了一种爱的关联、交互和崇高的可能，提供了一种走向公共性的可能与方法。她指出了一种道德情感的进步，把情感和欲求引向某种理想的目标。努斯鲍姆意义上的公共情感正是基于女性的情感逻辑，女性的情感凸显的是一种相互性（reciprocity）。“既作为一种崇高情感的源泉也作为一种义务原则，更大的国家之爱和世界之爱可能以同样的力度加以培养。”（努斯鲍姆，2022：104）在具有相互性的同情与爱的引导之下，我们将逐渐有能力全面而明智地看到整体的福祉。泰戈尔的“人的盈余”（the surplus in man）的观念提供了一种想象和向美好理想迈进的勇气与可能。在艰难的处境当中，我们面对剥夺、失落和残酷，依然有力量和可能追求崇高的爱、宽容与悲壮。努斯鲍姆分析了泰戈尔的《人的宗教》，在其中支持这样的思想，我们需要一种自然的、欢快的、流动的生命感，在爱与快乐中完成漫长的生命历程。“这个社会必须在其核心处保有并不断获取某种新鲜的快乐和喜悦，它们是在世的且内在于自然和人的；从而宁愿选择爱和快乐，而不是那种物质攫取的死气沉沉的生活，这种生活是如此之多的成年人最终会过的；宁愿选择不断的质疑与探索，而不是任何给人慰藉的既定答案。”（努斯鲍姆，2022：132—133）在艰难的处境当中，依然葆有对生命的爱与激情，并且，以自然的包容性和多元性面对生命、敬畏生命、珍爱生命。

在《甜菜女王》中，厄德里克将植物的生命感、流动感，脆弱中内蕴的坚韧感与女性的情感连接起来。“睡莲”表达着一种“流动性”（Gibson&Gagliano，2017：125），其包蕴着女性的柔和、温暖与爱。在当代植物批评的语境中，植物并不只与女性的身体和情感连接，更是一种生命流动的形式，其对人类生命的关联性具有启发。露西·伊利格瑞（Luce Irigaray）用“性态化”（sexuation）作为关键词发展了一种诗学，“性态化的过程发生在宇宙间包括植物在内的生命体之中”，植物的呼吸和生长有自身的节奏，不以人的意志改变。“植物自身的张弛、自然界中日夜交替和四季更迭都是性态化差异的表现。”植物以自身的方式进行着参与，“一朵花随着太阳和微风盛开，随黑夜的降临从大地汲取资源，花的绽放和闭合既是内在的、自身的进化，也是外在的、参与的过程”。这是花朵的生命形式，是花朵的性态化。伊利格瑞最终要给出的启示是：“通过植物”认识到一种性态化差异，培育一种不同生命体间的性态化体验，从而重新书写和释放被文化压抑的女性、自然和植物等诸多概念，最终重建人与自然的关系。（康毅，2021：129—132）对植物的性态认知关联到女性的情感过程之中，进而将这种关联性的情感扩展为公共情感与生命共情，经由情感的表达，达成对生命方式的理解，对生命意识的追求。

公共情感给环境批评研究带来的启示是，站在公共情感的视域中进行批评，对环境产生扩展性的同情与爱，从文本到场景实现生态保护的价值向度。当人与自然之间是一种比尊重更深刻的相互情感，更加类似于爱时，在相互性的交织中就会为某种幸福前景所震撼。自然的整体性与多元性让我们看到令人震撼的、异常美妙的、难以言表的、真诚的生命的自由感。“一种内在自由的观念，一种恰恰在于不在乎等级制度的精神自由，这种自由既非试图避免被他人控制，也非试图控制他人。”（努斯鲍姆，2022：48）这种自由带领我们超越那种焦虑和始终不安的画面。这种以爱、理解、同情为代表的公共情感面对世界的态度和看法，将创造一种远离等级焦虑支配的生存空间。在公共情感流动的过程当中，我们看见、感受、交互、认知、理解，最终爱与认同。在公共情感的视域下，一只脚在文本、另一只脚在大地上的环境批评会创造爱与正义并存的环境研究，在伦理向度的把控上客观而包容，在理性中不乏共情，让研究的方向走向公共、大地与真实。

## 4 公共性与情感性作为环境批评研究视域的底层逻辑价值

公共情感直接关乎伦理问题，与环境伦理对生命共同体的关怀旨归互文，且感性与认知的公共情感有助于实现环境伦理的目标。公共情感的情感智性认知很大程度上来源于文学中的诗性正义，再运用于环境批评中的实践认知理念，将环境批评的成果切实落在对大地的关怀中，形成实践、认知、再实践与再认知的良性循环，即文学能为伦理学提供启迪，同时伦理思想又能够指导文学的批评与实践。在这一过程中，公共性与情感性的底层逻辑价值是其运用于环境批评中的基础。

### 4.1 公共性作为公共理性与公共情感的通约性

阐释与公共之间有密切的关系。无论是在知识论还是在价值论意义上，阐释都是人类精神存在的唯一形态，是人类精神生产的唯一方式（张江，2024：45）。阐释能够达成一种公共的信念，达成一种信念的真，对公共的信任与信奉，成为真的标准。阐释能够达成一种公共进步。关于阐释的过程，首先，由独立个体的经验而起，多元的个体经验形成了知识创造的机会。其次，在个体经验与群体经验的抵抗过程中，真理在时间的检验中达成。最后，阐释的公共进步的实现，由个体特殊的阐释在历史的检验中上升为一般，特殊性转化为普遍性，独立的阐释走向公共的阐释（45—48），最终形成一种思想通约（commensurability of ideas），即“不同思想的互通契约，是差异价值的缓冲机制和交流原则，也是文明通鉴借以走向人类普惠新文明的逻辑工具和必由路径”（刘洪一，2021：186）。在公共的场域中同中有异、异中有通、通中互补，在交会融通中形成一种公共认同的观念。

在汉娜·阿伦特（Hannah Arendt）的视域中，公共也意味着一种最大限度的公开性。“对我们来说，显现——不仅被他人，而且被我们自己看到和听到——构成着实在。与这种来自被看到和被听到的实在相比，即使亲密生活的最大力量——心灵的激情、精神的思想、感性的愉悦——造成的也是不确定的、阴影般的存在，除非它们被转化成一种适合于公共显现的形式，也就是去私人化（deprivatized）和去个人化（deindividualized）。”“他人的在场向我们保证了世界和我们自己的真实性，因为他们看见了我所见的、听见了我所听的。”（阿伦特，2017：32—33）阿伦特更强调在公共空间中被看见的个体的视角，“公共领域的实在性依赖于无数视角和方面的同时在场，其中，公共世界自行呈现，对此是无法用任何共同尺度或标尺预先设计的。……被他人看到或听到的意义来自这个事实：每个人都是从不同角度来看和听的。这就是公共生活的意义。……只有事物被许多人从不同角度观看而不改变它们的同一性，以至于聚集在它周围的人知道他们从纯粹的多样性中看到的是同一个东西；只有在这样的地方，世界的实在性才能真实可靠地出现”（38）。在公共空间中，对某一事物从不同角度进行讨论，表达个体的观点，形成一种良性的生态结构。中国文化当中的“语境”在多元的讨论与阐释中会形成一种观念，在独立阐释当中会形成一种阐释的“真”，在历史的检验当中，这种“真”影响着历史的走向，在历史的检验过程中形成一种历史性的真理。

上述我们看到了公共性本身所具有的扩展性、对话性和交互性。公共空间中观点的公开性与多元性塑造着理解的宽广性与公正性。阐释能够达成一种公共性，其所指向的不仅是公共理性，同时达成的还有公共情感。公共理性是阐释为公共的基本根据，是激发和推动阐释的积极动力，是约束和规范阐释的框架标准，是衡量阐释有效性的基本尺度。（张江，2022：4）努斯鲍姆在《爱的知识》中说明知识与理性不足以保证我们做出正确的选择，只有渗透着情感的理性才具有真正的生命力。同时，努斯鲍姆指出情感的不稳定需要理性原则的调整、检验与反思。（陈芬，2021：200）人类的想象与情感在建构理性的向度当中，发挥着不可忽视的影响。情感本身有认知性的向度，爱与正义有相互交叉的内容。理性与情感并非全然二元对立的存在。我们强调公共情感的培养，与中国文化语境当中的观念相通，即在多元的视角和表达的过程当中，最终会形成一种历史性的真理。面对环境危机在生态界的肆虐，我们在这一特定的历史境况中需要形成一种扩展性同情的公共情感。在这种扩展性同情的认知与理解当中，情感的感知性与理性的判断性形成交叉的空间，对关怀性的环境伦理达成一种认同。

### 4.2　公共情感作为环境批评研究视域的必要价值

公共情感作为一种规范伦理学的方法论启示，对环境批评的价值指向有深刻的指导意义。环境批评面向整个生态界的稳定和平衡，在文本批评的过程中有现实的价值向度。公共情感的介入是为了达成一种扩展性的同情，其情感的展开具备智性的特质。在公共情感的介入中，环境批评能够实现文本内部的意义阐发和文本外部的现实价值。

情感智性作为公共情感的核心特质，对我们的伦理选择具有指导意义，其贯穿着伦理选择的各个环节，包括展现伦理困惑、认清伦理处境，指导伦理选择过程并对选择进行反思。（陈芬，2021：198）公共情感并不是非理性的、混沌的、繁杂的，其具有意向性与认知功能。努斯鲍姆认为公共情感包含价值判断，是理性的一部分，“对情感的支持源自亚里士多德美德伦理学对人类本性中的感性冲动的支持，而随着现代认知心理学和心灵哲学的发展，人们越来越意识到情感与理性并非泾渭分明”（200）。努斯鲍姆以情感智性论加入对工具理性的批判，反省现代科学主义及其所倡导的价值观念的危机。尤其是当我们谈论生态危机背景之下的生存路径时，其本身与工业发展过程中造成的环境破坏相关。为了突破绝对理性的桎梏，伦理选择有了情感维度才变得灵动，更符合人性，这样的伦理选择其实就是选择了爱，爱家人、爱朋友，并通过移情和同情爱远方的人（202）。爱的介入化解了绝对理性的冰冷，从而对环境灾难生成智性认知与生命共情。那么，当我们谈论环境批评的价值指向时，其能够介入我们对环境正义的关注与追寻当中，提供积极的指导意义。同时，情感的不稳定性需要理性原则的规约、检验和反思。所以，公共情感与公共理性在相互影响、相互交叉的视域中影响着环境批评的实践。

公共情感对环境批评内在价值的发掘意义。环境批评追求的内在价值是践行关怀理念与实现可持续发展。在文学与文化作品当中以阐释生命共同体作为核心价值诉求，同时，在观照生态界的整体性时，兼顾个体性、复杂性、多元性；在集体文化的记忆与个体体验的特殊性之间形成一种理解和认同。在跨越国家、民族、语言和文化的脉络中寻求一种价值通约；在对公共性的尊重和理解中寻找和生成可能性的价值引力，在其中，观照种族的冲突、性别的差异、个体的多元，在生态的整体视野与公共的情感关怀中进行批评与建构。

环境批评也是一种叙事，其在特定的生命共同体伦理的引领之下进行一种价值通约与价值引力的表达、生成与建构。在尊重自然、理解自然、捍卫生命共同体的同时，注重内在的态度、体会和关怀。环境批评不仅是一种批评的实践行为，更是一种对现实生存的捍卫，其脚踏大地，与真正的实在密切相关。环境批评研究者“作为事件阐释者，必然会参与到事件之中进行选择，对于事件的植根性（embedment）和具身性（embodiment）恰恰是比较诗学的底色”（张进，2022：24），环境批评研究者处于事件当中建构着情感认知诗学。在进行文本批评与呼吁保护自然的同时，同样重要的是理解实践的必要性。保护生态界、保护我们的生存环境是其中一个层面的理解，其中，还有一层哲学、社会与共同体层面的公共性。个体行为方式传达着个体对世界的理解，我们要培养一种生命的公共性，这种公共性具有共同体的意识。实现环境批评的内在价值需要塑造一种公共情感，其有助于公共事业的落成。

公共情感对实现环境批评内在价值的功用是：首先，作为环境批评的研究视域，启发研究者感受自然的遭际、种族的冲突、性别的矛盾，激发研究者的现实关怀。在分析文本当中的环境正义时，注重语境的体验性、情感性、公共性，将关爱伦理纳入环境正义的分析当中，促成环境批评内在价值的实现。其次，公共情感促成了读者对环境批评内在价值的接受。扩展性同情与爱经由环境批评的叙事影响到读者的理解与认同，进而影响到更多的公众，有利于生态保护事业的发展。最后，公共情感纳入环境批评的视域，突出了环境批评实践的伦理价值。

参考文献

[1] Callicott, J. Baird & Susan L. Flader. The River of the Mother of God and Other Essays by Aldo Leopold [M]. Madison: University of Wisconsin Press, 1991.

[2] Erdrich, L. The Beet Queen [M]. New York: Harper Perennial, 1998.

[3] Gibson, P. & M. Gagliano. The Feminist Plant: Changing Relations with the Water Lily [J]. Ethics and the Environment, 2017 (2): 125-147.

[4] James, E. The Storyworld Accord: Econarratology and Postcolonial Narratives [M]. Lincoln: University of Nebraska Press, 2015.

[5] von Mossner, Alexa Weik. From nostalgic longing to solastalgic distress: a cognitive approach to love in the anthropocene [C] // Bladow, K. & J. Ladino (eds.). Affective Ecocriticism: Emotion, Embodiment, Environment [M]. Lincoln: University of Nebraska Press, 2018: 51-69.

[6] 暗蓝. 当爱无法自足：读玛莎 · 努斯鲍姆《爱的知识》[J]. 书城，2024（5）：123-127.

[7] 陈芬. 努斯鲍姆论情感智性与伦理选择 [J]. 英美文学研究论丛，2021（1）：198-210.

[8] 范昀. 文学伦理的两张面孔：玛莎 · 努斯鲍姆的文学观及其内在紧张 [J]. 文艺理论研究，2022（5）：69-81.

[9] 方红. 化解生态伦理与环境正义冲突：霍根《灵力》对环境伦理的想象 [J]. 当代外国文学，2014（4）：20-25.

[10] 汉娜 · 阿伦特. 人的境况 [M]. 王寅丽，译. 上海：上海人民出版社，2017.

[11] 霍尔姆斯 · 罗尔斯顿. 环境伦理学：大自然的价值以及人对大自然的义务 [M]. 杨通进，译. 北京：中国社会科学出版社，2000.

[12] 康毅. 论伊利格瑞的女性主义植物诗学 [J]. 外国文学，2021（1）：126-135.

[13] 刘洪一. 构建人类普惠新文明：机理机制与逻辑工具 [J]. 中国比较文学，2021（2）：184-198.

[14] 路易丝 · 厄德里克. 鸽灾 [M]. 张廷佺，邹欢，译. 上海：上海译文出版社，2017.

[15] 玛莎 · C. 努斯鲍姆. 政治情感：爱对于正义为何重要？[M]. 陈燕，卢俊豪，李晶，译. 北京：中国人民大学出版社，2022.

[16] 尚必武. 非人类叙事：概念、类型与功能 [J]. 中国文学批评，2021（4）：121-131+158.

[17] 杨乃乔. 比较文学概论 [M]. 北京：北京大学出版社，2017.

[18] 约翰 · 罗尔斯. 正义论 [M]. 何怀宏，何包钢，廖申白，译. 北京：中国社会科学出版社，2009.

[19] 张江. "公""共"辨 [J]. 探索与争鸣，2024（3）：39-49+177.

[20] 张江. 公共阐释论 [J]. 中国社会科学，2022（11）：4-26+204.

[21] 张进. 事件阐释学与比较诗学的定位 [J]. 厦门大学学报（哲学社会科学版），2022（6）：18-27.

# 学术动态

【栏目主持：肖谊教授】

# 第八届认知诗学学术研讨会暨中国比较文学学会认知诗学分会2024年会综述

席　楠[1]　许静坤[2]　江榆瞳[3]
（1.2.3. 南京理工大学外国语学院，南京 210094）

**摘　要：**

2024 年 12 月 7 日至 8 日，第八届认知诗学学术研讨会暨中国比较文学学会认知诗学分会 2024 年会在南京成功召开，本次学术会议由中国比较文学学会认知诗学分会和南京理工大学外国语学院联合主办，吸引了来自国内外高校的近 150 位专家学者齐聚一堂，共同探讨认知诗学的前沿理论与研究动态。大会共设 11 场主旨报告，报告内容涵盖认知诗学的理论建构、跨学科研究、文本研究以及多维度应用，展现了该领域的最新学术发展以及研究范式的多样性。此外，会议设立 6 个分论坛，围绕不同研究方向展开深入探讨，包括：认知诗学的理论动态与发展趋势、当代外国文学的认知诗学研究、认知诗学与跨媒介研究、认知诗学与国别文学研究、认知诗学与文学经典重读、能源人文学与认知诗学。通过专家学者的报告与分论坛的专题讨论，会议为认知诗学研究的深化发展注入了新的学术动能。

**关键词：**

认知诗学；理论建构；跨学科研究；文本研究；多维度应用

作者简介：1. 席楠，博士后，南京理工大学外国语学院副教授，硕士研究生导师，主要从事英美文学研究。
2. 许静坤，南京理工大学外国语学院硕士研究生，主要从事英美文学研究。
3. 江榆瞳，南京理工大学外国语学院硕士研究生，主要从事英美文学研究。

# Review of the 8th Symposium on Cognitive Poetics and 2024 Annual Conference of CCLA Cognitive Poetics Division

Xi Nan[1], Xu Jingkun[2], Jiang Yutong[3]

(1.2.3.School of Foreign Studies, Nanjing University of Science and Technology, Nanjing 210094, China)

Abstract:

The 8th Symposium on Cognitive Poetics and 2024 Annual Meeting of the Cognitive Poetics Association Affiliated to CCLA, jointly sponsored by the Cognitive Poetics Association Affiliated to CCLA and the School of Foreign Studies in Nanjing University of Science and Technology, was successfully held in Nanjing from December 7th to 8th, 2024. Nearly 150 experts and scholars from colleges and universities at home and abroad attended the conference and discussed together the frontier theories and research dynamics of cognitive poetics. There were 11 keynote speeches covering the theoretical construction, interdisciplinary research, textual research and multi-dimensional application of cognitive poetics, showing the latest academic progress and the diversity of research paradigms in this field. In addition, six sub-forums were set up to discuss different research directions, including: theoretical developments and new trends of cognitive poetics, cognitive poetics studies on contemporary foreign literature, cross-media cognitive poetics, mutual learning among civilizations and cross-cultural cognitive poetics and cognitive poetics studies on classic foreign literature. Through the reports of experts and scholars and the discussions in the sub-forums, the conference will inject new academic momentum into the deepening development of cognitive poetics research.

Key words:

cognitive poetics; theory construction; interdisciplinary study; textual research; multi-dimensional application of cognitive poetics

## 0 引言

2024 年 12 月 7 日至 8 日，第八届认知诗学学术研讨会暨中国比较文学学会认知诗学分会 2024 年会在江苏省南京市拉开序幕，这场汇聚全国认知诗学研究前沿力量的学术盛会由中国比较文学学会认知诗学分会主办、南京理工大学外国语学院承办，它吸引了来自清华大学、南京大学、四川大学、浙江大学、北京外国语大学、四川外国语大学、国防科技大学、北京科技大学等众多高校和研究机构的近150名专家学者和师生齐聚一堂。会议以"认知诗学的理论动态与发展趋势""当代外国文学的认知诗学研究""认知诗学与跨媒介研究""认知诗学与国别文学研究""认知诗学与文学经典重读"等议题为核心，展开了多维度学术对话，充分展现了认知诗学的理论深度和跨学科融合的广阔前景。

7日上午，会议在南京理工大学外国语学院院长杨蔚教授的主持下正式开幕。南京理工大学党委委员兼紫金学院院长赵雪琴教授致欢迎词，表达了对与会者的热烈欢迎和对会议成果的殷切期待。中国比较文学学会认知诗学分会理事长熊沐清教授在致辞中深入剖析了认知诗学的研究现状，并对其未来发展提出了前瞻性展望。11位专家学者围绕认知诗学的前沿问题做了主旨报告，与会人员还分为6个分论坛，围绕不同主题展开了深入研讨。此外，会议特别设置主编论坛并由南京航空航天大学姜礼福教授主持，邀请《当代外国文学》主编杨金才教授、《外语导刊》主编陈勇教授、《当代外语教育》主编熊沐清教授、《认知诗学》主编支宇教授、《外国语文研究》副主编张翼教授、《外语跨学科研究》编辑部主任冯军博士等6位国内知名期刊主编座谈，与青年学者就认知诗学研究的热点问题进行深入交流。

本次研讨会不仅是对认知诗学研究现状的一次全面审视，更是对未来研究方向的积极探索。通过专家学者的报告与分论坛的学术分享，会议为认知诗学研究的深化和拓展提供了新的思路与动力，进一步推动了这一领域的学术发展与创新。

## 1 认知诗学的学科理论建构

认知诗学作为一门多领域交叉融合的新兴学科，其理论体系庞大而复杂。在本次会议上，与会专家学者围绕认知诗学的理论建构与发展脉络展开深入讨论，以提供新的视角与思路。熊沐清教授在发言中系统梳理了认知诗学研究的演进历程。他指出，自21世纪第二个十年以来，国内认知诗学研究取得了长足进展，填补了诸多理论空白，但与此同时，全球化背景下社会、政治、经济和文化的快速变迁也为这一领域带来新的机遇和挑战。为应对这些变化，熊教授提出"5EAC模式"（5EAC Model），这一理论框架是对认知科学领域"4E Cognition"模式（embodied、embedded、 enactive、extended）的进一步拓展。维诺尼卡·瓦斯特灵（Veronica Vasterling）曾将“4E”模式拓展为“4EAC”认知模式，即在原有基础上增加affective（情感）和cognition（认知）维度。熊教授在此基础上，结合人类认知的进化特征，提出“5EAC”模式，即embedded、embodied、enactive、extended、evolutionary and affective cognition（熊木清，2023：23），在会议中引发了广泛讨论。有学者提出，这一模式不仅可以用于分析传统文学文本，还可以应用于跨媒介叙事研究。例如，在分析电影、漫画或电子游戏中的叙事结构时，5EAC模式能够帮助研究者更全面地理解受众的情感与认知体验。与此同时，国际学界的研究动态也为认知诗学提供了新的启示。例如，帕特里克·科尔姆·霍根（Patrick Colm Hogan）的“情感叙事理论”（affective narratology）与“5EAC”模式中的情感认知维度形成了有趣的呼应。此外，认知诗学在教育领域的应用也备受关注。有学者指出，将认知诗学理论引入语文课堂，可以帮助学生更深入地理解文本中的情感与认知过程，从而提升语文教学的实效性。可见，“5EAC”模式不仅融合了认知、情感和进化等多重理论视角，还强调通过综合考察文学现象、作家及其作品，实现对意义更精确、更深刻和更全面的阐释，为认知诗学研究开辟了新的跨学科路径。

清华大学封宗信教授以“Defamiliarization, Refamiliarization, and Interpretation: Issues in Present-Day Cognitive Poetics”为题进行探讨。他提到，心理学和人工智能领域长期以来一直在研究人们如何理解、记忆并再现故事。自20世纪70年代以来，学者普遍认为，话语理解的过程和原则不仅适用于日常交流，也适用于复杂语义信息的处理，这为认知诗学的研究提供了重要的理论基础。封教授进一步分析了当前认知文学研究中的几个核心问题：首先，不同文学体裁的结构特征各异，这些特征要求读者投入不同程度的认知努力。其次，不同文本通过多样化的叙事手法，使读者在阅读过程中经历了“陌生化”或“再熟悉化”的体验。他特别回溯了俄国形式主义者的“陌生化”理论，强调这一理论在认知诗学中的重要性，并提出了与之相辅相成的“再熟悉化”理论。他指出，“再熟悉化”不仅是对“陌生化”的补充，更是一种刷新读者认知图示、重新感知并理解现实世界的重要机制。他强调，认知心理学和语言学的结合为文学研究开辟了新的路径，使其成为一门“有关文学的科学”。在这一框架下，研究者需充分考虑不同文学体裁的结构差异、读者的个体差异以及文学交流模式的特殊性。尤其是在数字化和人工智能快速发展的当代，传统文学研究中的“文学阐释”

问题与多媒体、多模态和人工智能时代的读者“文学能力”研究相结合，具有重要的现实意义。这些新兴领域对文学能力的塑造和重构产生了深远影响，也为文学的未来发展带来新的机遇和挑战。最后，封教授总结道，认知诗学的研究不仅仅是对话语的理解，更是对文学话语的深度阐释。这一观点不仅凸显了文学研究在认知科学中的独特地位，也为跨学科的理论框架提供了新的视角，推动了文学研究与现代科技的深度融合。

在题为“论当前认知文学批评的功能”的发言中，四川外国语大学肖谊教授指出，“认知文学批评”并非一个独立的分支学科，而是对文学与认知跨学科研究的各分支学科的统称，涵盖认知诗学、认知叙事学、认知文体学、认知文化研究以及广义认知诗学等领域。这些分支学科共同构成了“文学与认知的跨学科研究”这一广泛领域。随后，肖教授进一步分析了认知文学批评的主要功能及其面临的困境。他特别强调认知叙事学在文学研究中的重要作用，指出认知叙事学作为叙事学和认知文学的交叉领域，尚未建立起清晰的核心理论框架，导致该领域的理论体系不够独立和系统。他认为，当前的认知文学研究虽然借用了认知科学的一些工具，但缺乏一个独立完整的理论体系，亟须通过理论重构来推动这一文学批评流派的进一步发展。此外，肖教授还指出，随着人工智能技术的快速发展，AI 在文学创作中的应用实际上是对人类认知的戏仿与模拟，这为叙事学带来了新的挑战。在这一背景下，叙事理论需要结合认知科学与 AI 技术的最新成果，重新审视文学创作与认知过程之间的关系。肖教授呼吁学界在未来的研究中，更加注重跨学科合作，充分利用现代科技手段，推动认知文学批评在新兴技术背景下的发展，为未来的文学创作和批评提供新的理论支持。通过这一发言，肖谊教授不仅梳理了认知文学批评的现状，还为其未来发展指明了方向，强调了跨学科合作与技术创新在文学研究中的重要性。他的观点为认知文学批评的理论建构和实践应用提供了新的思路，具有重要的学术价值和现实意义。

## 2 认知诗学的跨学科探索

“广义认知诗学”（Generalized Cognitive Poetics）是一门以认知语言学和认知心理学为基本原理，对文学进行研究的新兴交叉学科，具有重要的理论意义和实践价值。中国石油大学（北京）赵秀凤教授在题为“颠覆与重构：能源人文学及其批评实践的认知诗学审视”的主旨报告中，从认知诗学的“心智转换”和“具身认知”两条理论进路与学科范式出发，对“能源人文”这一新兴跨学科理念及其批评实践进行了深入剖析。赵教授指出，能源人文学是在新唯物主义、环境人文学等后人文主义思潮影响下发展起来的跨学科研究领域，旨在通过更广阔的理论框架和视角，探讨现代性危机的根源，并为破解这些难题提供整合性的政治、文化和社会变革方案。赵教授强调，能源人文批评的认知理据包括其认知机制、认知模式和认知效用。她认为，能源人文批评不应局限于对文学主题的评述，而应转向对文学作品（包含经典的非能源小说）的“能源”新发现及其认知阐释。这一研究不仅能够丰富文学批评的视角，还能为“广义认知诗学”提供新的研究路径。她呼吁学界在未来的研究中，提升“广义认知诗学”的元理论自觉，推动认知驱动的“批评之批评”研究。

认知科学的研究表明，隐喻在认知科学中的意义远超传统诗学与文学的应用。它不仅仅是用一种表达来指涉另一个概念，而是“人类赖以进行思维活动的一种基本模式”（刘文、赵增虎，2014：180），适用于在跨学科领域观察人类如何通过隐喻进行意义建构和情感交流。四川大学支宇教授在其题为“以象示象：莱考夫的未选之路——鲁文·楚尔、乔治·莱考夫和钱锺书隐喻诗学比较研究”（Yi Xiang Shi Xiang: Lakoff’ s Roads Not Taken—A Comparative Study Between Reuven Tsur, George Lakoff, and Qian Zhongshu）的报告中，探讨了隐喻在认知诗学中的跨学科重要性。支教授基于罗伯特·弗罗斯特（Robert Frost）的《未走之路》（*The Road Not Taken*）、但丁（Dante）的《神曲》（*Divine Comedy*）以及本杰明·迪斯雷利（Benjamin Disraeli）成为首相后的话语（remark），结合诗歌、哲学、文学理论及文化研究，分析了鲁文·楚尔（Reuven Tsur）对乔治·莱考夫（George Lakoff）“当代隐喻理论”的批判。楚尔在《走向认知诗学理论：扩展与更新版》一书中，通过对上述三个诗歌文本的细读，指出了莱考夫的隐喻理论在认知诗学研究中的局限性。支宇教授进一步将楚尔的观点与中国文艺理论家钱锺书（Qian Zhongshu）的“以象示象”隐喻思想进行比较，认为楚尔所谓的“莱考夫的未选之路”实际上可以与中国古典美学中的“以象示象”的诗性表达和艺术思维相对照。他强调，在“数字全球化”背景下，“以象示象”不仅具有实现“审美效应”的本体论承诺，还肩负着推动“中国美学”在全球语境下新话语建构的双重任务。通过这一研究，支教授不仅揭示了隐喻在认知诗学中的重要性，还为跨文化语境下的美学研究提供了新的理论视角，推动了中国古典美学与当代认知诗学的对话与融合。

这些跨学科的理论视角不仅能够深化对隐喻的理解，还为其他文学和文化研究提供了新的分析框架。国防科技大学柳晓教授的研究进一步展示了认知诗学在战争文学领域中的应用，尤其是在解析国家安全话语和文化叙事之间的互动时，如何运用跨学科理论去揭示更深层的认知和情感结构。柳教授在题为“认知诗学视域下战争文学研究与国家安全——以新世纪美国伊拉克战争小说为个案”的报告中，深入探讨了战争文学与国家安全之间的复杂关系。柳教授指出，随着后冷战时期政治多极化、经济全球化和文化多样化的发展趋势，国家安全的概念已从单一、线性的局部安全转向复杂、非线性的整体场域安全。在这一背景下，叙事作为人类信息交流的基本范式和认知方式，其与国家安全的关联性日益成为多学科领域关注的焦点。柳教授以新世纪以来美国伊拉克战争小说中的代表性作品为例，综合运用认知叙事学、情感叙事学以及文化政治等相关理论，分析了战争叙事、民族认同危机与国家安全之间的关联性。她特别关注 9·11 事件及其后的战争话语与冷战遗产之间的联系，探讨美国文学中伊拉克战争叙事与自 9·11 以来国家安全话语之间的互动关系。她指出，战争文学作为一种动态变化的观念载体，通过小说、回忆录、电影等不同媒介，呈现了战争中个体与群体的经历、行动、技术、战场环境以及国家遭受的攻击，在挑战、质疑和形塑美国国家安全意识形态中发挥了独特作用。柳教授的研究强调了认知诗学对理解战争文学中的情感、符号和认知结构的重要性，揭示了文学与文化政治、历史叙事之间复杂的联系。

## 3 认知诗学与文本研究

认知诗学吸收认知语言学、认知文体学、认知科学等领域的研究成果，其核心命题之一是对“人”的关注，即现实世界中的人与文学作品构成的阐释学宇宙中的人。这些“人”中，读者是主要关注对象（熊沐清，2023：19）。基于此，本次学术研讨会紧密围绕“作者—文本—读者”之间的互动关系展开探讨，体现了认知诗学以文本分析为中心的特征。

广西师范大学刘玉红教授作了题为“弗兰纳里·奥康纳《一次好运》的象似性与关系焦虑”的报告。熊沐清教授提出“诗学象似性”概念，并指出其基本特征是“(广义的)隐喻性”(熊沐清，2012：9)。在原有的四类基本象似性的基础上，他进一步延伸出五类象似性：音韵象似性(prosodic iconicity)、图形象似性(graphic iconicity)、环境象似性(iconicity of setting)、言语象似性(iconicity of speech)和角色象似性(iconicity of persona)。刘教授基于这一理论框架，对美国作家弗兰纳里·奥康纳的短篇小说《一次好运》中多种象似性进行分析，探讨其中蕴含的人与自我、人与他人、人与神恩三种关系及其中的关系焦虑。在《一次好运》中，生命象征(蔬菜)和死亡象征(骨灰罐)的并置，暗示个体并非独立存在，而是一个结合体。这一结合体呈现出生命的两个极端——出生和死亡，构成图形象似性与角色象似性的复合表达。小说描述了孕妇露比从一楼爬到四楼的过程，这一正叙模式模仿了爬楼的真实时间、真实运动和真实过程，构成一个微观的旅行图式；此外，一定长度的对话和一定长度的段落表述或描写彼此间隔，模拟出一段楼梯和一个转角平台的相互连接，同时暗示出露比的爬楼进程，完成了顺序象似性和图形象似性的结合。关于《一次好运》的结局，刘教授对学界现有观点进行了梳理，将其分为两类：其一，露比的心灵囿于恐惧中，无法获得解脱；其二，尽管露比站在楼梯中间，但这一位置预示着她正在向光明迈进。刘教授指出两种观点各有新意，但亦存在局限。她提出用“阈限性”概念来阐释这一开放式结局或许更为合理，女主人公露比在自我挣扎中似乎正在走出焦虑，但她能否真正获得拯救，是否真正领悟到神恩之意，仍然是未定之数。

在本次学术研讨会上，南京理工大学席楠副教授作了题为“厄普代克《兔子归来》中的媒介书写及其政治、历史折射”的报告，聚焦小说对20世纪60年代美国政治与历史事件的媒介呈现。席副教授指出，《兔子归来》中的媒介书写不仅与厄普代克自身的媒介情缘密切相关，更构成了反文化运动时期美国社会中不同政治立场交锋的重要场域。然而，既有研究对这一问题的关注较为有限。她梳理了学界对《兔子归来》中媒介书写的研究，将其归纳为两类：其一，运用麦克卢汉的理论，认为小说中大量媒介信息的作用在于使其与虚构文本融合，以增强读者的沉浸体验；其二，关注小说中由媒介内爆导致的熵、断裂性与碎片化，进而揭示主人公哈利沉湎于无意义与虚无之中的困境。在此基础上，她提出，《兔子归来》中的媒介书写不仅蕴含了厄普代克对当时美国媒介革命的深刻洞察，同时也揭示了重大政治、历史事件是如何通过媒介棱镜被折射的，阐明了媒介表征在霸权话语传播机制中的隐性操作。进一步而言，《兔子归来》对20世纪60年代美国大众传媒生态进行了多重批判性书写：首先，小说昭示了电视新闻的浅层化、爆炸化、商品化特征，批评电视媒介在公共领域中逐步丧失了民主政治功能；其次，揭示了新闻媒介在反文化运动语境下与种族主义暴力沆瀣一气的深层逻辑；最后，对电视媒介塑造的人类登月史这一宏大叙事的真实性质疑。此外，小说亦隐含了厄普代克对大众媒介冲击下文学危机以及文学何为的反思，《兔子归来》书写了被剥夺的边缘他者的政治主张和他们的历史，以区别于主流媒介的政治与历史叙事，借助文学媒介来推动更包容的民主精神。

## 4 认知诗学的多领域应用

本次会议的另一重要特色在于研究视域的拓展，即从传统的文学文本研究延伸至认知诗学在多个领域的应用。认知文学阐释学的一个特性是融合性，它建立在认知语言学（包括认知语法、认知语义学以及认知语用学等）、认知文体学和认知修辞学等相关理论和方法的基础上，同时吸纳多模态话语分析、批评话语分析、符象理论、心智套叠理论等（熊木清，2023：23—24）。西安外国语大学雷茜教授作了题为“超学科视域下的多模态文学作品认知研究”的主旨报告。雷教授基于现有多模态文体研究，探讨超学科视域下多模态话语研究的创新研究模式，介绍了四种主要模式：语言学理论内驱式、范式间融合式、跨学科式和跨科学领域融合式。该研究在此基础上建构了功能与认知相融合的多模态语篇文体分析理论模型，并进一步提出四种具体研究路径：多模态功能文体分析、语际多模态功能文体对比、多模态语篇文体认知研究、基于真实读者的多模态文体研究。她强调，多模态语篇的文体认知研究关注认知语言学理论在多模态文学作品主题理解和人物塑造中的作用；基于真实读者的多模态文体研究则关注真实读者对如何认知和处理文学作品中的多模态前景化特征。在此理论框架下，雷教授结合具体文学作品展开分析。她指出，图式理论和多模态隐喻理论能够有效解释多模态小说《女性世界》（*Woman's World*）中主人公诺玛对女性魅力的固化与迷恋心理的思维过程；而具身理论和多模态隐喻理论则可以帮助读者实现对《特响、特近》（*Extremely Loud, Incredibly Close*）中主题情感的具身认知，达到以情动人的阅读效果，实现多模态文学的美学价值。此外，雷教授介绍了有声思维法和眼动追踪实验，运用这些研究方法观察真实读者如何识别和理解语言、图像及模态间关系的前景化特征。实验结果表明，读者不仅能够基本识别各种模态的前景化特征，还能较为准确地感知其承载的主题意义或其引发的移情体验。这一认知研究不仅验证了早期多模态功能文体分析的准确性与有效性，也为文学作品的跨学科研究提供了新的研究路径，进一步拓展了认知诗学在多模态叙事研究中的应用范畴。

安徽大学戚涛教授在本次会议上作了题为“国民性/文化性研究中的认知视角——理论与议题”的报告，将认知诗学应用于国别与区域研究。戚教授基于外语学科在区域国别研究中的学科定位，指出国民性/文化性研究不仅是理解某一国家或地区的社会、历史、法律、文学艺术的重要基石，同时也对国内、国际政治研究具有深远影响。因此，外语学科在区域国别研究中，既需保持并发扬人文学科属性，又需充分发挥外语的工具性，以此凸显外语学科的特征与优势。戚教授强调，基于认知视角的国民性/文化性研究具有重要的理论价值和现实意义。国民性研究涉及多学科领域交叉，涵盖社会学、心理学、人类学和认知科学等多个领域，其研究成果对于理解不同国家和地区的历史、政治、文化乃至经济模式均具有重要的理论指导作用，并能为区域国别研究提供新的学术赋能。此外，他进一步探讨了认知图式理论在国别与区域研究中的使用价值。认知图式是个体基于既往经验、知识结构和认知模式所形成的系统化“信息处理器”或认知“装置”，在遇到新的经验时能够自动激活相关认知框架，从而促进信息的解读、推理、预测和行动规划。运用认知图式理论进行国民性/文化性研究，可以总结出特定国家或地区的人们的社会图式、情感倾向、态度模式和行为范式，并进一步将其与我国对外战略议题相结合，拓展外语学科在区域国别研究中的学术边界。他还特别指出，民族认同是特异的、大体无意识的，借助认知视角能够发现一个民族文化潜在的组织原则和架构，从而深入理解该国的组织形式、意识形态、社会情感和社会行为。在这一研究框架下，外语学科在研究民族认同方面有独特的优势，可在民族认同研究领域开辟独特的学术路径，拓宽认知诗学的适用范围，进一步推动区域国别研究的理论创新与学科融合。

北京科技大学梁晓晖教授在会上作了题为“重新认知‘劳动异化’：科幻文学中的‘数字资本主义’批判”的报告。她指出，随着科技的飞速发展，人类社会已迈入数字资本主义时代，劳动异化现象加剧，基于马克思的“劳动异化”与齐泽克的“数字资本主义”理论，她深入挖掘科幻小说中数字化劳动的异化表现及其社会批判意涵。梁教授指出，当前学界对科幻文学中后人类书写的研究，主要集中于人与其创造的克隆人、升级人、机器人等后人类主体的共存伦理困境，并普遍将此视为人类社会危机的本质。然而，这些研究却忽视了劳动异化的加剧才是人类社会危机的实质性根源。她以《我这样的机器》(*Machines Like Me*)、《荒潮》(*The Waste Tide*)、《仿生人会梦见电子羊吗？》(*Do Androids Dream of Electric Sheep?*)三部科幻小说作为研究对象，结合其中的人机互动场景，分别从哲学的三个基础问题即本体论问题、知识论问题、价值论问题出发，分析“数字资本主义”下人类在劳动形式、劳动意义、劳动价值方面的深刻变化，以及由此引发的劳动异化问题。梁教授进一步指出，科幻小说不仅是对未来社会的技术想象，同时也是对当代资本主义社会逻辑的隐喻性表达，蕴含着深刻的政治讽喻内涵。在数字资本主题语境下，资本逐利是其核心原则，机器人只是该体系下的新型劳动力。在当代数字资本主义运作机制中，资本仍然是数字社会的核心驱动力，国家机器在资本逻辑的主导下，以科学技术为支撑持续推动产业升级和生产力跃迁。然而，每一次技术进步和产业迭代的背后，都是被抛弃的劳动力，最开始是人类自己，之后就是数字技术。

## 5　结语

本次研讨会的精彩发言展现了认知诗学研究的广度与深度，进一步拓展了学科前沿、完善了理论发展、提供了跨学科思路与新领域应用方法，产生了良好的反响。通过本次研讨会，专家学者既领略了认知诗学的现有研究成果，也窥见了其广阔光明的发展前景。

参考文献

［1］刘文，赵增虎．认知诗学研究［M］．北京：中国文史出版社，2014.

［2］熊木清．文学解释理论的认知研究：认知文学阐释学纲要［J］．外国语文，2023（5）：16–28.

［3］熊沐清．试论诗学象似性的涵义与形式［J］．外国语文，2012（6）：7–13.

# 认知艺术研究

【栏目主持：彭彤教授】

# 异在的乡土：黄润生当代具象绘画的乡村图景与视觉认知的“心智转换”

彭　彤
（四川大学艺术学院，成都 610207）

**摘　要：**

基于与 20 世纪中国乡土画家在生存经验与知觉方式上的区隔与差异，黄润生有意无意地以一种“异在”的图像话语来与既有乡土艺术作品拉开距离。通过村庄的溃败与凌乱的街景以及“重色调”绘画造型语言的张力结构，黄润生创制了乡村图像和视觉心智的“新乡土”景观。可以说，从认知艺术学角度看，黄润生 20 余年在油画、水彩水粉画和钢笔画等多种绘画体裁中所取得的成就，已经将一种“异在的乡土”深深地烙印在了中国当代乡土美术的视觉图像史之上。

**关键词：**

新乡土绘画；黄润生；乡村图景；视觉认知；心智转换

## The Alienated Homeland：Rural Imagery in Huang Runsheng's Contemporary Figurative Painting and the "Mental Transformation" of Visual Perception

Peng Rong
（College of Arts，Sichuan University，Chengdu 610207，China）

Abstract：

Distinct from 20th-century Chinese rural painters in terms of lived experience and

基金项目：本文系 2024 年度国家社科基金艺术学西部项目“中国当代新乡土美术思想研究”（项目编号：24EF242）、2024 年四川大学研究生教育教学改革研究重点项目“新艺术学学科研究生教育教学‘产学协同—校地联动’改革模式与路径研究”（项目编号：GSSCU2024003）的阶段性成果之一。
作者简介：彭彤，哲学博士，四川大学艺术学院教授、博士研究生导师，主要从事艺术史和当代艺术批评研究。

perceptual approach, Huang Runsheng consciously or unconsciously employs an "alienated" visual discourse to distance his work from established rural art traditions. Through depictions of decaying villages, chaotic street scenes, and the expressive tension of "dark-toned" pictorial forms, Huang constructs a "neo-rural" landscape that redefines both rural imagery and visual cognition. From the perspective of cognitive art studies, Huang's achievements over two decades spanning oil, watercolor, gouache, and pen drawings have indelibly imprinted this "alienated homeland" onto the visual history of contemporary Chinese rural art.

Key words:

neo-rural painting; Huang Runsheng; rural imagery; visual cognition; mental transformation

---

## 0 引言

用“异在的乡土”来描述和指称黄润生具象绘画的艺术史方位与图像特征，其中不仅有着“广义认知诗学”意义上的视觉认知“心智转换”，而且有着非常明确的中国当代艺术史语境针对性。“认知诗学之父”鲁文·楚尔（Reuven Tsur）认为，“心理定式（mental set）是随时以某种方式做出反应的心理状态。显然，它是一种价值巨大的适应机制，是处理任何情况的必需条件。同样具有巨大价值的是一种被称为心理定式转换（shift of mental set）的适应机制。它可以被界定为人们随时以某种方式进行反应的转换，是用来处理语言以外不断变化的状况。使用这两种（相反的）适应机制可能会带来不同的愉悦”（鲁文·楚尔，2023：9）。在这里，无论用“心智转换”还是“心理定式转换”来翻译，认知诗学从认知框架和知觉模式角度阐释文学艺术审美活动的本质属性这点都是确定无疑的。出于表述的简洁，本文采用了“心智转换”的译文。（支宇、赵越，2022）

作为“70后”具有代表性的画家，成都画院专职画家黄润生有着很强的美术专业学院训练背景。2001年从中国乡土绘画大本营——四川美术学院油画本科毕业以来，黄润生心无旁骛地专注于艺术创作已经20余年。20余年来，黄润生也许并不能算是一个高产的画家——虽然有着勤奋和执着的品性，但出于严谨和认真，他对每一件作品都以一种全力以赴的态度来进行创作。基于学院派扎实的具象写实功底以及当代艺术各种潮流的洗礼，黄润生为自己选择了一条在守正中创新又在新异中回归的艺术道路。在这样的艺术之路上，黄润生不断自我突破、自我超越，以一种独特的具象绘画语言来图绘中国当代乡村尤其是西南地区乡村在城市化进程中的视觉风貌和生命感悟。

基于与20世纪中国乡土画家在生存经验与知觉方式上的区隔与差异，黄润生有意无意地以一种可以称为“异在”的图像话语来与既有乡土艺术作品拉开距离。从某种意义上讲，他所有的作品仿佛都在尝试创造一种与众不同的乡村图景。显然，这样的当代艺术史雄心为黄润生带来了强劲的创作动力，也让他在中国“70后”青年艺术家中独树一帜。自2006年以来，黄润生先后获得中国美术家协会主办的“中国西部大地情中国画油画作品展”的金奖与铜奖、“巴蜀文艺奖”金奖、“四川省文华美术奖”一等奖，多次入选中国美术家协会、中国油画学会主办的“全国小幅油画展”“全国少数民族美术作品展”“中国体育美术作品展”“全国水彩、粉画展”“全国美术作品展”等重要美术展览并获得优秀奖、提名奖等奖项。可以说，黄润生以其20余年在油画、水彩水粉画和钢笔画等多种绘画体裁中所取得的成就和走过的路程，已经将一种“异在的乡土”深深地烙印在了中国当代乡土美术的视觉图像史上。

## 1 异在的乡村图景：村庄的颓败与凌乱的街景

回顾中国百年乡土美术史，我们曾经归结出“红色乡土”“感伤乡村”“诗意田园”和“镜像东方”等几种视觉语式和乡村图景。（彭彤，2011）与这些主流视觉图景不同，黄润生一直在着力刻画中国当代人在现代性变迁中所熟悉而陌生的乡土与家园经验：那些我们并不陌生的颓败的村庄和凌乱的街景。也许是敏感于中国西南地区在现代化进程中的特殊性和滞后性，黄润生找到了与20世纪中国乡土叙事截然不同的社会景观，从而区别于中国现当代艺术史上“革命一代”“知青一代”和“新生代”乡土艺术家群体的生存经验与知觉方式。

引起我关注的是，2003年到2007年短短几年，黄润生连续画了十多幅“旧楼”系列作品，可以说是用画笔写就了属于他那个时代的“老楼吟”。对于长年生活在西南地区的人来说，这些取材于四川乡镇常见生活场景的作品是如此的熟悉，以至于基本没有引起大家的太多关注。画面中，黄润生采用的是纪实性极强的摄影机般的平视镜头，可以想象，他的目光以水平线的角度投射过去，流露出特有的从容和冷静客观的视觉风貌。这十余幅“旧楼”作品，大部分描绘的是中国乡镇街道常见的五六层小楼，但每次看到画面，心里都是世事多变的慨叹和“旧”是人非的惆怅，如《旧楼·四》(布面油画，180cm×140cm，2003年)、《旧楼·七》(布面油画，110cm×190cm，2006年)和《旧楼·十》(布面油画，150cm×400cm，2007年)等。对黄润生来说，中国新世纪乡村空间和生活方式的变迁也许首先落实到了人们居住条件与建筑物的变化上。众所周知，乡村民居与环境景观的变化最能够直观地反映出现代性在今天中国的进程。从以中国传统土木结构为主的泥墙和瓦顶到预制板和钢筋混凝土构筑的小楼，乡村生活空间的变迁经过黄润生的目光凝视与画面凝结，表现出既让人习焉不察又令人触目惊心的效果。从视觉经验上看，“旧楼”系列给人密不透风的拥挤感，这些画面基本不留白，任由外立面斑驳的水泥墙面、密密麻麻的安全护栏和阳台上的盆栽以及影影绰绰的人影挤满整个画面。很显然，在黄润生这里，“旧楼”无疑有着多重语义而显得意味深长。这个“旧”既是用社会的、个人的回忆建构起来的过去，真实而又模糊。既然以“旧”来命名，当然意指外表陈旧过时，没有现代都市摩天大楼玻璃幕墙那么壮观华丽；同时，在城市化不间断的进程中，这些楼群同样逃不出被拆建和被起高楼的命运。然而，在黄润生异在乡土的图像谱系中，这些“旧楼”其实又是“新的”——与村民们过去居住的土坯茅屋或是土木结构的住舍来对比，风格统一的套房、阳台、防护栏和玻璃窗户无疑表征着“城市”“现代”和“新的”意象。无论有多少种复杂的语义和内心的情绪，黄润生画下的这些乡镇楼群都是新时代乡土生活图像表征的视觉主体。其

图1　黄润生：《旧楼·四》，布面油画，180cm×140cm，2003年

标注着个体如何记忆一个时代的文化空间独特性，阿莱达·阿斯曼（Aleida Assmann）在讨论文化记忆的时候认为，“回忆空间是通过对于过去的某一部分的关注产生的”“从某一当下出发，过去的某一片段被以某种方式照亮，使其打开一片未来视域”（阿莱达·阿斯曼，2016：408），黄润生的记忆之光聚焦在对中国社会、对属于他自己这一代人的最深刻的生存记忆——“旧楼”，让自己的画面照亮了正在远去但依然存在的乡镇空间。如果将黄润生的“异在乡土”图像置入20世纪中国乡土艺术发展史语境中进行展示和理解，其价值和意义就会更加清晰和明朗。

如果说，20世纪中国艺术“革命一代”画家笔下的乡村图景仅仅是作为革命、战争与生活展开的背景因素的话，那么，在黄润生这里，乡村的房舍、街道与景观的现代性变迁则成为视觉的中心与主体。在画家冯法祀创作于1957年的革命现实主义经典作品《刘胡兰》中，无论画面左边愤怒的村民背后那些乡村低矮简陋的房屋，还是右边屋檐覆盖着厚厚雪花的高墙大院，画家都明显将其作为叙事背景而进行刻画，其视觉中心显然是即将慷慨就义的革命英烈刘胡兰。在这里，乡村图景当然必不可少，毕竟，它是刘胡兰烈士从容就义这一历史史实所发生的物理空间与真实背景。当然，画面上低矮与高大的建筑布局与视觉效果也巧妙地呼应了广大革命群众与反革命剥削阶级之间的不平等关系。不过，无论如何，革命现实主义作品所呈现的乡村图景，其视觉目标与旨归都一定指向于近现代中国新民主主义革命叙事，这与黄润生在20世纪90年代以后目睹的乡镇城市化变迁有所不同。作为整整晚于冯法祀一代人的新一代现实主义艺术家来说，朱乃正则擅长以写实主义的语言方式营造富于民族风格的诗性油画。他的代表作《金色的季节》（156cm × 162cm，1962—1963年，布面油画）以抒情性的欢快笔触刻画了青海藏区金秋时节藏民在田野里劳作的热烈气氛与质朴形象。画面的主体是两个顶天立地的藏族劳动妇女，她们健康而壮硕的身躯占满了整个画面，在她们奋力扬起的簸箕和迎风飞扬的藏袍后面，是空旷寥廓的天空、轻盈飘荡的白云以及遥远的地平线。值得注意的是，在画面的左下角和右下角，朱乃正画下了一些并不引人注目的房屋与建筑。这些正在修建且尚未完工的居住空间不仅让金黄色的画面有了某种丰富性，而且巧妙地暗示了藏族民众在20世纪60年代特殊社会背景下的历史意义与旨归——藏区生活空间与方式的变化。《金色的季节》并不是中国当代油画乡村叙事的个案，它将视觉注意力的中心聚焦于劳动场景和人民形象，而将乡村景观和生活空间作为场景，这样的构图形式事实上可以称为中国当代乡土绘画的主导性视觉图景。

图 2　黄润生：《飞跃》，布面油画，180cm × 190cm，2009 年

与此不同，黄润生一改乡村空间景观艺术表现的这种注意力分配方式，重新唤起了人们对生存空间的关注。这当然与改革开放以来中国文学艺术对日常生活的关注密切相关。换句话来说，中国当代文学艺术的日常生活叙事以一种独特的方式渗透了黄润生对生活的感知视野和凝视角度。在入选第十一届全国美术作品展的三联画作品《飞跃》(布面油画，180cm × 190cm，2009 年）中，黄润生直接将三个不同时代的居住空间和住房状况作为图像表征的对象。画面最左边是传统的乡镇，一排排的砖瓦平房沿一条垂直的小街上下铺展开来；最右边则是当下现代都市常见的社区电梯高层楼群——无数阳台和一扇扇形状相同的玻璃窗布满了画面，流露出我们最熟悉的现代机械感和齐整密布的视觉效果；而三联画的中间部分，黄润生画下了他最亲切和熟悉的那些墙体斑驳凌乱的乡镇小楼，也就是乡镇及小城市常见的那种没有安装电梯的多层住宅。在这里，居民没有受到严格的外观限制，往往自作主张地在阳台上种植自己喜欢的花草绿植。这些楼房并不高，一般四五层，凭窗眺望的人们往往成为街面上人们的观望对象。风景，在这里具有非常直观的双向性。目光的交织和生活的喧嚣显然让

黄润生平素严谨的画笔和写实语言变得活泼而温馨起来，市井生活的日常性和烟火气在《飞跃》的中间部分显得特别耀眼、真实而异常生动。在黄润生的绘画中，20世纪中国乡土美术的劳动场景退出了画面，取而代之的是日常生活与休憩的空间景观。显然，在艺术家看来，普通人平凡的生活空间及其变迁更能够表征新时代中国乡镇生活的基本风貌和生存状态。通过从左至右的三幅连续性构图形式，《飞跃》以历时性的视觉观看程序书写了中国当代乡村在现代化进程中的空间连续体，一个强硬的、无法拒绝的当代叙事逻辑逐渐浮现出来：在现实生活中，由于日新月异的大城市经济发展需要，乡土民居必然会逐渐瓦解颓败，它们作为时代的标识只存留在社会标本式的记忆存储中，现代性的高楼大厦被大量“种植”并行将遍布在大地之上。前现代宁静的乡村生活方式、淳朴温情的人际关系，以及活色生香的市井风情无疑是黄润生视觉图景最富有诗意和温情的部分，而它们在当代城市化进程中的命运和艺术家默默注入的挽歌般情愫则构成了黄润生独特的“视野形成”，在这里，已经过去的场景和正在过去的场景在曲折纠缠的时间线上一起构成了黄润生眼里“延伸的场景”，它们会被人们遗忘而远去消逝还是会被流传而生长继承，黄润生都为此沉迷而注目，他选择了用自己的画面去体验和记录，这些也因此成为“异在的乡土”区别于20世纪中国美术史其他乡土语式绘画最关键的核心要素。

## 2　异在的视觉认知与心智转换：“重色调”绘画造型语言的张力结构

显然，黄润生作品中的视觉主题和图像话语不仅与他在西南地区长期生活的经历和生命感受有关，同时也与其视觉惯习和创作手法密不可分——毕竟，作为成长于20世纪90年代全球图像文化一体化时代的具象写实画家，黄润生有着截然不同于前辈乡土艺术家的新知觉方式和图像资源。也就是说，“异在的乡土”不仅有着90年代以后中国城市与乡村的景观空间的历史印记，也浸润着艺术家绘画艺术知觉方式与语言形式的多重探索和个性特征。

检视黄润生的创作历程，2012年前后可被视为一个绘画造型语言发生变化和转型的关键时间节点。其标志是其“重色调”具象写实油画风格的形成与确立。当然，这并不是说，此前黄润生的作品颜色透明轻盈。可以看到，早在2007年，黄润生在获得第五届中国西部大地情铜奖的作品《旧楼·九》( 布面油画，150cm×130cm，

2007年）中，就开始使用粗砺厚重的笔触和深沉的色块来描绘破败乡镇楼群前面新开垦的土地和长势凌乱的枯树。不过，从整体上看，黄润生的大部分作品一直到2012年的《深秋南街图》（布面油画，180cm×140cm，2012年）仍然保持着较为明丽清透的视觉效果。在这幅作品里，深秋午后的阳光倾洒在一栋五层楼高的沿街小楼上，让窗台外面黄色草花和墙面反射出响亮和欢快的视觉诗意。画面下方的街道上，一辆白色的公交车增加了画面的明亮感。如果实在要寻找“重色调”的端倪，我们只能在局部与细节中才能获得一些不那么引人注意的发现。在一件“第七届巴蜀文艺奖”金奖作品中，黄润生尝试使用了深沉厚重的黑色和褐色来表现街边那两棵已落尽了树叶的高大树木。当然，穿梭往来络绎不绝的人群也透露出“重色调”的油画趣味。同样，在主题性创作中，如在表现伟大抗震精神的作品《生命的价值·四》（布面油画，160cm×120cm，2008年）和表现伟大抗洪精神的作品《众志成城》（布面油画，200cm×120cm，2012年）等中，黄润生也尝试融入“重色调”风格，并恰到好处地将其放置在画面语言系统较为次要的位置上。

图3　黄润生：《深秋南街图》，布面油画，180cm×140cm，2012年

但确切来看还是要等到两年以后，黄润生才开始大胆尝试整体画面的“重色调”，这突然地体现在《高天厚地》（布面油画，210cm × 160cm，2014 年）这件第十二届全国美术作品展览入选作品当中。在这件作品的创作中，黄润生巧妙地重构了《飞跃》那件作品所呈现的中国乡村图景变迁“意象三联体”，将其从一种线性并列的图式重组为相互交融的和谐构成关系。其中象征传统生活方式的乡村民居被放置在作品左上方的画面上，一条即将被城市覆盖的水道右边，艺术家画下了不断向着天际线延伸的电梯楼群。当然，画面的主体依然是一栋熟悉的五层楼高的砖混结构建筑物。值得注意的是，在那棵枝叶茂盛的树木前方的画面上，黄润生突然剧烈地压低了油画色彩的亮度与明度，把拥挤嘈杂车水马龙的人潮掩映在难以辨识的黑红色前景之中，同时，又以少许高亮度的色彩勾勒出几个彩色气球和几盏灯光，形成极具戏剧性和鲜活感的市井风貌。此后，黄润生选择和热爱上了这种造型语言和方式，“重色调”具象写实绘画几乎成为他迄今为止具有极高辨识度的视觉图像。很多时候，人们第一眼看他的一些作品几乎都会脱口而出“太暗了”！而更多的时候，人们会觉得这些“重色调”的作品却具有很强的视觉吸引力——它们与当代媒介和时尚文化空间中平滑光亮、鲜艳轻飘的电子图像形成鲜明的知觉和视觉反差，同时，其中又隐含着 20 世纪中国乡土美术的审美趣味。对于熟悉现当代艺术史的观众而言，黄润生“异在乡土”的图像语言甚至还蕴藏着隐秘的、耐人寻味的社会语义学内涵。

图 4　黄润生：《高天厚地》，布面油画，210cm × 160cm，2014 年

从 20 世纪中国乡土绘画图像的视觉趣味上来看，黄润生“重色调”绘画的艺术史前提显然指向曾经的“老苦旧”式的乡土绘画图景面貌。从作品语义效果来看，黄润生的“异在乡土”无疑走在差异化图像逻辑的创作进路之上。众所周知，中国乡土

美术曾经一度用近乎神话的叙事替代了坚硬的现实，从而让比较单向的颂歌图式覆盖了直面农村生活特殊性的现实主义眼光。改革开放以来，以四川美术学院为核心的乡土绘画首先从视觉上选择了“老苦旧”的题材和深褐色的色彩来进行艺术突破，从而复活了“批判现实主义”绘画的艺术精神和视觉趣味。在陈丹青、罗中立、朱毅勇曾经创作的乡村图景中，人们重新看到了农村的自然景观和农民生活的艰辛。不过，随着审美主义思潮的迅速兴起，中国当代乡土绘画很快走向旅游观光式的美学趣味和创作道路。如果说艾轩、高小华、程丛林和韦尔申等艺术家图绘了藏、羌、彝、蒙古等少数民族极具边疆风情的生活图景，那么，罗中立的大巴山、王沂东的沂蒙山、段建伟和段正渠的中原大地等乡土艺术绘画作品则带着人类学式的目光下沉到更为深处和边缘的生活层面。与这些代表性的创作不同，黄润生的重色调具象写实绘画无疑对这些作品进行了有意识的疏离。无论是充满人道主义的同情还是投之以消费社会中的窥视眼光，在黄润生的作品中这些几乎都无迹可寻。《冬之序曲》(布面油画，60cm×200cm，2014年）在黄润生“重色调”具象乡土绘画系列中应该颇有代表性。这件作品的大部分画面被深色油彩所表现的砖墙和青瓦屋顶占据，只在画面上方才用些许突兀的却带着伤感和温情的浅粉色勾勒出冬日暖阳下的远山轮廓和一些隐隐约约的城市高楼——显然，现代城市化进程已经开始逼近传统乡村乡镇的生活和生存空间。这样来看，黄润生的重色调绘画的确充满着某种暧昧、矛盾和他自己都难以厘清的含混的情调。一方面，面对乡村乡野的困境与凋敝，他难以去吟唱空洞虚假的抒情性田园牧歌；另一方面，在摧枯拉朽、无可阻挡的现代性进程中，在人人深陷现代“社会关系的粗暴浓缩”的泥淖中，他又和大多数现代人一样不由自主地流露出家园尽失、田园将芜的乡愁与不舍。在这里，不由得使人联想到斯维特兰娜·博伊姆（Svetlana Boym）在论述怀旧与现代性时提到的“反思型的现代怀旧的三个范例场面——波德莱尔最后一瞥的爱、尼采的永恒回归与阿尔卑斯高山上的忘却、本雅明与历史天使的对峙”，在博伊姆的考察中，“波德莱尔回顾城市的幻影，尼采回顾宇宙和旷野，本雅明回顾历史的残破遗迹”，（斯维特兰娜·博伊姆，2010：25）这三个代表着现代性的诗人批评家各自深刻地展示了现代人怀旧的典型心态和思路指向，在这里完全可以成为解读黄润生这一代艺术家在面对自己眼前巨变着的世界和大地时，那些感知自然，领悟生命，沉思人与荒野、乡村和家园的归属关系的缠绕复杂的情绪意图。

图5　黄润生：《冬之序曲》，布面油画，60cm×200cm，2014年

“幻影浓重／道路困扰／深深地蜷曲起来／星月将跟随／大地将后退”，诗人韩东在《远行的人》中似乎表达出每个喜爱黄润生作品的人都不可避免生发出的纠结起伏的心绪。在黄润生的视觉语言体系里，是不是只有“重色调”才能拉开他与20世纪中国既有乡土语式绘画的差异？我感觉也许只有这样，才能准确地呈现中国无数个乡镇、村落、村寨在现代性进程中方生方死的处境与宿命。不应该遗漏的是，现代性视觉元素在黄润生“重色调”乡土绘画中还体现在具象与抽象的语言张力结构之中。与大多数纯然写实性乡土图像不同，黄润生在准确刻画当代中国乡镇生活空间的同时还常常辅之以抒情性很强的表现性笔触。一直以来，在所有欣赏他的绘画作品的人们那里，令人印象深刻而发出赞叹的是黄润生的色彩造型能力，他似乎不再想去用四川乡土画派超级写实主义技法来精确再现生活，而是用简洁而丰富、精准而跳跃的笔触来表现那些窗前的物与人。而与表现性的乡土绘画也有所不同的是，黄润生在“重色调”街景图像中奇迹般地并置着造型结实的写实图像和实验性的抽象笔触和视觉元素。如果说，黄润生在具象写实的乡村图景中用摇曳多姿的树枝和美丽灿烂的花卉代表着自己灵动抒情的诗意心性，那么，不时在画面局部出现的那些整齐排列的笔触和刮刀痕迹则代表着20世纪西方抽象主义绘画对中国当代乡土绘画语言的影响与渗透。这些综合性造型要素不仅形成了黄润生“重色调”乡土绘画的视觉丰富性，而且也从知觉层面上呼应着“异在乡土”图景在现代性生存经验上的复调感与多重性。

## 3 结语

这里还需看到的是，将黄润生视为中国新世纪涌现出来的“新乡土”绘画代表性艺术家，并不是否认他还有着更为宽广的题材领域和图像生产。我们看到，自2015年起，黄润生创作出了彻底挣脱乡土写实主义的纯粹想象性之作——“想象的异域”系列作品。这批作品表明，艺术家已经似乎不再满足基于现实生活的真实场景进行文本生产，而是开始依靠自己飞驰的想象力进行无拘无束的自由创造。《想象的异域·四》(布面油画，45cm×30cm，2018年)沿袭了“重色调”的视觉外观和前景枯树、中景建筑和远景天空的构图形式，然而，狂放的笔触和形状制式与那些无从稽考的拱门、窗花和路灯以及清亮透明、色彩妙丽、轮廓清晰的异域情调的器皿，如构建了一个想象的乌托邦，直接将观众带入如梦如幻的玄想之境。从“异在的乡土”系列到“想象的异域”系列，黄润生打开了自己艺术创作的又一重新视野和更多让人期待的可能性。也许，这不仅仅是画家个人的艺术选择，在某种程度上更预示着中国百年乡土美术视觉生产话语多元状态的开启与到来。

参考文献

[1] 阿莱达·阿斯曼.回忆空间：文化记忆的形式和变迁[M].潘璐，译.北京大学出版社，2016.

[2] 鲁文·楚尔.走向认知诗学理论：扩展与更新版[M].熊木清，等译.北京：外语教学与研究出版社，2023.

[3] 彭彤.乡土的谱系：中国当代乡土美术研究[M].成都：四川美术出版社，2011.

[4] 斯维特兰娜·博伊姆.怀旧的未来[M].杨德友，译.南京：译林出版社，2010.

[5] 支宇，赵越.“心智转换”与“具身认知”——“广义认知诗学”的两大学科范式与理论进路[J].湘潭大学学报（哲学社会科学版），2022，46（2）：139-145.

# 中国当代新乡土艺术的知觉延展
## ——黄润生极多主义乡土绘画的具身知觉与延展心智

支　宇
（四川大学艺术学院，成都 610207）

**摘　要：**

与许多前辈乡土画家不同，黄润生并没有直接图绘西部广袤大地上乡土农村的劳动场景和田园风光，而是用一种极具个性的“繁密街景”来呈现中国西部乡村在现代性社会语境中的城市化进程，从而给人留下难以磨灭的视觉印象和生命记忆。从真实到幻象、从乡愁之诗到城乡现代化进程，再到后形而上学存在之思，黄润生的所有作品都致力于将当代人的视觉想象力从已经固化的知觉方式中解放出来，并通过观看方式的具身化转向来延展和提升数字时代审美主体的自由知觉能力。

**关键词：**

新乡土艺术；黄润生；极多主义；具身知觉；延展心智

# The Perceptual Expansion in Contemporary Neo-Rural Chinese Art
## —Embodied Cognition and Extended Mind in Huang Runsheng’s Maximalist Rural Paintings

Zhi Yu
（College of Arts， Sichuan University， Chengdu 610207，China）

Abstract：

Unlike many predecessors in rural-themed painting， Huang Runsheng does not

基金项目：本文系 2024 年度国家社科基金艺术学西部项目“中国当代新乡土美术思想研究”（项目编号：24EF242）的阶段性成果之一。

作者简介：支宇，文学博士，四川大学艺术学院教授、博士研究生导师，主要从事文艺理论与认知审美文化研究。

directly depict labor scenes or pastoral landscapes in the vast rural areas of western China. Instead, he employs a highly distinctive "dense street view" to portray the urbanization process of western Chinese villages within the context of modern society, leaving an indelible visual impression and life memory. From reality to illusion, from nostalgic poetry to urban-rural modernization, and further to post-metaphysical existential reflection, all of Huang Runsheng's works strive to liberate contemporary visual imagination from solidified perceptual modes. Through an embodied shift in viewing methods, they extend and enhance the free perceptual capacity of the aesthetic subject in the digital age.

Key words:

Neo-rural art; Huang Runsheng; maximalism; embodied perception; extended mind

## 0 引言

在中国新生代艺术家群体中，黄润生可以被称为数字图像时代探索架上手工绘画的艺术价值与审美方位最执着的画家之一。很多时候，人们会觉得，乡土对他而言，不过是题材而已——或者再往深处说，是他从乡村走向城市的人生经历中不可切割与分离的一个部分。其实不然，对黄润生这样一个生于 20 世纪 70 年代的艺术家来讲，中国当代城乡日常生活景观及其现代性进程的视觉叙事不过是他用以探索绘画技艺和知觉表征技术的手段与途径而已。通过具象绘画语言可能性的探索，尤其是从 AI 数字图像技术与软件系统中获得架上绘画的手感、具身性和视觉想象力，进而获得知觉与心智上的自由、愉悦与成就感，这才是黄润生的终极追求。当然，我认为，这也是黄润生“新乡土绘画”在中国当代艺术史上所具有的启发性意义与价值。

## 1 繁密街景：新乡土绘画的极多主义图像与知觉游戏

回顾黄润生的艺术生涯，一个难以否认的事实是，中国当代乡土美术思潮对其绘画题材与艺术观念产生过重大的影响。作为成长并长期生活于四川的画家，黄润生除了 2009 年至 2012 年短暂赴北京清华大学美术学院攻读硕士研究生（师从王宏剑教授）外，大部分时间在川渝地区学习绘画并从事艺术创作与教学工作。2001 年，黄润生从四川美术学院油画专业毕业以后，在西华师范大学美术学院任教 7 年有余，现一边在成都画院任专职画家，一边在四川大学艺术学院师从程丛林教授在职攻读美术创作理论与实践专业方向博士研究生。众所周知，黄润生的硕士研究生导师王宏剑教授在中国美术界以诗意乡土的图像表现备受赞誉，而他的博士生导师程丛林教授不仅因《1968 年 × 月 × 日·雪》被誉为“伤痕美术”的代表人物，而且在《大地史诗——迎亲的人们、送葬的人们》等书中对西部高原地区彝族群众聚居地民俗场面进行过精湛而富有人类学内涵的史诗性描绘。无论从川渝地区整体性的艺术氛围还是从艺术家个人的师承关系看，黄润生都必然会受到中国当代乡土绘画直接而且深刻的影响。

事实上也是如此。进入 21 世纪以来，黄润生以中国西南地区的乡土生活为对象和题材进行艺术创作，紧紧抓住了当代中国乡村与场镇日常生活空间的城市化变迁这一极具时代特色与东方性的视觉母题，多次参加中国美术家协会和中国油画学会等专业学术组织与机构主办的“全国美术作品展”“全国小幅油画展”“全国少数民族美术作品展”“中国体育美术作品展”和“全国水彩、粉画展”等重要美术展览，并先后获得“中国西部大地情中国画油画作品展”的金奖与铜奖、“四川省文华美术奖”一等奖和“巴蜀文艺奖”金奖等重要奖项。与许多前辈乡土画家不同，黄润生并没有直接图绘西部广袤大地上乡土农村的劳动场景和田园风光，而是用一种极具个性的“繁密街景”来呈现中国西部乡村在后工业化社会语境中的城市化进程，从而给人留下难以磨灭的视觉印象和生命记忆。仅仅基于“以图证史”或“观物如实”的再现性艺术观，黄润生的这些新乡土图像也将注定进入中国当代视觉艺术史中。

不过，如何从中国当代乡土绘画既有的视觉机制与表达模式中挣脱出来，创造属于自己的独特乡村图像和话语方式，这一直是黄润生进入创作状态之后念兹在兹的重要课题。《万家灯火》( 布面油画，120cm × 400cm，2012 年 ) 的出现表明，黄润生经过十余年持续尝试最终找到了这个问题的答案。这是一件可以称为其个人绘画图像语言的集大成之作。在这件“繁密街景”代表作中，黄润生不仅聚焦于当代中国民众在建筑空间与生活方式上的现代性变迁，而且着力探索并最终形成了自己意象繁复、强调新旧认知图式冲突和画面正负空间自由切换的独特审美个性与视觉表征机制。《万家灯火》长达 4 米，采用一种类似超广角的镜头语言来描绘一幅黄昏前后的城市街景。从图形与背景的关系上看，画面的主体是两栋临街多层住宅。夕阳的余晖洒落在左边楼房的墙面上，暖洋洋的色调与画面下方阴影中的黑色路面形成强烈的明暗对比关系；均匀分割的一个个窗户里，影影绰绰的住户们像在一个巨大舞台的不同空间里上演着不同的人生戏剧，其中，几个凭窗眺望者将大家的视线引向熙熙攘攘的街道。如果说两栋楼房是画面的主体，那么，《万家灯火》的前景则是街道上的行人、车辆和行道树。在这里，过街人群行色匆匆，人流如织，自行车、三轮车与小轿车等各式交通工具几乎将街道路面完全占据，灯火通明的沿街商铺与路边摆摊的行商走贩共同组成了当代中国最为常见的城市街景。画面上方尚未变黑的天空则无疑是这件作品的背景。在巨大的尺幅里，黄润生用他极富表现力的画笔不厌其烦、巨细靡遗地描绘出斑驳的墙面、窗台上的花卉、沿街商铺引人注目的店招和射灯……即使在画面上两栋小高层楼房中间那狭小的缝隙处，黄润生也往里塞满了数不清的行人、屋檐、灯火和树木。在这里，极尽繁多、密集甚至琐碎的视觉元素显得比真实街景的生活空间更能够典型地表现中国当代热闹、拥挤和喧嚣的城市景观——当然，我们在这里再次看到了中国乡土写实主义绘画“典型化”艺术观念和创作手法给黄润生留下的印迹。同时，这样的视觉效果也是此前“旧楼”系列作品的符号化探索的必然结果。在中国乡土绘画史上，无论在罗中立式，还是孙为民式、河南二段（段建伟和段正渠）抑或沂蒙王沂东式的乡土画面上，我们都还没有见到过黄润生这种绵密和繁杂的乡村图像。在这个意义上，我们可以将黄润生写实主义“繁密街景”作品命名为中国当代“极多主义”新乡土绘画。

图 1　黄润生：《万家灯火》，布面油画，120cm × 400cm，2012 年

《万家灯火》值得进行深入分析的不仅是街景图像的繁复与密集，还有图像内部“正负空间的自由切换”及其蕴藏的知觉现象学内涵。从整体上看，与黄润生绝大部分的新乡土油画作品一样，《万家灯火》维持了“前景—中景—后景”的稳定性图像

层次与空间结构。但仔细分析，黄润生更痴迷的可能在于多重视觉图像内部“正负空间”的翻转与自由切换。从格式塔认知美学“图形—背景理论”（figure-ground theory）看，作为《万家灯火》“中景”的两栋楼房在图形—背景关系上并不稳定，事实上它同时兼具了多重空间属性。一方面，楼房的墙体从画面的“背景”也就是天空中凸显出来，它应该属于“图形”——在此意义上，它是“正空间”；另一方面，相对于作为“前景”的街面行人、车辆和行道树，这两栋楼房又成为“背景”（负空间）。单以色调论，这样的安排就明显违逆了人们审美体验中习以为常的视觉认知机制：一般而言，为了突出前景，“图形”的色调应该更鲜明，其色彩也应该更明亮。但在黄润生这里，作为前景的街边树木与街面行人和车辆都使用了“重色调”——也就是很深很黑的色彩来进行描绘。显然，“重色调”繁密街景采用了一种颠覆式的色彩方式来重新配置人们对乡土图像“前景—中景—后景”的感知惯习，从而在很大程度上形塑了黄润生独特的个人视觉风貌。更复杂的是画面上每个窗口所描绘的室内空间——相对于墙体，它们因为更亮而被突出为“图形”（正空间）；但同时，这些室内空间又与同样明亮的天空而在知觉上融为同一个层次，从而转化为“背景”（负空间）。《万家灯火》不是个案，它在黄润生的“繁密街景”图像谱系中具有很强的代表性。仔细观察，我们不难发现黄润生在包括“旧楼”系列、《飞跃》（布面油画，180cm × 190cm，2009 年）、《深秋南街图》（布面油画，180cm × 140cm，2012 年）、《高天厚地》（布面油画，210cm × 160cm，2014 年）等在内的所有绘画中都体现出对“正负空间的自由切换”的强烈兴趣。

特别是在创作静物画和钢笔画时，由于处于一种相对更为放松的状态中，黄润生会轻而易举地将这种多重图像的视觉游戏推向极致。2021 年，在成都了了·艺术传播机构举办的小型展览上，黄润生展出了一批令人叹为观止的素描作品。在众多精致细腻又充满天马行空想象力的作品中，《标本·三》（纸本钢笔，10.1cm × 17.7cm，2019 年）可能是视觉元素最为单纯的，却又是最能够体现黄润生对格式塔式日常视觉认知机制进行解构与嬉戏的一件作品。画面上，一条鱼的前后两半被他用了截然不同的表现手法：鱼头和前半身用密集的排线进行勾勒，而鱼尾和后半身则用简洁的线条和空白来表现。为了将作为标本的鱼从“背景”中凸显出来，黄润生分别对鱼的前后两个部分采用了不同密集度的线条来形成鱼的“背景”。这样，画面形成了两组完全不同的“图形—背景”（figure-ground）关系。而就鱼本身而言，鱼前后半身线条的疏密度同样也存在着一组紧与松、密与疏、黑与色的对比关系。如果再考虑作为背景的那些线条，黄润生同样采用了不同的线条和笔触让它们带上了不同调式与韵味：有的地方紧致，有的部分松弛。综合起来，画面形成了多重“图形—背景”关系，它们一起组成极为复杂的视知觉层次与意味丛林。从这个角度看，这件貌似简单的作品其实并不简单，它以一种很直观的方式呈现了黄润生基于具象写实绘画语言对流俗观看机制与“图形—背景”知觉方式的解构与重构。“艺术作品的出现恰恰是在这些遭到破坏之时：这种经济、这种作用、这种修辞、这种无形的习惯作法被颠覆之时。”（阿尔瓦·诺伊，2020：218）在这里，美国认知艺术理论家阿尔瓦·诺伊（Alva Noë）所谓“习惯作法”就是艺术作品赖以存在的知觉“背景”，而艺术家的任务就在于利用独特的艺术语言和感知技术来颠覆“习惯作法”——其实也就是将受众从长期以来习以为常的“心智定式”中解放出来。

图2　黄润生：《标本·三》，纸本钢笔，10.1cm × 17.7cm，2019 年

## 2　知觉延展：视觉想象力与意识“多重草稿”的竞争

与英国大卫·霍克尼（David Hockney）等西方前卫艺术家不同，黄润生没有使

用平板电脑等数码电子设备来绘画，也没有直接采用摄影和其他现成图像来创作后现代性拼贴作品，而是坚守架上绘画的手工性与具身感。无论是素描、水彩还是油画，黄润生的作品都致力于将当代人的视觉想象从已经固化的知觉方式中解放出来，并通过观看方式的具身化转向来延展和提升数字时代审美主体的自由知觉能力。要深入阐释黄润生对知觉的延展和对视觉想象力的捍卫，我们不妨联系当代著名心智哲学家丹尼尔·丹尼特（Daniel Dennett）的“多重草稿”意识理论来思考。

针对传统中心论和直线性心智观与知觉理论，丹尼特在《意识的解释》一书中提出了另一种在当代哲学界影响十分深远的意识理论。“按照多种草稿模型，各种各样的知觉（其实就是各种各样的思想或心智活动）能在大脑中完成，靠的就是平行的、多轨道的、对感觉输入的诠释和细化过程。进入神经系统的信息处在‘连续的编辑修改状态’。”（丹尼尔·丹尼特，2022：136）在丹尼特看来，包括视知觉在内的人类意识过程并不遵循传统意识理论的直线性信息加工秩序，而是一种多知觉和多心理因素之间综合性的、并发式的编辑与处理过程。也就是说，不同的知觉内容和心智活动在大脑中同时处于一种“平行的”和“多轨道”的状态，神经系统对这些知觉信息与思想内容进行“连续的编辑”。对这些信息的每一次编辑都在大脑不同的区域和神经皮层形成不同内容和性质的“草稿”。只有经过持续不断的“编辑”和“修改”以及这些“草稿”之间的冲突、叠加和竞争，大脑才能生成最终可为人类意识所识别和知晓的心理文本。

引入视觉研究，丹尼特的“多重草稿”（multiple drafts）理论也极具启发性。对于黄润生这样的艺术家来讲，他们对传统具象写实主义透视语法和知觉模式的反抗，从心智哲学的角度看，其实就是对传统知觉理论执着于稳定性和直线性感知过程与信息加工方式的不满和革命。如果说前述《标本·三》还显得有些简单，那么，在黄润生视觉元素更为丰富和饱满的铅笔素描作品“留守”系列和“大山山里”系列等作品中，丹尼特式“多重草稿”理论就更具有阐释力。从构图看，《留守·一》（纸本铅笔，41.5cm × 37.5cm，2016 年）对画面进行了对称化处理，展现出了黄润生绘画创作心智高度理性化和讲究分析性秩序的一个侧面。在长和宽都仅为 40 厘米的画幅里，黄润生用留白的方式径直分割出了 14 个大小不一的区域，每个区域中的图像都取材于川西彝族生活的场景和事物。最先吸引人视觉注意力的似乎是画面正下方那三个彝族妇女形象：中间那位女性身着民族盛装倚门远眺，左边那位坐在街边的女性戴着头巾流露出低头沉思的忧伤情愫，而右边的区域则表现一位撑伞的彝族妇女，看上去好像是站在寒气逼人的村寨口迎接远方来客或是归家亲人。这里有视觉叙事的直线性时间线索吗？或者说，这里存在着视觉的中央“控制器”吗？回答当然是否定性的。按丹尼特的阐释学视野，意识过程在这里显然不是线性的，而是“平行”和“多轨道”的。其实，日常生活本来如此，视觉感知也本来如此。与其说黄润生遵循了丹尼特的“多重草稿”理论，不如说他们两人都不约而同地重返了人们的原初知觉和心理过程，以一种现象学式的“回到事情本身”的本真态度挑战了现代逻各斯理性中心主义和透视主义的虚假神话。如果将视线再往上移动，我们将看到还有更多的“视觉草稿”不断地从画面深处涌现出来——画面正上方最大的那个区域里，再次出现了黄润生式的极多主义繁密街景：无数彝人拥挤在狭小局促的街道赶集。也正是在这个区域里，前景—中景—背景等正负空间关系一如既往地不断翻转和互换。再看看那些平均分布的 8 个小方块，它们不时以长镜头或特写镜头的影像语言无规律地将凉山彝族地区的肖像、碉楼、动物、纹样和风景等形象并置性地投影到参观者的意识平面上。显然，由于并不存在一个统一的视点，这 14 个视觉区域在我们意识中的呈现也就不会是中心化的，同时也不会是线性化的。每个观者都会从一个自己感兴趣的局部开始观看，然后再移动到下一个区域。在不停的视线游移中，观者不同的神经活动和心智内容必然会被不断激活。不仅 14 个视觉区域会形成 14 个不同的视觉草稿，而且每个区域本身由于其内部原本存在着复杂的视觉元素和正负空间切换关系，也必然会随着每一次感知而在大脑神经皮层上形成更多不同形态的视觉草稿。进而，这些草稿之间还会形成相互叠加、交错、矛

图 3　黄润生：《留守 · 一》，纸本铅笔，41.5cm × 37.5cm，2016 年

盾和竞争的复杂关系。其结果必然是，观者在数字时代被流行图像反复规训之后形成的知觉惯习逐渐溶解和坍塌。

丹尼特将传统意识理论形象地称为“笛卡尔剧场”( Cartesian Theater )。根据笛卡尔身心二元对立论的看法，人的大脑心智类似一台结构精巧的机械设备，意识按照严谨的逻辑推理运行，就像是一台古典主义三一律戏剧一样根据早已经定稿的脚本在大脑中的神经皮层“剧场”里以固定的幕次上演。通过“松果体”( pineal body ) 的作用，意识就像射灯照亮舞台一样，在注意力认知机制的帮助之下经过整理和编辑将意识内容从五官所获得的外部信息和其他杂乱的心理内容中呈现出来。与丹尼特相似，黄润生在绘画创作中同样尝试着帮助人们逃离惯常审美活动的“笛卡尔剧场”。与繁密街景油画创作基本同步，黄润生很早就开始了静物创作。黄润生早期静物多取材于日常生活中目之所及之物，像备受好评的两组“椅子”系列（每组 12 张，分别创作于 2002 年和 2009 年）、《迷蒙之物》( 布面油画，110cm × 60cm × 3，2003 年 ) 和《杂乱的工作台》( 布面油画，60cm × 48cm，2005 年 ) 等。后来，随着“桌上静物”系列作品的大量出现，静物开始成为黄润生训练和拓展视觉想象力的重要领域。

图 4　黄润生：《迷蒙之物》，布面油画，110cm × 60cm × 3，2003 年

尤其从2014年创作出“玎玱之音”系列的第一件作品《玎玱之音·一》(布面油画，31cm×45cm，2014年）以来，黄润生更是在有意无意中强化对传统静物绘画“笛卡尔剧场”的解构效应。在这些作品中，匪夷所思的异域之物从画面中涌现出来，它们既不是对景写生的真实对象，又不是借自摄影图片的现成图像，它们来历不明却又栩栩如生。与许多静物作品不同，“玎玱之音”系列以貌似真实的器物形象来戏仿“静物”这一绘画体裁——第一眼看去，这些作品完全符合西方油画静物绘画的审美认知图式；再仔细打量，则立即会产生既真实（真实之物）又虚幻（心像之物）的矛盾性双重美感。不仅如此，“玎玱之音”还可以进一步持续激发出“多重草稿”的视知觉文本与意向性。从透视关系看，“玎玱之音”在总体效果上保持了近大远小和前后器物之间的透视遮挡关系。不过，从色彩和光线来看，无穷多的“视觉草稿”在观者的大脑皮层和心理意识层上都会形成此起彼伏明明灭灭的错综关系。对于画面前方作为“前景”和“图形”的杯子和罐子，黄润生使用了“重色调”的颜色来画，而对于那些被遮挡的碟子和盘子，他却反而用极为鲜艳的色彩和高亮度的光源效果将它们从背景中“前景化”。这种独特绘画语言必然不断刺激欣赏者进行视点与视线的移动与转换，而每一次偶然发生的视点与视线的移动与转换都必然会产生相应的“视觉草稿”。显然，在每一次鲜活而生动的审美经验里，画面中没有哪一个器物会成为当仁不让凝固不变的视觉中心，也不存在任何传统静物绘画所惯常遵循的平衡性构图原则

图5　黄润生：《玎玱之音·一》，布面油画，31cm×45cm，2014年

和规范化视线运行轨迹。简言之，隐伏在传统绘画观看模式后面的“笛卡尔剧场”在这里悄然崩塌，“林中空地”所蕴含的海德格尔式“天空 / 大地—去蔽 / 遮蔽”本源之争和后形而上学生存论诗性感受则被直观化地显现为黄润生所谓的“它们之间是其所是又如其所是并彼此成就的画面关系”。

## 3　结语

近年来，黄润生的油画创作脉络开始分叉，逐渐向着两个不同的方向发展，许多作品越来越难以归入乡土美术范畴。如果说《逢秋归故里》(布面油画，120cm × 60cm，2018 年)、《故土难离》(布面油画，120cm × 60cm，2018 年)和《四时田园　八》(布面油画，35cm × 25cm，2018 年)等作品开始偏离了乡村城市化反思主题而变得更加抒情和诗意的话，那么，《梦见前世》(布面油画，60cm × 40cm，2018 年)、《梦见通天桥》(布面油画，45cm × 30cm，2018 年)和“想象的异域”系列等作品则开拓出更加神秘化和更为形而上学的另一条艺术道路。《牵念于心》(布面油画，60cm × 40cm，2018 年)依然有着黄润生式“重色调”乡土绘画的视觉风貌，被厚厚地层覆盖着的洞穴释放出幽深而玄冥的氛围，而在地表上面，艺术家用凌乱而书写极强的表现性笔触画出一些只有梦魇或幻境中才存在的既像宫殿又像楼宇的建筑物。这里，既有象征凋敝、坍塌、废墟、溃烂和毁灭的视觉形象，又有新开垦的土壤、怒放的花卉、生机勃勃的树木和奋力向上隆起的丘峦和穹顶等悲欣交集的生命意象……黄润生在深沉阴暗的基底上尽情挥洒着绚烂的油彩，仿佛在指挥着世间万物协同演奏一首气势恢宏的存在之诗交响乐。从真实到幻象、从乡愁之诗到城乡现代化进程，再到后形而上学存在之思，黄润生执着地坚守着架上绘画的审美具身性，通过不断重构惯常知觉方式来回应数字时代的艺术挑战。

在这个意义上，我们也可以说，伴随着知觉方式更新和延展的，除了心理活动的丰富和生命情态的饱满外，黄润生新乡土绘画最终想开启的可能是数字化生存境遇中当代人心灵世界和精神境界的拓展与升华。

## 参考文献

[1] 阿尔瓦 · 诺伊 . 奇特的工具：艺术与人性 [M] . 窦旭霞，译 . 长沙：湖南科学技术出版社，2020.

[2] 丹尼尔 · 丹尼特 . 意识的解释 [M] . 苏德超，李涤非，陈虎平，译 . 北京：中信出版集团，2022.

# 论文人画视觉认知范式对书法墨法的影响

杨　帆[1]　王若凌[2]

（1.2. 四川大学艺术学院，成都 610207）

**摘　要：**

宋代文人画兴起前，书法墨法与视觉认知范式侧重线条神韵而轻墨色变化，用墨受制于用笔，纵有墨色变化，亦非刻意追求。文人画兴起之初，书家仍传承既往的墨法观念，文人画对书法墨法还未有显著影响。随着文人画的进一步发展，至元代文人画成熟期，一部分书家逐渐摆脱浓墨法的单一范式，自觉引入文人画的水墨形式，探索书法墨法丰富视觉效果，形成了书法墨法与视觉认知的范式创新。

**关键词：**

文人画；墨法；视觉认知；范式转换；墨色变化；陆居仁

## The Influence of the Literati Painting Visual Paradigm on Calligraphic Ink Methods

Yang Fan[1],Wang Ruoling[2]

(1.2. College of Arts, Sichuan University, Chengdu 610207, China)

Abstract:

Before the rise of literati painting in the Song Dynasty, calligraphic ink techniques and the visual cognition paradigm emphasized the spiritual essence of brushstrokes over variations in ink tone. The use of ink was subordinate to brushwork, and even when ink gradations appeared, they were not deliberately pursued. In the early

基金项目：本文系 2023 年度国家社科基金艺术学项目“‘二李’与中国篆书艺术流变”（项目编号：23EF223）的阶段性成果。

作者简介：1. 杨帆，博士，四川大学艺术学院教授，四川大学书法研究所所长，博士研究生导师，研究方向为书法（篆刻）创作理论。

2. 王若凌，四川大学艺术学院 2023 级硕士研究生。

stages of literati painting, calligraphers still adhered to traditional ink techniques, and literati painting had not yet exerted a significant influence on calligraphic ink methods.

With the further development of literati painting, by the Yuan Dynasty—when literati painting reached maturity—some calligraphers gradually moved beyond the singular paradigm of dense, heavy ink. They consciously incorporated the ink-wash aesthetics of literati painting, exploring richer visual effects in calligraphic ink techniques. This led to an innovative paradigm shift in both calligraphic ink methods and visual cognition.

Key words:

literati painting; ink techniques; visual cognition; transition of paradigm; variations in ink tone; Lu Juren

---

文人画，多取材于山水、花鸟、梅兰竹菊和木石等，区别于寻常的界画以及宗教题材的绘画，讲求笔墨意趣，注重神韵，一样强调水墨的表现力，画中还需题诗、盖印，综合表达一位艺术家的审美情趣与人文情怀。文人画善于运用墨色变化的“浓淡干湿”，营造出深远的意境，彰显对精神境界的追求。水墨变化使画面层次丰富立体，文人也借此将这种墨法引入书法作品之中，突破了文人画之前的传统墨法观念，书法墨法与视觉认知范式得以转换与创新。

## 1　宋代文人画以前的书法墨法与视觉认知范式

宋代文人画以前，书法墨法是以浓墨为尚的。许慎在《说文解字》中释“墨”为“书墨也，从土从黑”[①]，将墨的物质属性与文字的神圣性相勾连，这种认知使得墨在汉代始终被定位为“成礼之器”，而非艺术表现媒介。但不可否认的是，墨作为一种书写材料，自然地用于书写，为书写提供了便利。考古发现，魏晋时期以前，古人用墨书写在一些简牍、帛书上，现存可见敦煌汉简、郭店楚简等。出土简牍的墨迹多以浓墨为主，尽管也有些许浓淡变化，是由于自然书写而形成的笔画末端变淡，并非

---

①（汉）许慎撰，（宋）徐铉校定：《说文解字》，中华书局 2013 年版，第 289 页。

刻意追求墨色浓淡；有些是因年代久远风化而形成似淡墨状。这个时期的书家对墨的理解局限于对书写材料的认识，对用墨还没有更高层次的审美与情感上的思考与追求。

在书法自觉意识萌芽的汉魏之际，书法墨法理论仍囿于“器用”范畴。东汉赵壹《非草书》：“十日一笔，月数丸墨。领袖如皂，唇齿常黑。”①“月数丸墨”，体现出作者对当时书家追求书法技巧持否定态度，数丸墨以致“唇齿常黑”，则又反映出墨色浓黑是当时文书的规范性。蔡邕《九势》：“须翰墨功多。”②他认为书写训练应多多用功，非谓墨法本身。

魏晋南北朝时期，一部分书家仍只关注到墨作为书写材料的运用，如成公绥《隶书体》：“操笔假墨，抵押毫芒。”③卫恒《四体书势》：“观其措笔缀墨，用心精专，势和体均，发止无间。”④一部分书家则注重自身的内在神韵与含蓄情感，将墨法运用与书法的“筋骨”相联系。卫铄在《笔阵图》中言：“多骨微肉者谓之筋书，多肉微骨者谓之墨猪。”⑤“墨猪”一词沿用至今，但此句并非讲求墨法，而是批判无骨之笔，实为以墨论笔，在于追求书法线条的风骨与神韵。梁武帝萧衍也曾言：“纯骨无媚，纯肉无力。少墨浮涩，多墨笨钝，比并皆然。任意所之，自然之理也。”⑥“少墨”与“多墨”皆指向蘸墨量对笔锋的影响，蘸墨要肥瘦相宜，否则笔画要么太过妩媚，要么失了骨力。由此可见，魏晋时期书家受社会背景的影响，更注重书写的生命力与精神感受，倾向于与六朝人物品藻的审美标准一脉相承，反映出书法批评向人体美学借喻的时代特征。这一时期书家对墨法方面的研究常常在论述笔法时才涉及，并未单独将墨法变化作为讨论的对象脱离出来。

---

①（东汉）赵壹：《非草书》，载华东师范大学古籍整理研究室选编校点《历代书法论文选》，上海书画出版社 2014 年版，第 2 页。

②（东汉）蔡邕：《九势》，载华东师范大学古籍整理研究室选编校点《历代书法论文选》，上海书画出版社 2014 年版，第 7 页。

③（西晋）成公绥：《隶书体》，载华东师范大学古籍整理研究室选编校点《历代书法论文选》，上海书画出版社 2014 年版，第 9 页。

④（西晋）卫恒：《四体书势》，载华东师范大学古籍整理研究室选编校点《历代书法论文选》，上海书画出版社 2014 年版，第 13 页。

⑤（唐）张彦远：《法书要录》（卷一），人民美术出版社 1984 年版，第 6 页。

⑥（南朝梁）萧衍：《答陶隐居论书》，载华东师范大学古籍整理研究室选编校点《历代书法论文选》，上海书画出版社 2014 年版，第 80 页。

王羲之《论书》提出："仍须用笔着墨，不过三分，不得深浸，毛弱无力。墨用松节同研，久久不动弥佳矣。"所言仍是蘸墨量对用笔与点画力感的影响，非谓墨法变化。魏晋书家对墨法的认知状态，根植于其时代特有的文化土壤。魏晋精神的思维范式，使书家更关注超越物质媒介的"神采"，如王僧虔的"书之妙道，神彩为上"①。在这种时代精神的影响下，墨法始终未能像笔法那样获得独立的理论地位，但书法墨法的实践探索，为唐代墨分五色理论的成熟埋下了伏笔。

唐代书家虽尚法度，但墨法观念仍承袭魏晋传统，墨色变化始终依附于笔法体系。欧阳询《八诀》言："墨淡则伤神彩，绝浓必滞锋毫。"②看似论墨法，实则论笔法，阐发了笔锋运动与墨量配比的关系。此处"墨淡"与今人谈及的淡墨并非一致，特指毛笔蘸墨书写后自然渐枯的物理衰减现象，与宋元后刻意调制淡墨的创作意识存在本质区别。唐人所谓墨色浓淡，实为书写过程中由浓到枯的动态变化，此与孙过庭《书谱》中提到的"带燥方润，将浓遂枯"③之论相呼应，皆从笔势节奏角度解读书写性墨色的自然演变，行笔缓则墨色沉厚，行笔疾则墨迹灵动，这种依托速度与力度生成的书法墨色，本质上仍属笔法范畴的延伸演绎。同时，孙过庭虽强调"纸墨相发，四合也……纸墨不称，四乖也"④，将纸墨的适配性纳入书法创作要素，但其理论重心仍在纸墨互动产生的书写效果，而非墨法本体的独立性探索。这种认知模式折射出唐代书学的典型特征：墨法始终作为笔法的物质载体存在，其书法艺术价值被统摄于"唐尚法"的框架之下，技术层面仍未突破水墨变化所带来的书法墨法多样性。

赵希鹄《洞天清录》中所载："古人晨起，必浓磨墨汁满砚池，以供一日之用。用不尽，则弃去，来早再作。故研池必大而深，其真草隶篆皆用浓墨，至行草过笔处虽如丝发，其墨亦浓。"⑤宋以前书家所用的书法墨法，五体皆以浓墨为主，行草书线

---

①（南朝齐）王僧虔：《笔意赞》，载华东师范大学古籍整理研究室选编校点《历代书法论文选》，上海书画出版社 2014 年版，第 62 页。

②（唐）欧阳询：《八诀》，载华东师范大学古籍整理研究室选编校点《历代书法论文选》，上海书画出版社 2014 年版，第 98 页。

③（唐）孙过庭：《书谱》，载华东师范大学古籍整理研究室选编校点《历代书法论文选》，上海书画出版社 2014 年版，第 130 页。

④（唐）孙过庭：《书谱》，载华东师范大学古籍整理研究室选编校点《历代书法论文选》，上海书画出版社 2014 年版，第 127 页。

⑤（宋）赵希鹄撰：《洞天清录》，清海山仙馆丛书本。

条的连带虽细，但墨色仍旧浓重。古人墨色变化仅为“将浓逐枯”的线性衰减，其浓淡差异实由笔法所致，疾笔轻提则墨迹疏淡，缓笔重按则墨色厚重。笔锋驻留时间与纸面压强决定墨迹浓枯，如真书提按顿挫处墨色沉实，行草牵丝映带处墨痕轻灵，但墨色并无改变。这种依托于笔法的“审美浓淡”，与文人画通过水墨配比实现的“物理浓淡”存在本质区别，前者是运动轨迹的物质留痕，依赖书写者对笔锋迟速缓急的精准控制，后者则属水墨配比的预设调控，不依托于笔法的呈现，通过墨法本身直接调控，即便无书法基础的小儿执笔，虽不知中锋侧锋之法，亦能自然显现墨色层次。古人因未区分审美或物理意义上的墨色变化，故常将笔法与墨法一并而论。

晚唐时期水墨画兴起并发展，卢携在《临池诀》中提出：“用水墨之法，水散而墨在，迹浮而棱敛，有若自然。”①“水墨之法”虽表达得较为含糊，但水墨调和多变且复杂，前人对墨法的思考与探究也更上一层，为宋代文人画家提供了经验基础。

## 2 文人画兴起之初的书法墨法与视觉认知范式

文人画滥觞之际，文人士大夫为托物言志，纷纷投入文人画的创作之中，由此催生的绘画构图与水墨运用也逐渐带入书法作品中，书法笔法、墨法被广泛引入绘画创作，书画艺术在表现手法上相互交融。一方面，书法突破传统的浓枯范式，吸收文人画“墨分五色”的层次表现，通过水墨调和变化制造浓淡枯湿的视觉韵律；另一方面，绘画则借助书法线条的筋骨血肉与节奏韵律，在董源“披麻皴”、荆浩“斧劈皴”等程式化技法之外，开辟出以写代描的绘画方式。

苏轼是文人画的倡导者，其所作《枯木怪石图》《潇湘竹石图》流传至今，其中《潇湘竹石图》(图1)尤为文人画典型。《潇湘竹石图》采用长卷式构图，画面自远至近而又及远，山川物态，应有尽有。为提升画面的丰富性，苏轼将浓墨淡墨穿插开来，近景怪石以淡墨侧锋皴擦，石头整体墨色偏淡，竹子整体墨色偏浓，竹节处浓墨凝聚，竹梢处枯笔横扫，竹叶墨色浓淡有致。苏轼作画用笔颇具书法意味，为后世文人画“书写化”用笔提供了宝贵的经验。其中值得注意的是，卷末“轼为莘老作”题

① (唐)卢携:《临池诀》,载华东师范大学古籍整理研究室选编校点《历代书法论文选》,上海书画出版社2014年版，第295页。

款，画家以余墨书写的五字款识，虽未刻意经营却自然显露墨色渐变，这种在书写意识与绘画惯性交织下产生的书法墨法变化，恰是书画艺术深层互动的物质见证。此时的苏轼在思想上还未突破传统书法墨法形态，但已在画作题款中不自觉地显露出书法墨法变化。文人画的水墨技法影响，为之后书法墨法有意识的转变奠定了基础。

图1 （宋）苏轼《潇湘竹石图》，中国美术馆藏

元丰年间（1078—1085），苏轼创作《潇湘竹石图》时，在《仇池笔记》中明确了其墨法主张："今世论墨，惟取其光，而不黑是为弃墨。黑而不光索然无神气，亦复安用要使其光，清而不浑，湛湛如小儿目睛乃佳。"[①] 此论显示其尚未将文人画的墨色变化融入书法实践，仍恪守魏晋唐以来"黑而光"的墨法传统。墨"黑而光"是这一时期书家对墨本身及用墨的一种审美要求，正是这种要求及重视，使墨的地位得到进一步提升。据记载，北宋时期已能熟练制作光可鉴人的"油烟墨"。《春渚纪闻》中道："近世所用蒲大韶墨，盖油烟墨也。"[②] 油烟墨恰能满足书家对墨色黑如点漆的极致追求。同时，制墨技艺的大幅提升，使得当时人们普遍更喜爱"浓墨"的光泽感了。

在物质条件与美学观念的双重驱动下，黄庭坚作为苏轼的学生，践行了苏轼对于书法墨法的理解，其代表作《廉颇蔺相如列传》、《自书松风阁诗卷》、《行书赠张大同卷》、《寒山子庞居士诗》（图2）等皆呈现出传统浓墨范式，通篇墨色沉厚，仅通过笔锋提按制造枯润对比，整体仍保持墨色的统一性。由此可见，该时期的书家虽将书法线条注入绘画，却尚未反向吸纳绘画的墨色层次变化。

---

①（宋）苏轼：《仇池笔记活字本》，商务印书馆1927年版，第11页。

②（宋）吴处厚、何薳撰，尚成、钟振振校点：《青箱杂记　春渚纪闻》，上海古籍出版社2012年版，第139页。

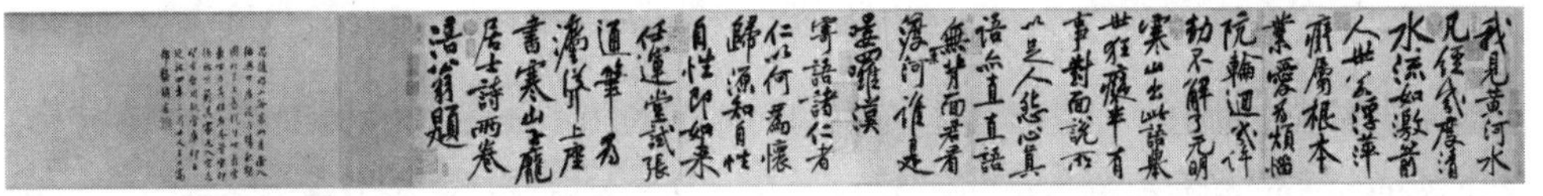

图2 （宋）黄庭坚《寒山子庞居士诗》，台北故宫博物院藏

米芾开创的“米氏云山”画法虽几无真迹传世，然其《珊瑚帖》(图3）是现存唯一书画合璧之作，作品中寥寥几笔勾勒出的珊瑚图画，简单生动，精准地概括出珊瑚笔架的形状。其墨色变化自然晕染，线条流畅跌宕，神采飞扬，不像刻意为之，应是纵笔疾书时书法墨色的自然流露。此外，《珊瑚帖》是中国迄今发现最早的毛边纸作品。得益于毛边纸的粗糙渗墨特性与其信笔作画的即兴状态，该作墨色多变，浓淡交织。帖中字形大小错落，张弛有度，字态奇异超迈，笔势放纵，使转灵活，单字结构在欹侧险绝中保持动态平衡，布局随意却又不失传统法度。书家书写此帖时放松愉悦，追求内心的审美情趣表现。《珊瑚帖》中显著的墨色变化，是由无意识习惯性的书写行为造成的，仍属技法的偶然实践。

图3 （宋）米芾《珊瑚帖》，故宫博物院藏

南宋姜夔对书法墨法的理解以书体实践为基点提出辩证性认知：“凡作楷，墨欲干，然不可太燥。行草则燥润相杂，以润取妍，以燥取险，墨浓则笔滞，燥则笔枯，亦不可不知也。笔欲锋长劲而圆：长则含墨，可以取运动；劲则刚而有力，圆则妍美。予尝评世有三物，用不同而理相似：良弓引之则缓来，舍之则急往，世俗谓之揭箭；好刀按之则曲，舍之则劲直如初，世俗谓之回性；笔锋亦欲如此，若一引之后，

已曲不复挺，又安能如人意邪？故长而不劲，不如弗长；劲而不圆，不如弗劲。纸笔墨，皆书法之助也。”① 其谈及行草书写时应“燥润相杂”，但总体偏向于浓墨书写，姜氏所谓“润”并非后世水墨调和之润，实指锋毫含墨量的适度保持。书家在此时已独立对墨本身作出一定程度的思考，将书法墨法理论与自身实践相结合，标志着书家开始摆脱魏晋“笔墨共生”的混沌认知，建立起对墨法的独立审美意识。其以“纸笔墨皆书法之助”的论断，更从工具材料的层面拓展了书家对书法墨法研究的方向。

宋代文人画的出现使书家开始单独关注书法墨法本体，而不是基于笔法下的墨色改变，但这个时期，书法墨法在实践层面仍囿于浓墨传统。这种矛盾性恰折射出北宋至南宋书法墨法的过渡特质：文人群体通过题画实践积累的墨色变化经验，催生出对单一浓墨范式的审美疲劳，不满足于这种程式化的书法墨法运用，但制墨技术的黑亮追求与书学传统的“尚黑”观念，仍构成书法墨法变革的双重桎梏。也就是说，这一时期书家们追求墨色变化的意识还未达到自觉的状态，对于书法墨法的影响较少，但这又是书法墨法向自觉状态转变的必不可少的一个阶段。

## 3　文人画兴盛以后的书法墨法与视觉认知的范式转换

元代是书法与绘画融合的关键时期。该时期文人画趋于成熟，书家延续了宋人对文人画的情感表达与审美意趣，并积极探寻水墨之间存在的多样性，避免前人只爱浓墨的弊端，探寻书法墨法的不确定性，力求将书法墨法提高到与笔法同等的位置来看待。

元代书家在经历了前人对墨色的不断尝试后，逐步将无意识的书法墨法深化为有意识的书法墨法自觉，并将其逐渐融入独立的书法创作中。元代陈绎曾言：“字生于墨，墨生于水，水者字之血也。笔尖受水，一点已枯矣。水墨皆藏于副毫之内，蹲之则水下，驻之则水聚，提之则水皆入纸矣……强弱有分数，笔力临时斟酌之。水太渍则肉散，太燥则肉枯。干研墨则湿点笔，湿研墨则干点笔。墨太浓则肉滞，太淡则

① （宋）姜夔：《续书谱》，载华东师范大学古籍整理研究室选编校点《历代书法论文选》，上海书画出版社 2014 年版，第 389 页。

肉薄。”[①] 此句阐释了前人卢携所言的“水墨之法”，从用纸、用笔的技法角度细化墨法，论述水与墨相辅相成的辩证关系。这一时期文人画的成熟，使书家更重视文人画中的水墨变化，将书法墨法的理论与实践又推进了一步。

陆居仁作为元代文人画与书法融合的代表人物，其绘画作品早已不存于世，但其书法作品既保留了宋代文人画的精神与意趣，又通过对水墨调和的刻意变化，丰富了其书法的艺术表现力。陆居仁《题鲜于枢〈大字诗赞卷〉》（图 4）墨色变化明显，水墨调和层次丰富，笔墨相宜，通篇酣畅淋漓，墨色变化多样。当代学界虽聚焦于其文本考辨，然其书法艺术价值尤在墨法突破，值得后人探索。

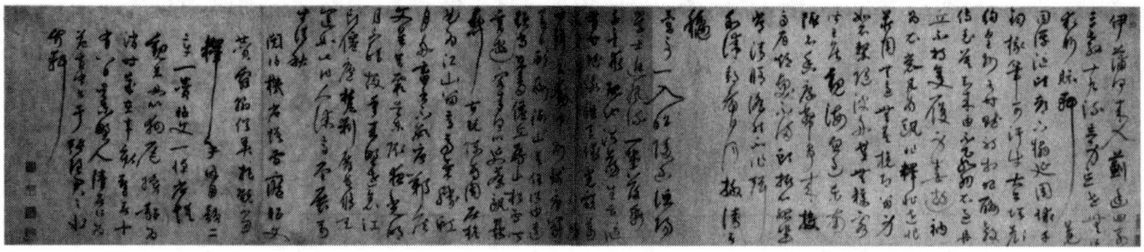

图 4　（元）陆居仁《题鲜于枢〈大字诗赞卷〉》，上海博物馆藏

该作用笔流畅，整体舒缓而有力，笔画之间的呼应关系精妙。最重要的是其墨色变化清晰而层次分明，书家每蘸一笔墨，受重力作用，墨液自笔尖渐次渗出，将浓遂枯，由深到浅，墨色的自然过渡形成了纸本中不同的字组，书家蘸墨后，墨色从饱蘸到枯涩的线性衰减，有意识地将水墨层次显现出来。在行笔过程中，通过笔墨的轻重映带，巧妙地调节墨色，使得笔画粗细相间，如图 4 中“观海忽过东南”，字组开头的“观”字笔画稍重，墨色较深，从“海”字开始墨色逐渐变淡；“利谋静看日月”与“畜书不数唐邺侯”这两组字也有相同的由重到轻的墨色变化。该作多处字组都出现了清晰的墨色层次变化，足以反映书家并非无意识书写而偶然产生的墨色差别，而是有意识地对墨色进行不同的处理，丰富了书法作品的表现力，产生了与传统墨法不同的视觉效果。陆居仁《题鲜于枢〈大字诗赞卷〉》标志着元代书家已突破“水墨依附笔法”的传统认知框架，为后世研究书法墨法提供了坚实的实践依据。

陆居仁现存书法作品虽然较少，但大多可见其墨色变化的有意识流露。《苕之水

---

① （元）陈绎曾：《翰林要诀》，上海书画出版社 2000 年版，第 842 页。

诗卷》(图5)与《题鲜于枢〈大字诗赞卷〉》基本为同一时期作品，二者的创作风格以及墨色变化呈现出较高的一致性，两卷皆保持舒缓有力的运笔基调，完全展现出陆居仁晚年草书的主体风貌。《苕之水诗卷》整体较《题鲜于枢〈大字诗赞卷〉》而言，或许由于纸张质地的差异以及书家彼时书写心境与状态的不同，越发凸显出墨色由浓至淡的渐变走向，枯笔长线条占据了相对大的比例，字里行间显露出书家洒脱不羁、悠然闲适的人生姿态。这两幅作品共同印证了元代书家在保持宋代文人画精神内核的同时，已建立起系统的墨色控制意识。

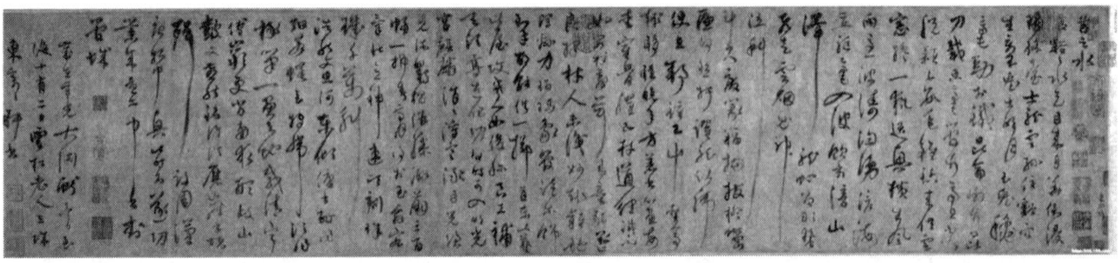

图5　（元）陆居仁《苕之水诗卷》，故宫博物院藏

杨维桢与陆居仁是同时期的书画家，杨维桢善画，但其存世画作真伪争议较大，故其在他人画作上的题跋更具参考价值。《题邹复雷春消息图卷》(图6)用墨大胆豪放，酣畅淋漓，不拘泥于传统浓墨的限制，水墨调和的枯湿浓淡有意识地反映在作品的每一个笔画之中，强调墨色的戏剧性对比，并在用笔、结构、章法上也做出了极大改变与尝试，给观者以强烈的视觉冲击力与层次感。杨维桢《张中桃花幽鸟题跋》《题黄公望九珠峰翠图》这两幅作品也反映出文人画影响下的书法墨法变化，又增添了书家独特的个人风格，标志着书法墨法从技法层面向表现主义精神的跃升。

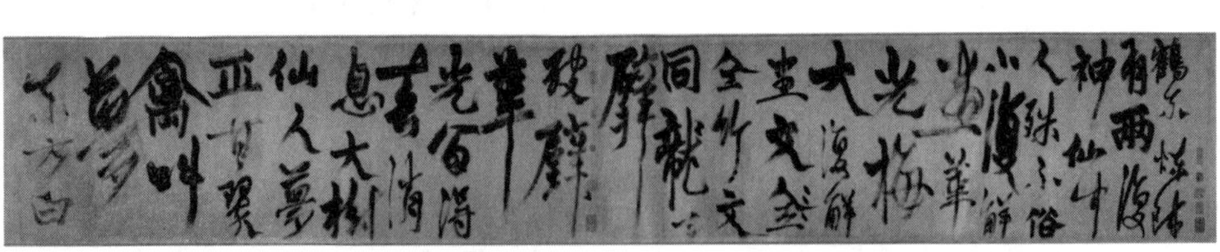

图6　（元）杨维桢《题邹复雷春消息图卷》，美国弗利尔美术馆藏

元代书家对书法墨法充满新的见解，他们有意识的大胆尝试打破了传统书法中墨色运用的固有范式，将文人画中的水墨用法融入书写的过程中，增添了传统书法作品的艺术性。

宋元之后，明清一部分书家也延续了文人画的传统，以及元代书家的用墨理念，将绘画中的墨色变化根植于书法之中。董其昌曾言："字之巧处，在用笔，尤在用墨。然非多见古今真迹，不足与语此窍也。"① 其无疑在书家的潜意识中抬高了用墨的地位，进一步填补了过去对用墨的理论认识，肯定了元代书家对于用墨的大胆实践。明丰坊《书诀》云："血生于水，肉生于墨，水须新汲，墨须新磨，则燥湿调匀而肥瘦得所。此古人所以必资乎器也。"② 其亦强调了水墨之法的重要性，墨太浓则字无灵动之气，墨太淡则字无厚重之感。明屠隆《考盘余事》云："古人用墨，必择精品，盖不特藉关于今，更藉美于后。昔晋唐之书、宋元之画，皆传数百年，墨色如漆，神气赖以全。若墨之下者，用浓，见水则沁散湮污；用淡，重褙则神气索然，未数年墨迹已脱。此用墨之不可不精也。"③ 墨本身的制作也关乎书法作品整体的墨色协调性与流传久远的问题，对墨品的选择性追求，在技术层面解决了浓墨遇水湮散、淡墨神采萎靡的难题，使元代书家具备了"淡墨尝试"的物质基础。王铎的涨墨法实现了枯湿于一体；徐渭创"青藤画派"，将绘画墨色自然注入其作品中；郑板桥将其画竹之法融入书法线条之中，均有用墨之新意。清人包世臣言："画法字法，本于笔，成于墨，则墨法尤书艺一大关键已。"④ 其进一步阐释了墨法在书法中的重要性。书法墨法在明清时期得到了书家的广泛关注，为书法艺术在墨色运用方面提供了新的范式，启迪着后世书家不断探索书法墨法变化。

"北宋浓墨实用，南宋浓墨活用，元人墨薄于宋，在浓淡间。香光始开淡墨一派，本朝名家又有用干墨者，大略如此，与画法有相通处。自宋以前，画家取笔法于书，元世以来，书家取墨法于画。"⑤ 沈曾植高度总结了从宋代到元代书法墨法的嬗变轨迹，揭示了时代赋予墨色的可变性，也给了千千万万书家思考墨法的可能性。

自此之后，书家们对书法墨法的研究越发多元，书法作品中也不乏多变的墨色，

---

①（明）董其昌著，屠友祥校注:《画禅室随笔》，上海远东出版社 1999 年版，第 16 页。

②（明）丰坊:《书诀》，载华东师范大学古籍整理研究室选编校点《历代书法论文选》，上海书画出版社 2014 年版，第 506 页。

③ 黄宾虹:《美术丛书》，江苏古籍出版社 1990 年版，第 1230 页。

④（清）包世臣:《艺舟双楫》，载华东师范大学古籍整理研究室选编校点《历代书法论文选》，上海书画出版社 2014 年版，第 649 页。

⑤（清）沈曾植撰，钱仲联辑:《海日楼札丛（外一种）》卷八，中华书局 1962 年版，第 333 页。

但书法墨法不能一概而论，在明清以来并非所有书家都接受了这种墨法追求。“浓墨宰相，淡墨探花”[①]，各美其美。书法墨法讲求水墨调和的层次变化，也不是适合所有书写风格。但受文人画影响的书法墨法，为中国书法墨法带来了更丰富的审美形式。

## 4 结语

宋代文人画的勃兴催生了书画墨法的互动，文人画为表现物象层次而发展的水墨技法，书家往往也是画家，自觉或不自觉地将绘画墨法渗透至书法领域，形成了独特的视觉认知范式。此后书家逐渐重视墨色变化，并有意识地将文人画的水墨变化实践于独立的书法作品之中。书法作品中若有明显刻意为之的水墨变化，则多是受到了典型文人画的影响；而作品中只有局部偶然的墨色对比，则多为无意识的技术衍生，并非刻意追求墨色变化。在文人画不同阶段、不同程度的影响下，书法墨法与视觉认知范式的变化从宋代无意识的渗透到元代的自觉探索，呈现出追求水墨层次变化的丰富实践经验，使墨法最终完成了从笔法附庸到独立审美范畴的历史转型，成为中国书法在墨法层面上的一个较为重要的技法现象。文人画的出现，对书法的发展与视觉认知的范式转换做出了贡献。

---

①（清）史梦兰原著，石向骞点校：《史梦兰集 2　止园笔谈　燕说》，天津古籍出版社 2015 年版，第 35 页。

# 萨拉·凯恩戏剧作品《4.48精神崩溃》中的诗学象似性与生命体验

陈泓丽[1] 刘明录[2]

（1.2. 广西师范大学外国语学院，桂林 541006）

**摘　要：**

萨拉·凯恩是英国当代女性剧作家，其遗世之作《4.48 精神崩溃》，描绘了精神疾病患者心理崩溃的轨迹，该剧以诗意化语言将生命与死亡的主题娓娓道来。本文基于认知诗学中的诗学象似性理论，分析剧本中图形象似模拟的由生命感知的具象化苦痛，以及数量象似在文本中展现的关于生命存在的自我反思，进而探究两者如何交相辉映，以直观的文本形式赋予读者极致的生命体验。在剧中，凯恩把现实生活中备受压抑的人们的精神意识和情感赤裸裸地呈现于舞台之上，她力图通过这部诗剧阐释生命是如何通过苦痛这种被动性经验在自我反思中实现主体性的重建，激励人们“记住光明并坚信光明”。同时，本文展现了凯恩先锋式写作技巧与这种生命体验的内在联系，对阐释《4.48 精神崩溃》的作品风格及深层意蕴具有重要意义。

**关键词：**

萨拉·凯恩；《4.48 精神崩溃》；诗学象似性；生命体验

## The Poetical Iconicity and Life Experience in Sarah Kane's *4.48 Psychosis*

Chen Hongli[1]， Liu Minglu[2]

（1.2.College of Foreign Studies， Guangxi Normal University， Guilin 541006，China）

Abstract：

Sarah Kane is a contemporary British female playwright. *4.48 Psychosis* is her

作者简介：1. 陈泓丽，广西师范大学外国语学院在读硕士研究生，主要从事英美文学研究。
2. 刘明录，广西师范大学外国语学院教授，博士研究生导师，主要从事中外文学研究。

last work in her life which tells about the process of mental breakdown of a female patient and her thoughts on life and death. Based on the poetic iconicity in cognitive poetics, this paper analyzes the figurative pain perceived by life as simulated by graphic iconicity in the script, and the self-reflection of life existence as demonstrated by quantity iconicity in the text. It explores how these two things combine to bring readers the ultimate life experience in the form of intuitive text. In this play, Kane presents the spiritual consciousness and emotions of the oppressed people in real life directly, and she tries to explain how life rebuilds subjectivity in self-reflection and self-denial through the passive experience of pain, so that people can "remember the light and believe the light". At the same time, this paper helps to show the relationship between Kane's pioneering writing skills and this kind of life experience, and to explain the style and deep meaning of *4.48 Psychosis*.

Key words:

Sarah Kane; *4.48 Psychosis*; poetical iconicity; life experience

---

## 0 引言

萨拉·凯恩（Sarah Kane，1971—1999），被誉为“英国继莎士比亚与品特之后最伟大的剧作家”，是西方“直面戏剧浪潮”代表人物之一。她的一生只留下五部作品，但她的每一部作品都给当时的英国剧坛带来了极为震撼的冲击与影响。她的创作极具爆炸性和戏剧张力，经常探索人性、暴力、疾病、创伤等议题。而她在1999年创作的《4.48 精神崩溃》（*4.48 Psychosis*）于2000年6月首次在伦敦皇家剧院（Royal Court Theatre）上演。这出剧讲述了一位女性精神病患者自杀前的心理挣扎历程，剧中有大量关于死亡、病痛的描写，“自我感知的表达似乎变成了一个痛苦的过程”（Kanslz，2017），而把它看作凯恩自杀前的遗书对评论家来说是最好的解决办法（Saunders，2002：110）。此外，也有学者将目光投向该作品的文本结构与“生命”主题。剧本的诗歌结构完美展现了“直面戏剧”的特点（Ngada，2024），凯恩运用了互文的技巧将对抑郁症和自杀的探讨巧妙蕴含于文本结构之中（Diedrich，2013）。然而，不能简单地将《4.48 精神崩溃》视为凯恩的“自杀宣言”，剧中凯恩式的创伤治愈方式隐含了生命的“希望之光”（钱激扬、邵安娜，2010），剧中生命的延异性、同一性和循环性都体现了凯恩的生命哲学（于文思，2018）。纵观以往，不难发现，这些研究虽敏锐地指出了剧中呈现的生命主题与独特的文本形式，但少有学者将二者结合起来进行综合分析。所以，这也是本文选用象似性的理论进行研究的契机。

象似性（iconicity）体现了文本特征，且能对篇章结构产生制约作用（Hiraga，1994：5）。研究诗歌类作品，一是研究作为外在世界的生命体验之现象学；二则需挖掘情感如何借由语言结构，以象似之姿展现生命体验（Freeman，2009：7）。《4.48 精神崩溃》一剧，其文本结构近似于诗歌，象似性特征鲜明，剧本用图形象似模拟了生命感知的具象化苦痛，以数量象似展现了生命存在的自我反思，以最直观的文本形式赋予读者极致的生命体验。凯恩亦借此剧力图阐释生命如何在苦痛这一被动经验中，历经重重自我反思而重建主体性。鉴于此，本文试从诗学象似性的视角出发，剖析凯恩的先锋式写作技巧与生命体验的关系，进而阐释《4.48 精神崩溃》的作品风格及深层意蕴。

## 1　图形象似性：生命感知的具象化苦痛

图形象似性（graphic iconicity）指文本呈现出的某种可见的物理形式（熊沐清，2012），即文本通过书写形式来临摹状物，以图示意。图形象似性颇为直观，它是文本内容、意蕴与其形式之间的一种巧妙契合，能够触动读者心弦，引发强烈共鸣，进而抒发作者更为深沉的情感。《4.48 精神崩溃》作为剧本，其文本形式别具一格，堪称象似的典范，文本展现出块状、线状、犬牙状等多种形态。凯恩匠心独运，将文本形状与主人公所感知的苦痛紧密融合，以具象化的方式生动地呈现给读者。在剧本开篇，一连串数字犹如方块般杂乱无章地嵌入文本之中：

100
91
84
81
72
69
58
44
37　38
42
21　28
12
7

（Kane，2001：5）

象似中的象形是以语言形式的视觉效果来反映内容，强调语言形式与内容的相似（Haiman，1980）。图中的数字排列凌乱，给人一种四处游荡、漫无目的的感觉，很容易让人联想到秋天树叶凋零在空中飘荡，无力且空虚。这些数字方块的凌乱镶嵌也象征了主人公混乱的心理状态。而最终，数字以“7”单独结尾，“7”是《圣经》中出现频率最高的数字，但却是精神完美的象征（Johnston，1990：71）。然而，剧本中凌乱的方块数字和主人公自我认知的清醒状态并不矛盾。上面的数字出现时，主人公正处于失眠状态。失眠将人们置于这种情境下：与实词范畴的决裂不仅是一切客体的消失，更是主体的湮灭（Levinas，2004：113—114）。在失眠中，主人公对周围环境的感知和内心的思考很清晰：“当他醒来他会羡慕我整夜无眠的思考和用药后依然清醒的话语。”（凯恩，2006：218）在这种失眠状态下，帮助人们把握周围现象的实词变得模糊、无力，这意味着语言在某种程度上失去了其描述和解释世界的能力，主人公感受到一种语言上的空虚和无力。这是一种深刻的孤独和无助，“一屋子无表情的脸木然地盯视着我的苦痛”（凯恩，2006：219），因为周围的一切客体似乎都变得陌生和不可理解。而这种现象会导致主人公自我意识和存在体验的湮灭，即主体的湮灭：“大剂量服药，割腕然后上吊自尽。”（凯恩，2006：220）他人并不理解主人公的苦痛，只是认为主人公有病得治。所以，数字凌乱排布是他人视角下的主人公的精神状态，然而，她自身的意识是格外清醒的。

主人公很清醒地意识到自身处于撕心裂肺的苦痛中，但却无法向周围人阐释，她的这份苦痛在周遭的漠不关心中更显沉重。因此，在剧本中，凯恩将这种苦痛具象化，以更直观的方式展现出来：

flash flicker slash burn wring press dab slash
flash flicker punch burn float flicker dab flicker
punch flicker flash burn dab press wring press
punch flicker float burn flash flicker burn（Kane，2001：22）

译文：炫目 闪烁 砍 烧 绞 榨 戳 砍
炫目 闪烁 拳击 烧 漂 闪烁 戳 闪烁
拳击 闪烁 炫目 烧 戳 榨 绞 榨
拳击 闪烁 漂 烧 炫目 闪烁 烧（凯恩，2006：241）

选文的这种块状的排列形式在视觉上形成了强烈的冲击感，像一堵墙挡在读者面前，令人感到窒息。文本展现的形状与文中“flash flicker”词义对应，营造出一种快速、混乱、近乎疯狂的视觉效果，使人眼花缭乱，这些词语的堆砌模拟了一种感官上的痛苦和精神上的绝望状态。另外，这些词的词义还带有强烈的破坏性和激烈的情感色彩。slash 通常指迅速切割的动作（霍恩比，2018：2018），而 burn 则意味着燃烧、毁灭（霍恩比，2018：275）。在文本中，这两个词的组合象征着主人公内心的痛苦、愤怒和自我毁灭的冲动。这是一种无法承受的精神压力，是内心产生的激烈反应。她宁愿承受失去身体的苦痛，也要留下她炽热的爱，她认为这种美丽的疼痛诉说着她生命的存在（凯恩，2006：242—244）。苦痛直指心灵最深处的脆弱性、人类生存的极限条件。（Wilkinson & Kleinman，2016：13）剧中展现的是真实的意识流动，触动的也是每个人灵魂最深处的苦痛体验，是可被读者感知的生命体验。

而剧中的图形象似性不只有块状，还有线状象似：

100
93
86
79
72
65
58
51
44
37
30
23
16
9
2

（Kane，2001：23）

与前文对比，这里的数字排列整齐，竖列分布，每一个数字都像是在一座座孤岛上面，这与主人公内心的孤独和与外界的隔离相呼应。数字从三位数、两位数到一位数，像箭头直插入大地之中，像一把刀直穿心脏，到最后只剩下了“2”。如果“1”表示统一，那么“2”肯定就表示有差异。（Johnston，1990：49）主人公非常了解自己，她一直认为自己的灵魂和肉体是分割的，她的灵魂是被理性束缚的：“清醒发生在惊厥的核心，其间疯狂在分割的灵魂中被炙烤。”（凯恩，2006：243）因此，此刻的“2”诉说着灵魂和肉体的分裂之痛。在强烈的、撕心裂肺的苦痛面前，人会彻底降格（Levinas，1991：108），面临着完全失去自由的危险（姜宇辉，2020）。她在后面的叙述中渴望着上帝和神父的救赎，渴望他们成为医生拯救她的灵魂，给予她自由。剧本中竖形排列的数字像是人从天堂直跳入地狱一般，将这种灵魂深处的孤独、空虚、苦痛呈现出来，带给读者一种刻骨铭心的疼痛之感。

而剧本中图形象似性的例子不只有以上选文，通览全文后，可以发现整个文本就是一个象似性——语篇象似性，并且文本中既有语篇象似性中的图形象似，又有语篇象似性中的心理活动象似。在上文分析文本图形象似时，避免不了对主人公心理活动的分析，即她的灵魂在失去自由后感到无尽的痛苦，而她逐渐开始通过这种苦痛体验对自我主体的否定与反思，而这种苦痛的残酷和欲望密不可分（De Voe，2011）。"割去我的舌头，撕去我的发，截去我的四肢，拔去我的牙，剜去我的双眼"（凯恩，2006：242—244），这里的每一个词都彰显了极致的肉身分离之痛，主人公愿意体验这极致的生命苦痛，也想要得到爱和自由。剧中的苦痛居于肉体与灵魂、现实与想象之间，这是一种抽象与具体并存的苦痛，这种以文本之象形展现的具象化的苦痛也使读者听到主人公响彻云霄的生命之音。并且，在体验极致苦痛之后，死亡和拯救也随之出现，主体对爱和自由的欲望使得生命力再次活跃起来，主体逐渐转向自我，对生命的存在开始反思。

## 2　数量象似性：生命存在的自我反思

文学作品中的选词、排版并不随意，尤其是诗歌、短篇小说。作为诗剧，一些台词在剧本中重复出现，具有典型的数量象似性。因此，以下将从数量象似性的角度来分析《4.48 精神崩溃》。数量象似性指语言表达的数量与作者意图、主题等因素相关，对意在强调的内容，作家会赋予更多篇幅（熊沐清，2012：10）。在凯恩的这部剧作中，数量象似性尤为明显：

I am sad

I feel that the future is hopeless and that things cannot inprove

I am bored and dissatisfied with everything

I am a complete failure as a person

I am guilty，I am being punished

I would like to kill myself

I used to be able to cry but now I am beyond tears

I have lost interest in other people

I can't make decisions

I can' eat

I can' sleep

I can' think

I cannot overcome my loneliness，my fear，my disgust

I am fat

I cannot write

I cannot love

My brother is dying，my lover is dying，I am killing them both

I am charging towards my death

I am terrified of medication

I cannot make love

I cannot fuck

I cannot be alone

I cannot be with others

My hips are too big

I dislike my genitals

（Kane，2001：4）

剧本中有段台词集中表现了对自我的否定，以“I”开始，后接否定、负面意义的词句有 23 句，它们犹如一场无法逃离的暴风雨，猛烈地冲击着主人公和读者的主体世界。这种负面情绪的密集罗列不仅揭示了主人公内心世界的极度混乱与痛苦，还通过数量的不断增加，强化了这种负面情感的强度和广泛性，让读者深刻感受到她心灵深处的绝望与无助。文本中，“I can’t...”的结构被频繁重复，这些关于基本生理功能无法执行的表述，生动描绘了主人公生活的瘫痪状态，她的日常活动如进食、睡眠、思考和决策等皆成为无法逾越的障碍。这种结构的重复不仅是对主人公困境的强调，更是通过数量的累积，逐渐在读者心中勾勒出一幅绝望生活的图景，加深了读者对她所处绝望处境的理解与同情。进一步地，这种充满自我否定的表述方式，通过数量的积累，层层递进地展现了主人公对自我的极度负面评价和深陷绝望的境地。她不仅对自己感到彻底的失败，还多次提及对身体的不满和厌恶，从“我肥胖”到“我的臀部太大”，再到“我讨厌我的生殖器”（凯恩，2006：217），这些表述无不透露出她对自己的深深厌恶。这种对自我的负面认知，与她内心深处对灵魂自由的向往和对生活的绝望紧密相连，形成了一种恶性循环，使她越发沉沦于痛苦与绝望之中，无法自拔。在精神病患者的主体身上，稳定连贯的身份受损，“我”与“非我”界限模糊（Carazo，2006）。然而，主体性却并未随之消散。她想要停止这种痛苦的想法，使主体重获生命的掌控权，这些话语在她的脑海中不断重复：

How do I stop?
…
How do I stop? A tab of pain
How do I stop? Stabbing my lungs
How do I stop? A tab of death
How do I stop? Squeezing my heart （Kane，2001：18）

译文：我如何停止？
……
我如何停止？ 一片疼痛
我如何停止？ 刺着我的肺
我如何停止？ 一裹死亡
我如何停止？ 缠着我的心脏（凯恩，2006：236）

数量象似性作为诗学象似性既指大的句法成分、复杂的形式，也指话语数量与主题、作者意图等的相关性。（熊沐清，2012）所以，语言存在的单位数量越多，其信息量越大。主人公反复问了自己8次，前4次内心的声音是沉默的，而后的回答，她重复了量词的使用，将“pain”和“death”实体化，用带有痛感的“Stabbing（刺）”和“Squeezing（缠）”这种残忍痛苦且难以摆脱的词语给读者营造了身临其境的感官体验。应答话语中的头韵和“-ing”的音韵结合也使得这种破碎感更加强烈。这种破碎、不连贯的思想，这种密集的重复质问，深入到了人类意识的最原始形态，它打破了逻辑与理性的束缚，将读者带到了一个充满混乱的精神世界。这种强烈的异化感和绝望感，如同一张无形的网，将主人公紧紧束缚，使她在否定之中越陷越深。“我不知道我是谁”（凯恩，2006：235），这不仅是一句简单的自我质疑，它还是主人公在绝望深渊中的一声嘶吼，是对自我的反思。在英文版的剧本第 10 页到第 12 页中，主人公 3 次拒绝医生查看伤口。她对外在世界的态度充满了恐惧与排斥。她感到自己与外界格格不入，甚至对医生的治疗也充满了怀疑与愤怒。这种对外界的不信任与排斥，实际上是对外在事物控制了自己灵魂的深深恐惧。这些都透露出一种对内在灵魂状态无法掌控的绝望。她尝试用各种方式（如自杀计划、药物尝试）来寻找一种对肉体、对灵魂的掌控感，但实际上却陷入了更深的混乱与无助之中。因此，主人公试图通过隔离自己“避免让灵魂暴露在外在危险之下，避免外在事物控制它”（福柯，2018：57），从而进行对自我存在和死亡的反思。主人公经历了深刻的心理折磨和绝望，最终迈向自杀的边缘。在这一过程中，主人公不断地质疑现实、挑战自我认知，身处苦痛，寻求某种形式的解脱或拯救以求新生。这迫使主人公对自我和生命存在进行深刻反思。

因此，主人公前文对自我的否定并非简单的对自我主体的贬低，经过思维的层层缠绕，这种认知逐渐形成一种反思。这些频繁出现的否定性台词，构成的是一种深刻内向的、与自我紧密相关的反思性行为，这种反思不仅指向对自我认知的深掘，也触及了对死亡必然性的诘问，以及对生命存在本身意义的探寻。主人公不只是否定了自我主体的存在，她更想强调对生命存在意义的反思：“No hope No hope No hope No hope No hope No hope No hope。”（Kane，2001：12）“No hope（无望）”重复了 7 次，通过这一短语，凯恩强调了主人公内心深处的绝望和无助感，强调了主人公的控诉，即她的爱人迟早会死亡，这是对生命有限性与终将消逝本质的深刻否定，但同时也是对生命存在意义的深刻反思。因此，在剧本中读者能看到主人公不仅对生命进行过否定，对死亡也进行了否定。在她脑海中求死和求生的欲望交杂着：“别让这杀了我……我求你救我别让这疯狂把我吞入潜意向的死亡”（凯恩，2006：236），求死的欲望被否定，生的希望从死的向往中破壳而出。主人公的思维经过一次次的自我否定将逻辑与连贯性撕得粉碎，留下的只有关于生与死的“否定之否定”的思维螺旋。而“死亡”在历代哲学家看来都是终极性的否定命题。死亡是哲学思想的归宿，亦是践行的引导（Hadot，1998：275）。在有关死亡的沉思中存在着一种特殊的生命体验：人们体验到的是一种超越了日常琐碎、直面生命本质的深刻情感，这种体验促使个体去审视生命的价值和意义。

剧中主人公身陷无尽的痛苦与绝望深渊，不懈地探求自我，反复质问生命的意义。其内心独白字字珠玑，满载着对死亡深深的恐惧、对孤独无边的绝望，以及对爱与被爱热切的渴望。此番体验，犹如剥茧抽丝般揭示了人性中最为脆弱却也最为真实的一面。与此同时，剧中极端的情感表达借助数量象似的手法，生动模拟了人类在直面死亡时的无助彷徨与奋力挣扎，以及在绝望深渊中渴求生命意义的迫切心境。它引人深思，促使每一个体反省如何在有限的生命里找寻存在的真谛，在孤独与绝望的泥淖中寻觅爱的救赎之光。

## 3　萨拉·凯恩与象似性：重建主体的极致生命体验

英国剧作家萨拉·凯恩有四部剧作均创作于1995年至1999年，此时正值20世纪90年代的“酷不列颠（Cruel Britannia）”，也称“直面运动（In-Yer-Face Movement）”的伦敦戏剧运动背景之下。凯恩的戏剧因其对暴力毫不妥协、淋漓尽致地直观刻画而声名鹊起，凯恩本人也被誉为“西方直面浪潮代表人物”，因此，她的戏剧也被归为“直面戏剧”之列。此类戏剧以直白无讳、粗犷豪放、性爱纠葛及暴力呈现为要旨，意在运用震撼人心的表现手法激起观众的广泛讨论与深刻反思（Sierz，1998）。在她最后一部剧作《4.48精神崩溃》中，暴力、创伤、死亡等主题层层累积，最终凝聚成一曲极致的生命体验绝唱。

这出剧的台本呈现形式和凯恩前几部戏剧截然不同：凌乱的文本排列、大量的数字插入、剧本没有对话者的标注以及甚至连主人公也是未具名的角色等。诗学象似性反映了现实世界与作者—读者观念世界的映照性相似，换言之，这种文学文本构造了一个作者、读者观念中相似的可能世界（熊沐清，2012）。正因如此，这种语篇象似与隐喻象似的结合给读者展现了一个完整的“凯恩世界”。隐喻是一种认知行为，以源域同目标域之间的某种象似性联系（iconic relations）为基础（Panther，2006：162）。在人类的认知中，思维和语言是其根本，隐喻将主观的经验以感知方式展示出来。在《4.48精神崩溃》中，也不乏隐喻象似的表达，凯恩所运用的意象独树一帜，尤为引人注目。剧中，蟑螂与小鸡这两种意象的呈现，更是独具匠心，意味深长。凯恩在这出剧的一开始就将意识（consciousness）比作十万只蟑螂（cockroach）在肆意爬着。当光束投射而入，蟑螂顿时慌不择路、四处逃窜，其情状与主人公那纷乱无序、难以驾驭的思绪形成了鲜明的呼应。这些令人极度不适、面目可憎的蟑螂意象，如同利刺般深深扎入读者与观众的感官之中。凯恩凭借这些极具冲击力的象似元素，直截了当地揭示了角色内心的深切苦痛与生存的重重困境。那看似杂乱无章的文本布局，绝非文字的随意堆砌，而是对角色内心苦痛与混乱状态的真切象似。此种象似手法的运用，令观众能够身临其境地感受到角色所承受的极端精神折磨与生命体验，进而激起强烈的情感共鸣与深刻思考。

而在凯恩生活的20世纪，精神错乱被视为高超感知的标志，能显示出超凡脱俗和愤世嫉俗的情感（桑塔格，2003：34）。剧名中的“4.48”象征着凌晨时分，这是萨拉·凯恩常常因精神痛苦而醒来的时刻，也是被认为生理上人们精神错乱达到极致、最易自杀的时刻（凯恩，2006：300）。凯恩在创作《4.48精神崩溃》时，正深受抑郁症的严重困扰，这部作品不只是其个人痛苦的表达，更是万千被困灵魂痛彻心扉的思绪映照。它是凯恩的最后一部戏剧，也是她死后才上演的作品。这出剧以诗歌的形式呈现，探讨了心理疾病和自杀的主题。与凯恩之前的作品相比，《4.48精神崩溃》在写作风格上有所不同，它更侧重于语言的表现力（Armstrong，2014：37），这种象似的表现力给人带来对生命更直观的体验。不仅如此，这部戏剧还深刻地探讨了苦痛、自我和生命的主题。《4.48精神崩溃》是她对早期剧作内涵更抽象的表达，字里行间流露出对生命意义的追寻（于文思，2018），也表达了凯恩对个体在复合社会中的困境即主体性缺失的强烈关注。

福柯认为主体性倾向于人的主动和自由行动（福柯，2018：59），强调主体与精神的关系（福柯，2018：32）。而战争却无情地摧毁了人的主体性，使个体陷入身体和精神不受控制的困境。尤为重要的是，个体困境在二战后成为一个普遍且深刻的话题。众所周知，20世纪的历史篇章里，两次世界大战赫然在目，成为20世纪不可磨灭的重要烙印。凯恩的剧作，虽未直接铺陈这两次世界大战的恢宏场景，但字里行间却巧妙地融入了世界大战的斑驳元素，令人回味无穷。在剧中，主人公的思绪突然就从蟑螂“a blanket of roaches”（Kane，2001：19）跳到了“cease this war”（Kane，2001：19），而后便是凯恩对犹太人、库尔德人、阿拉伯人所遭受的暴行的揭露。“roaches”除了蟑螂的意思之外，还有大麻的含义（霍恩比，2018：1850）。在凯恩另一部作品《清洗》中，格雷厄姆便是因为在集中营里吸毒过量而死的，这一情节巧妙地触发了凯恩将满地蟑螂与战争相联系的灵感，进而将笔触转向战争时期边缘弱势群体的深切苦痛。这种苦痛以一种扭曲变形、错乱失序的形式展露无遗，现实世界的冷漠与疏离如同利刃，将他们的内心世界割裂得支离破碎。凯恩以细腻的笔触，深刻地揭示了边缘群体的无尽苦痛，其话语间绝望与恐惧交织，自我厌恶的情绪涌动，共同构筑了一种强烈的生命体验。这种既荒诞不经又真切可感的描绘方式，使读者能够更加深切地理解和体悟边缘弱势群体在生存边缘的苦痛与挣扎。

凯恩的戏剧是对人性极限的不断探索（Obis，2008）。在暴力和权力的肆虐下，生命沦为被操纵的客体。而苦痛，则是生命对暴力和权力的有力反抗，是主体发出的振聋发聩的呐喊。在这一刻，主体于苦痛中觉醒、回归，进而实现重建。剧中展现的抑郁症表征和医患关系促使读者审视自我社会位置，动摇了受害者、加害者与旁观者的界限（Tycer，2008）。而这象征了生命的力量以及主体性的回归。即使主体一度被操控，其生命力依然能被激发，展现出强大的能动性，引起读者共鸣。凯恩在剧本的最后说道："小鸡还在蹦跳，小鸡不会止步。"（凯恩，2006：253）"小鸡"不停跳舞，象征了主人公的生命力，动态感的画面使凯恩看到生命的希望，但同时也象征了生命的脆弱，可即使虚弱，生命的自由、灵魂的自由也是不会停止的，主体性终会回归、重建："我没有死的欲望，从未自杀过。"（凯恩，2006：254）被社会抛弃的绝望的个体，陷入被动性苦痛的主体同样可以见证自身的真理（姜宇辉，2020）。这种见证在凯恩的《4.48 精神崩溃》中是撕心裂肺的，是直击灵魂的："我以死相许的生的需求——被爱。"（凯恩，2006：252）主体对于"被爱"的极端追求，以苦痛来实现，这本身就是主体能动性的体现。《4.48 精神崩溃》中对主人公的精神错乱的记录，也是凯恩对自我精神状态的真实记录，但这也是现实生活中精神正常的人的意识状态。这种错乱能把人的意识带入一种阵发性的悟彻状态（桑塔格，2003：35）。这种悟彻状态，在凯恩的《4.48 精神崩溃》中被赋予了深刻的内涵，它不仅是主人公内心世界的真实写照，也是对人类普遍性情感体验的艺术升华。这种状态，尽管充满了苦痛与挣扎，但却属于"人之常情"，因为它源于对生命本质的深刻洞察和对爱与自由的深切渴望。这些渴望，作为人类共有的生命体验，是主体性及生命力的直接体现，它们在对抗死亡、暴力与权力的压迫时显得尤为坚决与不屈。凯恩凭借她独树一帜的戏剧语言，将主人公的心理世界剖析得入木三分，令观众在深受震撼与强烈共鸣中，重新审视自身生命体验，深刻反思生命存在、爱与自由等本源性议题。

## 4 结语

凯恩的戏剧以直白无讳之笔触，将暴力与死亡袒露无遗，然其深意远不止于此。她凭借先锋的写作技巧与诗学象似性的巧妙融合，构筑了一个残酷骇人的认知世界：借助图形象似性，生命感知的具象化苦痛被精准模拟；数量象似性则揭示了生命存在的深刻自我反思，以最直接、最直观的文本形式，赋予读者震撼人心的生命体验。此等独特艺术手法，生动展现了极端境遇下生命主体性的顽强抗争，以静态文字演绎出动态的生命力量之舞。在凯恩那直面现实的戏剧舞台上，生命并非全然脆弱，它蕴藏着对抗权力、蔑视死亡的磅礴伟力。剧中，爱与自由等美好瞬息如流星划过，短暂而璀璨，与否定性、残酷性的现实形成了鲜明对比，且后者似乎成了永恒的背景。凯恩以戏剧为镜，直截了当地揭示了现实中受压迫者的精神意识与情感，意在唤醒人们对自我主体及生命力量的深刻认知，同时，她深切呼唤人间温情与关爱，倡导以爱相拥，珍视生命中每一抹稍纵即逝的光明，让这短暂且宝贵的生命之旅，因这些深刻而有意义的瞬间而光彩夺目：记住光明并坚信光明。（凯恩，2006：240）

参考文献

[1] Armstrong, J. Cruel Britannia: Sarah Kane's Postmodern Traumatics [M]. Bern:Peter Lang AG, Internationaler Verlag der Wissenschaften, 2014.

[2] Carazo, C. S. P. *4.48 Psychosis:* Sarah Kane's "Bewildered Fragments" [J]. Bells: Barcelona English Language and Literature Studies, 2006 (15): 1-9.

[3] De Voe, J. Cruelty and Desire in the Modern Theater [M]. New Jersey: Fairleigh Dickinson University Press, 2011.

[4] Diedrich, A. Last in a Long Line of Literary Kleptomaniacs: Intertextuality in Sarah Kane's *4.48 Psychosis* [J]. Modern Drama, 2013, 56(3): 374-398.

[5] Freeman, M. H. Blending and Beyond: Form and Feeling in Poetic Iconicity [C] // Jaén-Portillo, I. & Simon, J. (eds.). The Cognition of Literature. New Haven: Yale University Press, 2009: 1-28.

[6] Haiman, J. The Iconicity of Grammar: Isomorphism and Motivation [J]. Language, 1980,56(3): 515-540.

[7] Hadot, P. The Inner Citadel: The Meditatio ns of Marcus Aurelius [M]. Trans. Chase, M. Cambridge and Mass.: Harvard University Press, 1998.

[8] Hiraga, M. Diagrams and Metaphors: Iconic Aspects in Language [J]. Journal of Pragmatics, 1994(22): 5-21.

[ 9 ] Johnston, R. D. Numbers in the *Bible*: God' s Design in Biblical Numerology [ M ] . Grand Rapids:Kregel Publications, 1990.

[ 10 ] Kane, S. *4.48 Psychosis* [ M ] . London: Methuen Drama, 2001.

[ 11 ] Kanslz, M. "Born in the wrong body" : The articulation of sexual self-perception in Sarah Kane' s *4.48 Psychosis* (Review) [ J ] . Journal of Contemporary Drama in English, 2017, 5(2): 277-291.

[ 12 ] Levinas, E. N. Essais sur le penser-à-l' autre [ M ] . Paris: Bernard Grasset, 1991.

[ 13 ] Levinas, E. N. De l' existence à l' existant [ M ] . Paris: Librairie Philosophique J. Vrin, 2004.

[ 14 ] Ngada, U. Cruelty, Horror, and Human Deprivation in Sarah Kane' s *4.48 Psychosis* [ EB/OL ] .(2024-07-01) [ 2024-11-29 ] . https: //www.cambridge.org/engage/coe/article-details/667fcea25101a2ffa8d97be7.

[ 15 ] Obis, É. This isn' t tat. This isn' t bric-a-brac" (*Phaedra' s Love*): the Poetics of Things in Sarah Kane' s Theatre [ J ] . Études britanniques contemporaines, 2008 (35): 111-126, 190-191.

[ 16 ] Panther, K. Metonymy as a usage event [ J ] . Cognitive Linguistics: Current Applications and Future Perspectives, 2006 (1): 147-185.

[ 17 ] Saunders, G. Love Me or Kill Me: Sarah Kane and the Theatre of Extremes [ M ] . Manchester:Manchester University Press, 2002.

[ 18 ] Sierz, A. Cool Britannia? "In-Yer-Face" Writing in the British Theatre Today [ J ] . New Theatre Quarterly, 1998, 14(56): 324-333.

[ 19 ] Tycer, A. Victim. Perpetrator. Bystander: Melancholic Witnessing of Sarah Kane' s *4.48 Psychosis* [ J ] . Theatre Journal, 2008, 60(1): 23-36.

[ 20 ] 霍恩比．牛津高阶英汉双解词典：第 9 版 [ M ] . 李旭影，等译 . 北京：商务印书馆，2018.

[ 21 ] 姜宇辉．苦痛隐喻与主体性之重构——晚近中国电影中的血之叙事 [ J ] . 文艺研究，2020（9）：111-122.

[ 22 ] 米歇尔 · 福柯 . 主体解释学 [ M ] . 佘碧平，译 . 上海：上海人民出版社，2018.

[ 23 ] 钱激扬，邵安娜 .《4.48 精神崩溃》中的希望之光 [ J ] . 当代外国文学，2010，31（2）：92-99.

[ 24 ] 萨拉 · 凯恩 . 萨拉 · 凯恩戏剧集 [ M ] . 胡开奇，译 . 北京：新星出版社，2006.

[ 25 ] 桑塔格 . 疾病的隐喻 [ M ] . 程巍，译 . 上海：上海译文出版社，2003.

[ 26 ] 熊沐清，试论诗学象似性的涵义与形式 [ J ] . 外国语文，2012（6）：7-13.

[ 27 ] 于文思 . 萨拉 · 凯恩戏剧中的生命哲学观——以后期剧作《渴求》与《4.48 精神崩溃》为例 [ J ] . 东北师大学报（哲学社会科学版），2018（1）：64-69.

# 认知文体批评

【栏目主持：封宗信教授】

# 认知诗学视角下《教父》三部曲的深度剖析与认知探究

黄书亭

（临沂大学传媒学院，临沂 276000；江苏省当代艺术创作研究会，南京 210009）

**摘　要：**

本研究从认知诗学视角深入剖析好莱坞经典《教父》三部曲。运用图式、框架、概念隐喻与转喻等基本理论，探究其叙事、人物塑造及意象运用与观众认知的互动。《教父》三部曲凭借非线性叙事打破时间常规，以多线叙事铺展故事层次，设置悬念激发好奇；塑造复杂人物形象，运用独特意象，调动认知资源，引发深度共鸣，沉浸影片，深入思考人性与社会。认知诗学为电影赏析提供新视角，便于揭示《教父》三部曲的深刻主题和艺术魅力，拓展出电影研究新方向。未来电影研究应深挖认知诗学在电影分析中的应用，探索电影与观众认知的互动机制，为电影创作和欣赏提供新的视角和理论支撑。

**关键词：**

认知诗学；《教父》三部曲；叙事技巧；人物塑造；电影意象

## An In-depth Analysis and Cognitive Inquiry into *The Godfather Trilogy* from a Cognitive Poetics Perspective

Huang Shuting

（School of Media，Linyi University，Linyi 276000；Contemporary Art Creation Research Association Jiangsu Provincial Federation of Literary and Art Circles，Nanjing 210009）

作者简介：黄书亭，临沂大学传媒学院特聘教授，江苏省当代艺术创作研究会高级编辑，管理学博士，研究方向为文艺评论和中西比较文学。

Abstract:

This research delves into the classic Hollywood trilogy *The Godfather* from the perspective of cognitive poetics.By applying basic theories such as schema, frame, conceptual metaphor and metonymy, it explores the interaction between its narrative, character-building, and image use and the audience's cognition. *The Godfather* trilogy breaks the convention of time with non-linear narrative, unfolds the story layers with multi-line narrative, and sets up suspense to arouse curiosity.The film makes people think about human nature and society by creating complex character images, using unique images, mobilizing the audience's cognitive resources, triggering deep resonance, and immersing the audience in the film.Cognitive poetics provides a new perspective for film appreciation, which helps to reveal the profound themes and unique artistic charm of *The Godfather* trilogy, and opens up a new direction for film research.Therefore, the future film research should delve deeper into the application of cognitive poetics in film analysis to explore the interaction mechanism between films and the audience's cognition so that new perspectives and theoretical support for film creation and appreciation can be provided.

Key words:

cognitive poetics; *The Godfather* trilogy; narrative technique; character-building; film image

---

## 0 引言

好莱坞电影《教父》三部曲由弗朗西斯·福特·科波拉执导，马里奥·普佐与科波拉编剧，1972 年至 1990 年上映。这部堪称史诗的经典之作围绕维托·科利昂家族，展现了一个底层移民家庭误入歧途、构建黑色帝国的历程，在电影史和文艺史上占有非同寻常的地位。其深刻的主题内涵、错综的人物塑造以及宏大的叙事架构，吸引了众多学者深入研究。从文化角度来看，它不仅展现了意大利裔美国黑帮的家族文化，还反映了西方社会特定时期的文化特征与价值观念变迁，为理解美国多元文化的形成、发展与传播提供了独特视角。

认知诗学作为 20 世纪 70 年代“认知转向”影响文艺领域而产生的新兴交叉学科，融合认知科学与诗学的理论和方法，关注点聚焦于受众理解文本时的认知机制与心理过程。（李明，2020：56—68）传统电影研究方法多集中于主旨呈现、叙事结构、人物塑造、社会背景及艺术风格等方面，认知诗学的出现为电影研究带来新颖视角，将认知心理纳入研究范畴，探究电影如何通过各种元素影响观众认知与情感体验，使我们对电影的理解更加全面、深入和持久。

近年来，认知诗学领域发展迅速，其理论不断拓展深化。在图式理论方面，研究者探讨文化图式对文本理解的影响，指出不同文化背景下的读者和观众因文化图式差异会对同一文本产生不同解读，促成知识经验内化、增进概念系统建构与经验应用迁移。（张晶晶、陈柯宇，2024：22—26）在概念隐喻理论领域，研究者分析了多模态隐喻在作品中的呈现及作用，丰富了隐喻的表现形式与解读维度。这些研究成果为从认知诗学角度研究《教父》三部曲提供了更为广阔的理论视野。从认知诗学角度剖析《教父》三部曲的叙事、人物、意象等元素，探讨其与认知的互动关系，既能够挖掘出影片魅力不衰的深层原因，又能为电影创作、赏析和探究开辟一条全新的道路，突破传统研究的固定模式，突出认知诗学在电影研究中的重要价值，为后续相关研究提供新的思路和方法参考。

## 1 认知诗学的理论基石与《教父》三部曲的密切关联

比对《教父》三部曲文本与认知诗学的核心理论，特别是其中的图式理论、框架理论、概念隐喻与转喻等理念，启发良多。图式是人们大脑中已有的知识结构，框架则是对特定情境或事件的认知构建，概念隐喻和转喻是将抽象概念具象化的重要手段，视听信息缘此组接组合、编码编程、重建重置，生成时空意象和心理幻象。（张晓峰，2021：126—134）通过分析这些理论与《教父》原著及影片的关联，可以发现三部曲是如何巧妙地借助认知机制来构建故事、传递内涵的。例如，影片中对黑手党家族畸形命运的刻画，就利用了人们大脑中关于家族、权力、人伦、道德等图式，通过特定的框架设置，让受众更易理解并沉浸其中，产生共识与共情。婚礼、葬礼、会谈和死亡意象运用了概念隐喻与转喻，将驳杂情感和寓意以更直观的方式呈现，展现了认知诗学理论解读电影的强大阐释力，为从不同角度剖析影片奠定了坚实的理论基础和应用实例。

### 1.1 图式理论：观影认知的基石构建

图式是个体基于对概念或情境已有知识和经验所形成的认知结构，便于激活已有的认知图式。在认知诗学中，图式理论认为读者或观众在接触文本时，会激活大脑中的相关图式来解读新信息。普佐的《教父》原著情节生动，巧妙地调动了大众对黑帮、变节、复仇等概念的已有认知图式。观众在观影前对这些概念已具备成形的认知图式，影片中的情节和元素能够触发并整合这些图式，帮助理解影片中杂沓的人际关系和岁月沉淀下的故事演绎脉络。

考虑到文化图式对认知的影响，不同文化背景的观众对《教父》中家族、暴力、治理等概念的理解多存差异。例如，具有集体主义文化背景的观众，可能对科利昂家族成员间紧密的联系，以及为了整体利益主动牺牲或被动犯法的行为有更深刻的共鸣；而来自个人主义文化背景的观众，可能更关注人物在家族与个人追求之间的挣扎。这种文化图式的差异会进一步影响观众对影片整体的认知和解读，这也凸显了在认知诗学研究中考虑文化因素的重要性。

在《教父Ⅰ》中，科利昂在家族中拥有绝对权威，平素料事如神，善用非常手段伸张正义，受到家族成员和邻里的爱戴，却不幸被司机保利出卖，差点丢掉性命。这条主线激活了观众大脑中关于“家族权威”的认知图式，不难凭借以往对家族中长辈权威的认知经验，理解科利昂、迈克尔父子在家族中的地位和作用，以及悲剧性的命运。在《教父Ⅱ》里，迈克尔在面对家族内部的背叛和外部势力的围剿时，他所展现出的坚忍和果断及远见，与观众对“黑帮领袖应对危机”的认知图式相契合，从而能使观众迅速理解他的行为动机和所处的困境。

观众基于对家族的图式认知，能够理解科利昂家族成员之间的亲情纽带、责任义务，为维护家族利益所采取的种种行动。科利昂被刺、桑尼被杀时，他们毫不犹豫地团结起来，共同打理残局，这种行为符合观众对保护家人、一致对外的图式认知。科利昂对家族成员的关爱与教导，能让观众联想到自己家族长辈的形象，更易于理解和感受教父家族内部的情感联结。同样，观众对权力的图式认知，有助于他们理解科利昂家族在黑帮世界中为捍卫权利、扩大势力、折返正道而展开的系列争斗，以及权力对家族成员性格和命运的影响。

在《教父Ⅲ》中，迈克尔试图让家族产业和愿景合理合法化，这一行为背后是他对家族权力延续的新思考。观众基于对“权力追求与转变”的认知图式，可以理解迈克尔在面临家族发展困境时所做出的努力，尽管这种纠偏归正的努力屡屡被打断，充满了艰难和不得已。这种基于图式理论的理解，使得观众能够深入影片的情节和人物内心世界，更好地把握影片的主旨。

桑尼的非婚生子文森特在《教父Ⅲ》中登场，头铁口欠的表现只能获得差评。从图式理论来看，他身上融合了观众对“私生子”和“家族边缘人渴望回归权力核心”的图式认知。观众凭借对类似人物的认知经验，能理解他急于在家族中证明自己、获得权力地位的动机。桑尼、文森特的冲动和有勇无谋，也符合部分观众对“缺乏谋略的鲁莽青年”的图式认知，这种形象与科利昂、迈克尔的沉稳睿智形成鲜明对比，进一步加深了观众对人物性格多样性的理解。

### 1.2 框架理论：影片叙事的理解架构

框架为人们理解和组织经验提供了特定模式，电影通过构建特定框架引导观众解锁故事。（刘辉，2022：89—102）普佐与科波拉构建以黑手党家族为核心的框架，其中包含家族内部斗争、与外部势力冲突、家族传承转型等子框架。

在家族传承的框架下，除了迈克尔继承老父权力的明显线索外，影片还通过一些细节展现家族文化和价值观的传承。比如科利昂的处世哲学、助人为乐、对家族荣誉的重视等，通过日常的教导和行为示范传递给身边人和下一代。这种传承不仅体现在权力交接上，更体现在行为方式的延续上，丰富了家族传承框架的内涵，也为观众理解家族发展和人物命运提供了更为开阔的视角。

在《教父》三部曲中，家族内部权力斗争的框架贯穿始终。从《教父Ⅰ》中老教父遇刺后，各方势力对权力的觊觎，到《教父Ⅱ》里迈克尔在巩固权力过程中与妹婿卡洛、二哥弗雷多之间的矛盾冲突，再到《教父Ⅲ》中迈克尔的权力逐渐衰落，新一代对权力的争夺初现端倪。这些情节在家族内部权力斗争的框架下展开，能够清晰地看到权力斗争对家族成员关系的影响以及人物性格在权力旋涡中的变化。在家族与外部势力冲突的框架下，不难理解家族与其他黑帮火拼的原因，即争夺地盘、利益，复仇、逃避惩罚等，进而理解迈克尔等家族成员的决策和行动逻辑。例如，在《教父Ⅰ》中，科利昂家族与纽约其他黑帮因毒品生意产生矛盾，引发了一系列激烈搏杀。观众在这个框架内，能够理解迈克尔从一个单纯的青年逐渐转变为冷血的家族领袖和黑帮头领的过程，他的行为是为了守护家族的利益和荣誉，符合家族与外部势力冲突框架下的行动逻辑。在家族传承的框架下，可以清晰地看到科利昂如何将家族的理念和权力传递给迈克尔，以及匆忙接棒的文森特在病态情境中的不适应和不胜任。

在《教父Ⅱ》中，家族与外部势力的抵触体现在黑帮间的撕掳与抢滩上，涉及与政界的对垒。迈克尔试图通过与政客建立联系来拓展势力范围，这种勾结充满了阴谋和风险。《教父Ⅲ》中文森特成为关键节点，他的登场带来新的变数，作为迈克尔不甚满意的接班人，行事风格和迈克尔截然不同。在权力斗争框架下，他的有勇无谋导致他在处理敏感事务时鲁莽行事，引发并加重了家族危机，可见家族传承和归正过程中面临重重险阻，也说明权力平稳过渡的重中之重在于选对继承人。观众在这个框架下，能够理解迈克尔对文森特既寄予希望又有所担忧的复杂心态，也能感受到家族前途走向的不确定性。

### 1.3 概念隐喻与转喻：影片内涵的独特表达

概念隐喻是通过一个概念域来理解和体验另一个概念域，在原著延伸、符号象征、赏析行为、文艺情感与虚构理论等方面产生积极影响。（张宇，2021：78—90）“教父”有尊长、权威、传道解惑、呼风唤雨等意味，“家族”常常隐喻为“堡垒”“后盾”和“命运共同体”，内部可以藏污纳垢，枪口却一致朝外，这一隐喻强调家族团结、抱团、自卫和防御特性，使人深刻感受到家族的强大凝聚力。这种隐喻的运用，离不开普佐、科波拉对家族情感的温情理解与独特表达。

从多模态隐喻的角度来看，影片中除了语言层面的隐喻外，画面、音乐等元素也参与了隐喻的构建。例如，家族宅邸、教父坐姿显示坚固景象和威严形象，如同现实中的堡垒，从视觉上强化着“家族如堡垒”这一隐喻。影片中紧张的音乐在危机降临时响起，类似堡垒受到攻击的警报，从听觉上加深这一隐喻的表达，便于从多个感官维度全面理解家族的隐喻意义。（孙晓，2023：67—80）在《教父》三部曲中，无论是家族成员在面对外部威胁时的求同存异，还是为了维护家族荣誉和核心利益不惜一切代价的行为，都如同堡垒抵御外敌一般坚定。《教父Ⅰ》中老教父遇刺后，家庭成员迅速行动起来，一方面照顾科利昂，另一方面寻找真相并准备反击，这种行为就像是堡垒在遭受攻击后迅速组织防御一样，生动地体现了“家族如堡垒”的隐喻以及“家丑不外扬”的古训。

转喻基于事物之间的邻近关系，用一个事物指代另一相关事物。影片用“教父”

转喻整个黑手党家族的权力和权威，通过展现教父的决策和行动，展示家族及黑道的运作机制。科利昂的决策决定着家族的发展方向，其他家族成员多会遵循他的决策，这一情节昭示教父在家族和团伙中的权威地位以及他的决策对利益相关者的重要性。此外，片中用“刀”“枪”“死鱼”转喻暴力和复仇，频繁出现的枪击场景，直观显示了黑手党世界中权力的残酷与对决的血腥。

在《教父Ⅰ》里，科利昂凭借智慧和威望，拥有绝对的话语权，每一个决定都关乎家族的兴衰。他因拒绝参与毒品生意而惹怒其他黑帮，使得家族陷入危殆险境，同时也体现了他坚守的原则，而家族成员对他的决定坚决执行，充分展示出“教父”所转喻的睿智和主见。科利昂的遇刺，打破了原本相对平静的生活，象征着权力斗争和利益拼抢的开始。迈克尔在复仇过程中，用枪果断地解决毒枭和不法警长，是他从纯朴青年走向冷峻杀手的转变标志，令人直观地感受到了在黑手党世界里，枪所代表的暴力是获取和维护权力、扑杀异己的直接手段。在《教父Ⅱ》和《教父Ⅲ》中，各种枪击场景依然不断，每一次枪响都伴随着权力的更迭或者现实利益的争夺，进一步强化了刀枪等凶器与暴力和权力之间的转喻关系，助人深刻理解黑手党世界权力运行的残酷本质。

从概念隐喻角度来看，文森特成事不足、败事有余，隐喻着家族传承中的“不稳定因子”。他的存在打破了迈克尔金盆洗手的幻想，如同堡垒中的一处薄弱环节，随时可能引发危机，之后果然带来危险，产生内爆效应。在转喻方面，他的冲动行为带来次生灾难和后续伤害，印证了多行不义必自毙的世道逻辑。

## 2 《教父》叙事策略的认知影响

非线性叙事打乱时间顺序，就像把完整的故事拼图打散，观众需自行拼凑，从而激活主动认知，促使其深度思考故事的叙事策略与内在逻辑。多线叙事如同编织一张纵横纠葛的大网，各种矛盾和线索相互交织，拓展认知边界，便于全方位观测黑手党家族和病变扭曲的外部世界。悬念设置在观众心田播下好奇的种子，从科利昂遇刺的生死未知，到家族成员的反叛疑云，都紧紧抓住观众的注意力，使其沉浸在情节中费神地思索。从认知诗学角度剖析这些策略，能清晰看到电影是如何巧妙地调动观众的观影兴致，为电影叙事研究开辟全新路径，也让我们对电影与观众认知的互动机理有了更为深刻的理解。

## 2.1 非线性叙事：认知挑战与深度探索

《教父》三部曲的非线性叙事方式带来与众不同的观影体验，在叙事层面展现出独特的魅力。影片摒弃传统的线性叙事结构，采用时间线在过去、现在和未来之间频繁切换的非线性叙事手法。《教父Ⅱ》叙述科利昂童年时逃离西西里、逃亡到纽约当店员的往事，讲述迈克尔处于家族权力巅峰时所面临的繁复问题，画面从迈克尔在豪华办公室里处理事务，瞬间切换到纽约街头巷尾，展现科利昂还是贫困的移民愤青时，如何凭借自己的智慧和勇气，不露痕迹地击杀街区恶霸法努奇，赢得克莱门扎、忒西奥的拥戴，逐渐建立起家业根基和势力范围。他与各种不同身份的人展开合作与斗争，从街头小混混到逐渐崭露头角，一步一步奠定家族基业。过去与现在的交织叙事，如同两条并行又交叉的河流，在不同的时空维度中交汇穿梭，令人仿佛亲身经历了科利昂家族的兴衰历程，深刻感受到人物命运在历史长河中的起伏不定。

非线性叙事方式带来认知上的挑战，打破习惯的线性认知模式，不按照事件发生的顺序依次呈现，将情节碎片化地分布在不同节点上。观众需要像拼图一样寻找线索，将这些碎片情节进行整合，构建完整的故事梗概。《教父》三部曲规避审美疲劳和炫技化偏向，磨砺批判锋芒，减排常识疏失和剧情漏洞，激进的形式与保守的表达显示了本土化与全球化间的对话与融汇。（杨鹏鑫，2024：206—219）迈克尔在内忧外患时，脑海里不时闪回结识于意大利、殒命于西西里的妻子阿波罗妮娅轻歌曼舞、惨死于汽车爆炸等镜头，仔细观察这些片段中的细节，将其与迈克尔的处境和心态转化与决策联系起来，则不难理解家族发展脉络以及迈克尔性格转变和命运跌宕的深层次原因。这种叙事方式激发了观众的好奇心和探索欲望，观众不再是被动地接收电影传递的信息，而是主动地参与理解过程中，积极思考和分析情节之间的关联，增强了与影片的互动性。同时，在努力理解故事与情节的过程中，观众对影片的记忆和体察也会更加深刻。

从叙事视角与认知建构的关系来看，非线性叙事中不同时段的切换、空间的叠合和腾挪，相当于叙事视角的转换。观众在跟随不同时空线的情节发展时，会从不同角度去理解人物和事件，形成更立体、更客观的认知。比如，观众看到迈克尔处理家族事务和涉黑事宜时，会对他的性格和行为产生公允判断。随着闪回情节中展现出父亲对他的影响，会意识到迈克尔性格并非天生如此，而是在家族命运的裹挟和成长环境的塑造下形成的。这种不同时间线的呈现让观众对迈克尔这个人物的复杂性有了更深刻的认识，不再是简单地将他定义为黑帮领袖，而是能够理解他内心的挣扎、无奈以及对人生和社会的责任感。

在非线性叙事的时间穿梭中，科利昂的女儿康妮的戏份也在悄然展开。从她年轻时单纯的模样，到与卡洛结婚后的快速转变，都在相关片段里有所呈现。看到她遭家暴时的歇斯底里、丧夫后的自暴自弃，后期成为家族帮凶，能够更清晰地感受到家族经历对她性格的巨大改变。康妮的形象变化，是隐藏在故事主线旁的暗线，随着时空的转换，显示家教和家道对人物的深远影响。

### 2.2 多线叙事：认知拓展与全面洞察

多线叙事是《教父》三部曲叙事策略的显著特色，多条纵横穿织的叙事线索，浓缩西方文艺传统，契合东方文艺特质，译介过程中的精心打磨和创造性转化，使得音像文本更为写实，呈现出病态而混杂的黑手党家族和病态社会现状（黄琢然，2022：47—50）。家族内部权力斗争线贯穿始终，从科利昂时期家族成员围绕权力的微妙关系就开始显现，如家族成员在科利昂的庇护下，各自有着对地位和权力的诉求，即使女婿污点累累、疑迹显明，也佯装不知，更下不了狠手。迈克尔接管家族后，与心里不服的三哥产生矛盾，弗雷多对权力的渴望以及他在面对恶性竞争时的软弱和迷茫，在诱惑面前的失守，都在这条线索中得以展现。在《教父Ⅲ》中，康妮和文森特，迈克尔的儿子安东尼、女儿玛丽娅成为这条线索的新内容，处处呈露存在感，展现权力斗争的不同特点。

家族成员情感线也是影片的重要组成部分。以迈克尔与妻子凯之间的情感历程为例，他们从最初的相爱，沉浸在美好的爱情之中，到后来因为迈克尔深陷黑道，凯逐渐产生恐惧和反感，感情出现裂痕，直至最终破裂。这条情感线展现迈克尔个人情感生活的起伏，反映出黑手党家族对个人情感和家庭关系的巨大冲击。此外，家族成员间的亲情纽带在权力和利益面前的考验也在这条线索中有所体现，兄弟姐妹、父母与子女间的感情，也变得复杂而多变。

家族与纽约黑帮或外部势力的关系线，展现了科利昂家族在黑帮世界中的险恶处境。片中详细描绘了科利昂家族与其他黑帮在毒品生意、地盘争夺、对外扩张、涉足金融等方面的激烈角逐，充满了血腥和千丝万缕的暴力，揭示了黑帮世界的残酷本相。同时，家族还与政界、商界等外部势力有着牵丝攀藤的联系，他们在合作与角力中谋求利益的平衡，形成黑手党家族与社会各阶层之间复杂的关系网络。

多线叙事的运用对观众的认知产生了显著的拓展作用。迈克尔与凯的情感线和家族与其他黑帮的血拼线绞缠交织，从不同角度展现了黑手党家族生活的概貌。迈克尔与凯的情感霉变，体现了黑手党部落的无情与无良，凯作为清纯的女性，她对正常家庭生活的渴望与迈克尔所处的黑帮世界形成鲜明的对比，让人深刻感受到黑道生活对个人情感和家庭关系的巨大冲击。而家族与其他黑帮的拼杀线则展现了黑手党世界的残酷和复杂，凶残烂污、钩心斗角的斗争以及为了利益的下作行为，让观众对黑手党文化及美国文化有了更直观的认识。

迈克尔频频在家族事务和个人情感之间艰难抉择，他的所作所为左右着家族的命运，也对夫妻、父子及父女感情造成了伤害。这些线索的交织能够使观众深刻感受到黑手党生活的复杂性，以及权力和利益对人性的毒害。在家族与其他黑帮的缠斗中，迈克尔的果断和冷酷，与他在凯面前的温柔形成鲜明对比。多条线索的延展，黑手党文化对人性的塑造和改变，显示了他从单纯青年逐渐被权力和责任吞噬的过程，昭示了人性在复杂环境中的易碎和摇摆。

此外，在家族内部权力斗争线中，不同家族成员为争夺权力而产生的矛盾，也让观众看到了人性在权力面前的贪婪和不堪。不同家族成员之间为了争权夺利，不惜牺牲亲情和友情，展现了人性中的黑暗侧面。通过这条线索，观众能更加全面地了解黑手党家族内部的权力结构和人际关系，认识到权力对人的腐蚀作用。康妮的经历丰富了家族成员的情感线和家族内部的权力斗争线。她自小单纯，过着公主般的日子，却因婚姻裂痕陷入家族纷争，丈夫卡洛被巴士尼拉下水后，害死了桑尼，也断送了自己的性命。康妮的生活发生了巨大逆转，她一度出走，也没有好的归宿，折回家族后充任文森特的劣质军师。她的行为和决策，既受家族情感的影响，也在一定程度上加剧了家族权力斗争。观众通过她的这条情感与权力交织的故事线，能更深入地洞察家人在权力和情感旋涡中的挣扎。她事事掺和、臭招百出，加速了家族覆亡，也让观众看到家族在走向衰落的过程中，内部成员的复杂心态和错误决策所带来的负面影响，进一步拓宽了观众对黑帮故事的认知。

## 2.3 悬念设置：认知期待与沉浸体验

悬念设置是《教父》三部曲吸引注意力的重要叙事手段之一，合理把控信息释放量，以信息的不对称性经营突发式悬念、期待式悬念和揭秘式悬念，维系观影过程中的紧张和关注，使人们沉浸在精彩情节中。（韩佳彤，2021：35—40）影片充满凶杀、诈骗等疑团，从神秘人物的现身到解不开的死疙瘩，无不激发着认知期待。科利昂、迈克尔遇刺是极具冲击力的情节，科利昂命悬一线，迈克尔逃过一劫，悬念贯穿影片。两个遇刺场景发生后，画面迅速切换到家族成员的震惊和慌乱，营造出紧张压抑的氛围，观众的好奇心被瞬间点燃，迫切想要知道科利昂是否能够脱离危险，是谁策划了暗杀迈克尔、凯全家的行动，以及家族将如何应对危机和何时何地复仇。整个家族在面对突发事件时的反应和决策都成为关注的焦点，每个细节都可能是解开悬念的关键线索。

弗雷多是否背叛家族，这一悬念紧紧吸引了观众的好奇心。从弗雷多在一些关键事件中的表现，如他在内华达州、哈瓦尔等地与外部势力接触时的异常行为，与家族成员关系的微妙变化，让人不断猜测他的真实意图和最终走向。弗雷多懦弱的性格、在家族中的地位以及他与迈克尔的兄弟情感，都让这一悬念更加扣人心弦，观众在观影过程中始终对他的命运和选择充满期待和担忧。除了这些主要的悬念外，影片还有许多细节性的悬念设置，比如科利昂的合作伙伴海门・罗斯、克莱门扎继承人弗兰克・潘塔吉利的反常举动，康妮的教父阿托・贝罗的口是心非，平添了更多的紧张感。还有些未解决的事件，如某个家族成员突然失踪、某些神秘暗示等，都成为推动剧情发展的悬疑要素，值得深入探究。

悬念的设置使人处于紧张的认知状态，注意力被高度集中在影片情节上，不禁寻找线索以开雾睹天，满足认知期待。例如，在科利昂遇刺后，观众会产生一系列的疑问，是谁策划了这次暗杀？是家族的内部敌人还是外部竞争对手，还是里应外合使然？科利昂家族将如何应对这一危机？家族的未来又会走向何方？这些问题在观众的脑海中不断盘旋，促使他们仔细观察影片中的每一个画面、每段音乐、每一句台词，试图从中找到答案。这种期待与满足的过程极大地增强了观众对影片的关注度和投入度，使观众完全沉浸于影片情节之中，跟随影片的节奏思考和猜测，仿佛自己也成为故事的一部分。

随着剧情的推进，谜底依次揭开，这种探索的过程让人收获了参与感与满足感。

当弗雷多、海门·罗斯、潘塔吉利、阿托·贝罗等人的背叛行为被揭穿时，之前郁结的种种猜测和疑惑得到解答，同时也对家族内外的复杂关系和人性在名利诱惑下的变化有了更深的认识。再则，康妮在丈夫卡洛被克莱门扎勒杀后的出走，其行为动机和内心想法都曾是悬念。观众好奇她在经历这些变故后会如何抉择，她的归来又会给家族带来怎样的影响。结果发现，原来之前一些看似无关紧要的细节其实都是为这个悬念的揭示做铺垫，这种豁然顿悟的感觉让观众对影片的印象更加深刻，也让他们更加佩服编导的叙事技巧。

## 3 《教父》三部曲人物塑造引发的认知互动

在认知诗学的光照中，《教父》三部曲人物形象鲜明，每个角色都像是一把钥匙，开启观众对电影世界以及现实社会认知的大门。科利昂的形象结合了领袖、大家长等既有图式，在电影构建的家族权力斗争框架下，使观众易于理解他的行为逻辑和价值观念。而迈克尔从单纯青年转变为冷酷教父的过程，其中蕴含了复杂情感与人性挣扎，电影运用概念隐喻和转喻，将成长、责任、悔恨、自新等抽象概念具象化，让观众在人物塑造中感受到电影的深层内涵，为人物塑造研究开拓了新的视野，也凸显了认知诗学在剖析电影人物方面的重要作用。

### 3.1 人物形象原型：认知共鸣与情感连接

《教父》三部曲中的人物形象具有鲜明的原型特征，科利昂类似“智者”原型，迈克尔类似“英雄成长”原型，原型选择的配置与类型叙事的运用，能够唤起相关认知图式，引发认知共振。观众能在人物身上找到熟悉的人性特质和成长模式，产生情感连接。（陈义伊，2019：138—139）科利昂堪称智慧、权威与社会公义的化身，宛如神话中的“智者”原型。在那个动荡且弱肉强食的黑帮世界，他自幼历经苦难。深谙人性弱点与社会阴暗规则。他凭借非凡的胆识和卓越智慧，从纽约街头底层一步步崛起，构建起庞大稳固的家族帝国和黑帮王国。他的决策总是深思熟虑，行动精准到位，能够把控局势。不管是调解家族内部纷争，还是协调邻里纠纷、应对外部挑衅，他都能巧妙化解危机，让家人和街坊对其智慧与决策力和执行力深信不疑，在他们心中，科利昂就是正义的象征，其制定的规则秩序是家族荣誉与利益的根基，违反者必受惩处。

迈克尔从单纯青年成长为冷酷家族领袖的历程，类似“英雄成长”原型。迈克尔原本怀揣幸福生活的憧憬，热爱祖国且在第二次世界大战中英勇奋战，荣获荣誉勋章，是家族的骄傲。然而，科利昂突遭刺杀奄奄喘息后，家族陷入绝境，各方势力眈眈相向，命运的转折迫使他放下理想，挺身而出拯救家族。在残酷的黑帮斗争中，他历经无数生死劫难与内心挣扎，冷眼旁观亲友的背叛与诛心悖德，逐渐学会隐忍、果断和冷酷，最终成长为强悍果决的领导者。

这些原型形象极易唤起观众大脑中已有的相关认知图式，引发强烈的认知谐振，在人物身上找到熟悉的人性特质与成长模式，更容易理解和认同人物的行为与命运，仿佛看到自己或身边人的影子。例如，科利昂、迈克尔在重重危机中的成长蜕变，与观众在生活中面对困难时的心理和行为变化相似，其面对歹徒与敌手威逼时的恐惧挣扎，以及最终的勇敢抉择，都能让人感同身受并从中获得鼓舞。科利昂的智慧权威让人联想到尊敬的长辈，如祖父、父亲或导师，凭借经验和智慧，在我们遇到困惑或挫折时给予指引支持，产生亲切感和认同感。

与不爱读书的桑尼不同，科利昂的养子汤姆·黑根毕业于律师专业，在家族中扮演军师和谋士的角色，运用法律知识钻空子，损害他人利益，对家族忠贞不二，类似军师智囊型、职业律师型、笃诚幕僚型、调和缓冲型人物。这种形象会让观众联想到现实中依附强梁、利用规则漏洞谋取私利的人，唤起观众对这类人行为的认知图式，引发对法律漏洞和知法犯法者的思考。克莱门扎对科利昂矢忠不二，如同“忠诚卫士”原型，他的存在让观众理解忠诚的力量，以及虔敬坦诚在家族发展与转型中的重要性，加固对忠诚认知的认同感。

## 3.2　人物性格的复杂层次：认知深化与人性思考

《教父》三部曲中的人物性格并非单一维度，而是具有细密的层级。以迈克尔为例，他既有为家族利益不择手段的一面，又有对家人深沉的爱和对家族责任担当的一面。围绕人性这一话题，影片以形象思维方式直面人性追问，剖析教父家族在客观世界中产生的善恶意识，昭示道德与法律对人伦的管束与局限，提供相应解决办法，复杂的性格塑造影响认知过程，调整对典型人物的看法，思考人性的多面性。（郑庆，2024：23—25）从认知诗学角度看，复杂性格构建能够激发认知兴趣，促使多角度分析人物和事物，拓展对人性的认知边界。

迈克尔接手家族事务后，为了维护家族的地位和利益，不得不采取一些上不了台面的手段，在充满血腥背叛的黑帮世界，他深知仁慈软弱意味着毁灭，所以面对敌人时眼神决绝，每个决策都关乎生死存亡。像在《教父Ⅱ》中，他精心策划暗杀叛徒与死敌，没有放过身患绝症的海门·罗斯，迫令潘塔吉利在狱中割腕自杀，尽显果断狠辣。然而，在面对家人时，他又展现出温柔和关怀的一面，他希望母亲安享晚年，远离家族纷争，对子女充满爱与期望，盼他们远离黑帮与黑暗。母亲健在时，他暂不惩处弗雷多；在罗马，他轻信大主教吉尔戴，面对红衣主教兰贝托真诚忏悔，希望赎罪改过，过上正常人的生活；看着子女成长，满脸欣慰的笑容，这些细节都展现出他内心柔软的一面。

观影过程中，人们会随着剧情进展发现迈克尔性格的新特点，调整对他的认知。起初可能因他的冷酷手段而反感恐惧，但随着剧情深入，了解到他的无可奈何和背后原因后，会产生理解和同情。这种对人物性格的深入挖掘和认知调整，对人性的理解更为深刻，启人思索在纷杂社会环境和家族责任面前，人性是如何被塑造和改变的，以及权力和利益对人性的袭扰。就像现实中，一些掮客和政客为追求名利而迷失自我，做出违背良心的决策；商人在利益驱使下可能无所不用其极地谋取财富。通过对迈克尔形象的剖析，能更全面地认识人性的复杂性，明白人性并非非黑即白，而是存在颇多灰色地带。忒西奥在科利昂去世后倒向巴士尼，他的行为体现了人性在权势和利欲面前的纤弱。从初始的家族骨干到后来的内奸，这种转变促使观众思考，当面临巨大诱惑时，人是如何改变立场，背叛曾经的赤诚的。巴士尼作为敌对黑帮的代表，其冷酷和觊觎野心的形象，让人看到黑帮世界的残酷竞争，引发对现实社会中为了利益不择手段的群体的认知反思，进一步深化对人性复杂性和社会阴暗面的理解。

### 3.3　人物关系的构建：认知拓展与社会洞察

《教父》三部曲人物关系犬牙交错，家族成员、家族与外部势力之间的关系盘根错节，人物矛盾的戏剧性构建，强调特殊状况下的客观时空环境、事件作用和关系瓜葛，提供了了解黑手党社会结构和规则的窗口。（廖琦立，2023：153—155）对人物关系的认知能够拓展对社会的认知，理解不同阶层和群体间的利益冲突和权力争斗。从认知诗学角度分析，人物关系的构建是电影引导观众认知社会的重要手段，为通过人物关系探讨社会现象提供新的思路。

在科利昂家族内部，存在父子、父女、兄弟、夫妻等多种关系，这些关系既受亲情纽带连接，又受家族权力和利益影响。比如迈克尔与儿子安东尼，他们有着深厚的父子情，但在家族理念和奋斗方向上存在不同看法。迈克尔希望儿孙远离黑帮生意，融入主流社会，安东尼既不理解又不领情，专注于歌剧艺术，迈克尔并不急于改善父子关系，会同前妻凯和女儿玛丽娅前往巴勒莫马西莫剧院，观看儿子主演的歌剧《乡村骑士》。在家族外部，科利昂家族与其他黑帮、政客等势力有着复杂的利益关系，时而合作，时而敌对，兼顾前后左右的诉求，从不吃独食，谨防失衡。在一些合法商业领域，科利昂家族与其他企业共享资源、互利共赢，展现出家族在商业运作中的灵活性和智慧。

通过观察理解各种人物关系，观众能深入了解黑手党家族的社会结构和运作方式，既能看到家族内部权力的分配传承机制以及成员间的相互依存与矛盾根源，也能看到家族与外部势力的利益对弈和权力斗争。同时，还能从这些人物关系中看到现实社会中不同阶层、群体关系的缩影，看到美国及西方社会法治程度的高低与治理水准的高下。家族与外部势力的权力较量，让观众联想到现实商业竞争和政治斗争，企业为争夺市场份额和利润激烈竞逐，政治势力为争夺权力资源龙争虎斗，借此能更好地理解这些现象背后的利益关系和权力运作的机制。家族内部成员的矛盾冲突，也让观众反思现实生活中家庭关系在面对利益和权力时可能出现的问题，思考如何处理好利益和权力的平衡。

汤姆·黑根作为家族的谋士，与家族成员有着紧密的联系，他的决策和建议影响着家族的走向。他与迈克尔之间的关系，既有忠诚与信任，也存在理念上的碰撞。考量他们的关系，能看到家族中智囊角色的作用及其与领导者之间的互动。克莱门扎与家族成员的关系体现出愚忠的纽带，而忒西奥的背叛则撕裂了这种纽带，使家族内部关系出现隔阂。这种人物关系的变化，让观众更加清晰地认识到家族内部关系的脆弱性以及忠诚与背叛在家族发展中的重大影响，进一步拓展观众对家族社会结构和人际关系的认知。

## 4 结论

通过从认知诗学视角对《教父》三部曲的深入剖析，不难发现这部经典的艺术魅力不仅在于精彩的剧情、深刻的主题和精湛的拍摄技巧，更在于其与观众认知之间的巧妙互动和深层契合。《教父》三部曲运用图式理论、框架理论、概念隐喻与转喻等认知诗学理论，以独特的叙事策略和人物塑造手法，成功地调动观众的认知兴趣，扩大认知视野，避免迷茫、误解和过度比较，使观众浸入影片构建的世界。

从认知诗学角度对《教父》三部曲进行研究，揭示该片的独特魅力所在，为电影研究领域开辟了新的方向。具体而言，第一，认知诗学帮助我们理解电影如何通过叙事和人物塑造激活观众的认知图式，在熟悉的模式中找到情感共识，强化人物原型与已有认知的呼应；第二，剖析电影怎样利用框架理论引导观众对故事内容进行组织和理解，更好地把握片中的情节发展和主题表述，《教父》三部曲的叙事结构正是如此这般地引导了认知的方向；第三，认知诗学让我们看到影片中概念隐喻与转喻的功用，巧妙地传达深层意义，引发观众对人性、社会现象、国家治理等问题的深入思考，就像片中以人物关系映射现实社会关系；第四，对《教父》三部曲的研究为电影创作提供启示，编创者可借鉴其成功经验，运用认知诗学理论提升作品与观众的互动，增强艺术感染力。

由此可见，深入挖掘认知诗学在电影分析中的应用，探索更多电影作品与观众认知之间的互动关系，可望为电影创作和欣赏提供更为丰富的理论支持。

参考文献

[1] 李明．认知诗学核心理论的拓展与应用［J］．文学理论研究，2020（3）：56-68.

[2] 张晶晶，陈柯宇．认知图式理论流变及其教学应用研究进展［J］．中小学班主任，2024（16）：22-26.

[3] 张晓峰．认知科学视域下的电影空间建构［J］．电影艺术，2021（6）：126-134.

[4] 刘辉．电影叙事框架的构建与意义［J］．影视艺术学刊，2022（2）：89-102.

[5] 张宇．认知诗学与认知心理学的融合研究［J］．心理与认知科学，2021（4）：78-90.

[6] 孙晓．多模态隐喻在电影中的呈现与作用［J］．当代电影研究，2023，（3）：67-80.

[7] 杨鹏鑫．当代非线性叙事电影潮流之反思［J］．南大戏剧论丛，2024（1）：

206-219.
[ 8 ] 黄琢然 . 美学观念影响下现实主义电影多维度叙事策略 [ J ] . 电影文学，2022（20）：47-50.
[ 9 ] 韩佳彤 . 电影叙事研究：电影悬念的建置策略 [ J ] . 电影文学，2021（14）：35-40.
[ 10 ] 陈义伊 . 试析欧美种族类型电影中的身份叙事 [ J ] . 青年文学家，2019（18）：138-139.
[ 11 ] 郑庆 . 由人性追问所引发的哲学思考 [ J ] . 人生与伴侣，2024（35）：23-25.
[ 12 ] 廖琦立 . 试论叙事电影中戏剧情境的建构策略 [ J ] . 西部广播电视，2023（20）：153-155.
[ 13 ] 徐畔 . 比较文学中的过度比较 [ J ] . 认知诗学，2023（1）：73-83.

# 生态诗学视角下《归园田居·其一》两译本对比分析

江蟪芳[1]　管向丽[2]

（1.2. 成都理工大学外国语学院，成都 610000）

**摘　要：**

生态诗学探讨文学与生态环境之间的内在联系，强调文学作品中的生态意识和生态价值。故生态诗学不仅仅是一个学术概念，更是一种深刻的文化实践。本文从生态诗学视角，对比分析陶渊明《归园田居·其一》的两个英译本，从自然生态、文化生态及精神生态三个维度，重新审视陶渊明田园诗歌里蕴含的生态之美和生态理念。本文认为在古诗翻译中译者应当重视原文本的生态内涵，基于对原文本的生态理解与再创造，实现原文生态意义在目标语中的恰当阐释与重构。

**关键词：**

生态诗学；《归园田居·其一》；陶渊明；汪榕培；宇文所安

## A Comparative Analysis of Two English Versions of *Back to Country Life*（*I*）from an Ecopetic Perspective

Jiang Huifang[1]，Guan Xiangli[2]

（1.2. College of Foreign Languages and Cultures，Chengdu University of Technology，Chengdu 610000，China）

作者简介：1. 江蟪芳，成都理工大学外国语学院硕士研究生。

2. 管向丽，成都理工大学外国语学院副教授，硕士研究生导师，主要从事英语语言与文化、翻译理论与实践研究。

Abstract:

Ecopoetics explores the intrinsic connections between literature and the ecological environment, emphasizing the ecological consciousness and value within literary works. Therefore, ecopoetics is not just an academic concept, but also a profound cultural practice. This paper, from the perspective of ecopoetics, analyzes two English translations of Tao Yuanming's *Back to Country Life (I)* and examines the ecological beauty and concepts embedded in Tao Yuanming's pastoral poetry from the dimensions of natural ecology, cultural ecology, and spiritual ecology. The author points out that in the translation of ancient poetry, translators should pay much attention to the ecological connotations of the original text, and based on an ecological understanding and recreation, they can achieve an appropriate interpretation and reconstruction of the original ecological meaning in the target language.

Key words:

ecopoetics; *Back to Country Life (I)*; Tao Yuanming; Wang Rongpei; Stephen Owen

## 0 引言

人类社会在物质文明获得极大进步的同时，也面临着日益严峻的生态危机。生态问题已成为全球瞩目的核心议题之一，深刻影响着世界经济、政治及文化等多个层面。对生态环境的担忧和对生态问题的关注促使了生态诗学的产生。生态诗学源自生态批评，专注于探讨文学创作与生态之间的多元关联，对文学阅读与鉴赏、诗歌创作与翻译具有多方面指导意义。本文从生态诗学视角探究陶渊明《归园田居·其一》的翻译，从自然生态、文化生态及精神生态三个方面比较汪榕培与宇文所安两个英译本的差异，旨在将中国诗歌翻译研究拓展至更为广阔的"生态视野"之中，促进中国优秀诗歌的对外传播，为中国优秀文学作品"走出去"，更生动地向世界"讲好中国故事"提供新的路径。

## 1 生态诗学与翻译研究

生态诗学吸收了生态批评、生态美学、生态哲学等理论基础，强调文学作品中的生态内涵和生态有机整体论的思想。自 1866 年“生态学”这一概念被提出以来，至 20 世纪末，生态学已迅速成长为一门蕴含深厚人文精神的学科。1978 年，著名美国生态文学家威廉·鲁克尔特发表《文学与生态学：一项生态批评的实验》一文。文中提出“我将试图发现某种关于文学生态学的东西，去发展一种生态诗学”，倡议把生态学应用于文学研究（William，107）。1996 年，格罗特费尔蒂和弗罗姆出版了《生态批评读本》。格罗特费尔蒂在该书前言中将生态批评定义为研究“文学与物质环境之间关系的一门学问”（Glotfelty，xvii）。自 20 世纪 90 年代以来，中国文学界也开始关注生态批评、生态美学、生态与艺术等领域。中国学术界的生态美学研究从李欣复的《论生态美学》一文开始，到 2000 年，生态批评理论家鲁枢元在其著作《生态文艺学》中指出，要用现代生态学的视野观察、阐释文学艺术现象。代讯（2010：30）认为“走向生态诗学，也许是中国现代诗学一个可能突破的方向”。而赵奎英作为国内研究生态语言学的集大成者，先后出版了著作《生态语言观与生态诗学、美学的语言哲学基础建构》《生态语言学与生态文学、文化理论研究》。前者是国内学界首部把生态语言观与生态诗学、生态美学结合起来进行集中研究的专著，认为“生态概念包含三个关键义项：家园、生命与关系性”（赵奎英，2）。后者从“生态语言学”的视角出发，旨在为现代生态文学和文化理论提供理论基础和批评方法。这两部作品共同实现了生态语言学、语言哲学以及生态诗学和美学与文化研究之间的跨学科整合。2020 年，龚丽娟提出“生态诗学应立足其诗意本质”“具备诗性品格”“上升至诗化境界”（龚丽娟，66）。2022 年，著名生态诗人华海和侯之虎一起收集汇编了清远第三届生态诗歌笔会的论文集《生态诗学新探：清远第三届生态诗歌笔会论文集》，并对其进行了深度解读，带领读者领略生态诗歌的魅力的同时，也深入探讨了生态诗歌领域的现实问题。由此可见，生态诗学的发展不仅是文学研究领域的一次深刻转向，也反映了学术界对人与自然和谐共生理念的不断探索和深化。生态诗学这一领域的研究正逐渐形成一个多维度、跨学科的综合性学术框架，为理解和应对当今世界所面临的生态挑战提供了新的视角和理论工具。

生态诗学巧妙地融合了生态学原理与文学研究的基础框架，包括但不限于生态批评理论、生态美学观念和生态哲学思想。受到生态整体性原则的深刻影响，生态诗学研究者认为每一部生态文学作品都被赋予独特的生态诗学价值。尽管其研究范畴覆盖生态小说、生态散文等多种文学表现形式，但生态诗歌始终是其核心关注对象。生态诗歌以诗歌的艺术形式，反映人与自然的关系，探讨人类在自然界中的地位和作用，以及人类活动对生态环境的影响。从生态诗学角度研究诗歌及其翻译，可以更深入地理解文学作品中的生态意识，探究文学作品对生态问题的反映和批判，发掘文学作品在促进全球生态意识和环境保护方面的潜力。

中国哲学中的“天人合一”思想，强调人与自然之间的和谐统一。这一理念在《道德经》中得到了精辟的阐述，“道生一，一生二，二生三，三生万物，万物负阴而抱阳，冲气以为和”，提醒人应顺应自然之气，若人类过度破坏自然，其生存环境势必随之变迁（陈鼓应，19）。古典诗词常通过对自然景物的描绘，即意象的运用，来抒发情感，传达思想。这不仅仅是对美的追崇，更是对自然法则的尊重和遵循，也深刻体现了人与自然和谐共生的理念。

翻译作为文化交流的桥梁，不仅仅是语言符号的转换，更是文化价值观、审美理念及生态意识的传递。在生态诗学的视角下，翻译活动被赋予了更加深远的生态责任。它要求译者不仅要忠实于原文，更要深刻理解并传达原文中蕴含的生态哲学思想，以及作者对自然生态的情感态度和价值取向。生态诗学翻译活动将原文本中所蕴含的人与自然关系转移到译本中，实现了一种跨文化的生态关系再构。为此，译者在翻译富含生态意蕴的文本时，既要确保原文的生态观念得以保留，又要加深目标语读者的生态理解；既要深入分析原文中所描绘的生态环境，探索文本中人与自然的相互作用，又要阐释原作者关于生态的深层次思考。这一过程彰显了译者的主体性。译者需具备高度的文化敏感性和生态意识，以创造性的方式重构原文的生态美学空间，使译文读者能跨越时空限制，领略原文所描绘的自然之美与生态智慧。

## 2 陶渊明《归园田居·其一》

身为魏晋风骨的标志性田园诗人，陶渊明深受儒、道两家思想的熏陶。其人生理念不仅展现了人与自然和谐相融的生存睿智，更凸显了超脱世俗纷扰，向往心灵宁静与自由的高洁境界。他通过田园诗歌的创作，将个人情感与自然景物紧密融合，传达出一种超脱世俗、返璞归真的人生理念。陶渊明的诗歌以其平淡自然、情真味永、浑融完整、意境深远而著称。陶诗中“天人合一”的思想与生态诗学紧密相连，其蕴含的生态意识也与生态诗学所倡导的人与自然和谐共生的理念相契合。

陶渊明的经典著作之一《归园田居·其一》生动展现了诗人对远离官场纷扰，回归自然田园生活的向往与热爱；深刻反映了诗人对简朴生活的赞美和对精神自由的追求，以及对尘世虚伪的摒弃。在这首诗中，陶渊明将自己视为自然生态中不可或缺的一环，与万物生灵建立起了一种深厚的情感联结。这种将个体生命融入自然，追求天人合一的哲学思考，与生态诗学所倡导的人与自然和谐共生的理念不谋而合，共同展示了一种理想化的生态存在状态。

## 3 译文分析

《归园田居·其一》作为古典文学的瑰宝，其译本丰富多样。本文特选汪榕培与宇文所安（Stephen Owen）的两种译本进行探讨。汪榕培是国内知名的典籍英译大家，对中国古典文学的英译做出了巨大贡献。他对陶渊明的诗歌情有独钟。2000年后，汪榕培的《陶渊明诗歌英译比较研究》问世，其对陶诗的翻译精准而富有诗意，展现了深厚的学术功底。美国学者宇文所安是国际汉学界杰出的汉学家与翻译家，以其对中国古典诗歌的深刻理解和精妙译笔而闻名。他的译作忠实于原作精神，并用其独特的文化视角，让中国古典文学在西方世界焕发了新的生机。尽管两位译者分属中西文化背景，对文本的解读与呈现难免存在差异，但其译作都深刻表达了诗人对田园生活的向往及摆脱尘世束缚后的宁静与自由。故汪榕培与宇文所安的《归园田居·其一》译本各具特色，均具有很高的研究价值。

本文从生态诗学的视角出发，从自然生态、文化生态及精神生态三个层面深入分析汪榕培与宇文所安两个英译本的差异。在自然生态层面，本文关注译本如何描绘田园风光，传达诗人与自然和谐共生的理想；在文化生态层面，本文探讨译本如何反映古代农耕文明的价值观与生活方式；在精神生态层面，本文着重分析译本如何体现诗人内心的回归与超脱，以及对简单生活的深刻感悟。通过生态诗学视角的对比分析，我们可以更加全面地理解两位译者如何在跨文化语境中，既忠实于原作，又赋予其新的生命与意义。

### 3.1 对原文自然生态的展现

从生态学家的视角来看，自然是科学规律下宇宙进程、地壳活动和生物演变的综合体现。故生态诗人常能感知到自然中的山川河流、动植物皆蕴含着神秘且崇高的灵性，并将其融入自身创作，成为笔下值得崇敬的意象。因此，生态诗学与翻译结合时，译者承担着重要的桥梁角色，应平衡生态诗学的深刻内涵与翻译的准确性，既要细腻展现原文的自然生态之美，又要精准传达与再现原文中的自然生态精髓。

原诗首句“少无适俗韵，性本爱丘山”。汪译“I' ve loathed the madding crowd since I was a boy. While hills and mountains have filled me with joy”。宇文所安译“My youth felt no comfort in common things, by my nature I clung to the mountains and hills”。汪榕培的译文通过“madding crowd”生动描绘了世俗社会的喧嚣与纷扰，与诗人内心的排斥形成鲜明对比。同时，“hills and mountains”直接指向了诗人所爱的自然生态，特别是山丘与山脉，这些元素共同构成了诗人内心向往的宁静与和谐。宇文所安的译文则通过“felt no comfort in common things”与“clung to the mountains and hills”的表述，强调了诗人对自然的依恋与坚守。虽在情感表达上略显含蓄，但同样展现了诗人对自然生态的深厚情感。对后一句“榆柳荫后檐，桃李罗堂前”，汪译“The elm and willow screen the backside eaves, while peach and plum trees shade my yard with leaves”；宇文所安译“Elms and willows shade eaves at the back, peach and plum spread in front of the hall”。汪榕培的译文通过“elm and willow”与“peach and plum trees”准确对应了原文中的榆柳与桃李，这些植物元素共同构成了诗人田园生活的自然生态背景。他使用“screen”一词形象地描绘了榆柳在后檐形成的遮蔽与保护，而“shade my yard with leaves”则生动地展现了桃李树在庭院前投下的阴凉与绿意。宇文所安的译文同样准确地对应了原文中的植物元素，通过“elms and willows”与“peach and plum”传达了榆柳与桃李的信息。而“spread in front of the hall”则展现了桃李树在厅堂前茂盛生长的场景。两者的译文都很好地展现了原文的自然生态，但相比之下，汪榕培的译文在动词的选择上更加细腻与生动。汪榕培的译文通过“screen”与“shade”两个动词的使用，更加生动地描绘了植物与建筑之间的空间关系，展示了植物为庭院带来的阴凉与保护。

### 3.2 对原文文化生态的再现

从生态诗学的视角审视，文化生态涉及政治、经济、社会习俗、宗教信仰等多个维度。在将中国文学经典译成他语时，译者需面对的是两种文化间的交汇与融合。

他们虽在处理个别词汇，但必须是深谙两种文化的真正文化人（袁慧、刘文艳，68）。鉴于原语与译语文化在本质和具体内容上的差异性，为了避免对原文含义的歪曲，翻译时应当精细处理语言转换，确保译文能够顺应不同文化体系，并高度重视双语文化内涵的准确传递。所以，译者不仅是在处理语言层面的转换，更是在进行两种文化之间的顺畅沟通。原文中的文化生态元素是构成诗歌文化价值的重要组成部分，译者要充分考虑对原文文化生态的再现。

“狗吠深巷中，鸡鸣桑树颠”。宇文所安译“A dog is barking deep in the lanes, a rooster cries out atop a mulberry”。汪译“In silent country lanes a stray dog barks; Amid the mulberry trees cocks crow with larks”。从文化生态的角度来看，原文描绘了一幅宁静而充满生机的田园生活画面。其中“狗吠”和“鸡鸣”是乡村生活的重要元素，它们不仅丰富了田园的自然生态，还体现了乡村生活的真实与活力。宇文所安的翻译“A dog is barking deep in the lanes, a rooster cries out atop a mulberry”较为直接地传达了原文的意思，但略显平淡，缺乏了对文化内涵的深入挖掘和展现。他使用了“barking”和“cries out”两个动词，虽然准确地表达了狗和鸡的声音，但缺乏对田园生活氛围的渲染和烘托。相比之下，汪榕培的翻译通过“silent country lanes”和“amid the mulberry trees”两个短语，营造了一种宁静而优美的田园环境，而“stray dog barks”和“cocks crow with larks”则在这种环境中增添了生机与活力。特别是“crows with larks”这一表达，不仅传达了鸡鸣的声音，还暗示了乡村生活的和谐与美好。

### 3.3 对原文精神生态的重构

精神生态聚焦于探索人的内在情感世界与精神层面的活动。它研究的是人的意向性、自我认知、理性的价值导向，以及这些内在因素所催生的各种高级情感状态与观念。陶渊明因无法忍受官场的污浊与世俗的束缚，坚决地辞官归隐，躬耕田园，展示了他追求自由、安于清贫、隐逸山野、洁身自好的美好情操。

“误落尘网中，一去三十年。”宇文所安译“I erred and fell in the snares of dust, and was away thirty years in all”。汪译“By mistake I sought mundane careers, And got entrapped in them for thirty years”。此句表达了诗人对误入官场，虚度光阴的悔恨和无奈。这里的“尘网”象征着官场的污浊和束缚，而“三十年”则强调了时间的漫长和无法挽回的遗憾。宇文所安将“尘网”翻译为“snares of dust”，“dust”虽然与“尘”

相对应，但“尘网”所蕴含的官场污浊、束缚的意象并未得到很好的体现。这样的翻译可能无法让外国读者准确理解“尘网”在陶渊明心中的象征意义。相比之下，汪榕培将“尘网”翻译为“mundane careers”，其中“mundane”一词意为“世俗的、平凡的”，很好地传达了“尘网”所象征的官场污浊和束缚的意象。同时，“careers”一词则强调了这种束缚是与职业、仕途相关的，与陶渊明的归隐田园、追求自由的精神状态形成了鲜明的对比。这样的翻译不仅准确传达了原诗的意思，还更加深入地挖掘了陶渊明的精神生态，使得译文更加具有感染力和深度。

“久在樊笼里，复得返自然”。宇文所安译“For a long time I was kept inside a coop，now again I return to the natural way”。汪译“When I escape from bitter strife with men，I live a free and easy life again”。宇文所安将“樊笼”翻译为“coop”，这一词虽然可以象征束缚，但通常指的是一个狭小的空间，与“樊笼”所蕴含的官场束缚的意象不完全吻合。同时，“the natural way”虽然表达了回归自然的意思，但略显抽象。而汪榕培翻译为“When I escape from bitter strife with men，I live a free and easy life again”，这里“escape from bitter strife with men”很好地传达了诗人摆脱官场纷争、束缚的意象，而“live a free and easy life again”则准确地表达了诗人回归自然后的自由、轻松和宁静的生活状态。这样的翻译不仅准确传达了原诗的意思，体现出诗人摆脱官场束缚、回归自然后的喜悦和轻松感，而且体现了他淡泊宁静、超然物外的精神境界。

## 4 结论

生态诗学视角下，译作被视为一个独特的生命实体，与原文本共同构成了一个复杂的翻译生态系统，其拥有自己的生命历程和存在的价值。在翻译实践中，译者应当深入挖掘文本内在的生态意蕴，除要忠实于原文外，还应充分考虑译作所处的生态语境。译者的任务不仅是语言的转换，更是对原文本进行生态层面的重新解读和构建，使得译作反映原文的生态智慧，展现出独特的生态美学特征，并与目标语言的文化和生态环境相融合。这样的翻译过程，是对原作生命力的一种延续和再创造，也是对翻译活动本身生态价值的一种体现。

译者对原作的理解深度及其对作者所处环境和思想追求的认知程度，决定了其翻译的创造性和多样性。汪榕培的译本在语义传达上与原文较为一致，在重现原文生态的同时成功地传递了诗人的深层思想内涵，但仍有提升的空间。宇文所安的译本虽然在复现原诗的自然生态描写方面较为精确，但在捕捉和表达诗人的精神生态内核方面则稍显欠缺。这提示我们在翻译工作中，译者需要全面而深入地理解原文生态，将原文看作一个生态整体，特别要关注文本所蕴含的自然生态、文化生态及精神生态意义。在翻译过程中，译者应致力于使译作能够充分展现原文的生态多样性，基于对原文生态理念的理解，再进行恰当的解释和创造性的重构，以精准传达原文生态意义和美学价值。这样的翻译能让读者在获得身临其境的体验的同时，还能深刻感受原作独特的生态之美。

参考文献

[1] Glotfelty, C & F, Harold, The Ecocriticism Reader: Land-marks in Literary Ecology [M]. Georgia: The University of Georgia Press, 1996.

[2] Martha C. Into English: Poems, Translations, Commentaries [M]. Minneapolis: Graywolf Press, 2017.

[3] William R, Literature and Ecology: An Experiment in Ecocriticism in Glotfelty [M] // Cheryll & Fromm, Harold eds., The Ecocriticism Reader: Landmarks in Literary Ecology, Athens, Georgia: Georgia University Press, 1996.

[4] 边立红，刘果. 生态诗学视阈下《如梦令·常记溪亭日暮》英译比较 [J]. 赤子（上中旬），2016（18）：36–37.

[5] 陈鼓应. 老子今注今译 [M]. 北京：中华书局，2020.

[6] 陈月红. 生态翻译学“实指”何在？[J]. 外国语文，2016（6）：62-68.

[7] 代迅. 走向生态诗学：中国现代诗学一个可能的突破方向 [J]. 西南大学学报（社会科学版），2010，36（1）：28–30.

[8] 龚丽娟. 生态诗学的本质规定及实践路径 [J]. 河北师范大学学报（哲学社会科学版），2020（6）：64-71.

[9] 华海，侯之虎. 生态诗学新探：清远第三届生态诗歌笔会论文集 [M]. 广州：南方日报出版社，2022.

[10] 胡庚申. 翻译适应选择论 [M]. 武汉：湖北教育出版社，2004.

[11] 刘果. 生态诗学视阈下李清照词英译研究 [D]. 长沙：长沙理工大学，2017.

[12] 鲁枢元. 生态文艺学 [M]. 西安：陕西人民教育出版社，2000.

[13] 马海良. 生态诗学的基本主张 [N]. 中国社会科学报，2013-5-24（454）.

[14] 梅真. 诗学的方向与归属：生态诗学——中国当代生态诗学建构之我见 [J]. 当代文坛，2018（6）：143-151.

[15] 汪榕培. 陶渊明诗歌英译比较研究 [M]. 北京：外语教学与研究出版社，

2000：99-114.
[ 16 ] 王佐良 . 翻译中的文化比较 [ J ] . 中国翻译，1984（1）：2-6.
[ 17 ] 袁慧，刘文艳 . 生态诗学视阈下《楚辞》的植物术语英译探讨 [ J ]. 散文百家（理论），2022（3）：67-69.
[ 18 ] 赵奎英 . 生态语言观与生态诗学、美学的语言哲学基础建构 [ M ] . 北京：人民出版社，2017.
[ 19 ] 赵奎英 . 生态语言学与生态文学、文化理论研究 [ M ] . 北京：人民出版社，2022.

# 认知诗学视域下俄国知识分子的生存困境分析
## ——从《草原》到《第六病室》

孟欣欣

（四川师范大学文学院，成都 610068）

**摘　要：**

本文以认知诗学中的“可能世界”理论为主要切入点，通过分析安东·巴甫洛维奇·契诃夫的两部代表作品《草原》与《第六病室》，探讨了俄国知识分子在沙皇专制统治下的生存困境与思想挣扎。文章首先概述了知识分子主题在契诃夫创作中的重要地位，以及他如何通过细腻的笔触展现知识分子的内心世界，并引入“可能世界”理论来解读这些内心活动；接着，分析了《草原》《第六病室》两部作品中的情节连续性，揭示了在“可能世界”中《草原》与《第六病室》两部作品中的主人公是如何展示命运连续性的；最后，从“可能世界”的视角探讨了规训权力下社会的普遍惨案，揭示了这一时期俄国知识分子面临的严峻现实和无奈抗争，由文本中的“可能世界”转向现实世界。本文旨在通过对契诃夫作品的解读与对“可能世界”的阐释，进一步理解俄国知识分子在特定历史背景下的生存状态与精神追求。

**关键词：**

认知诗学；可能世界；契诃夫；俄国知识分子；生存困境；《草原》；《第六病室》

## Analysis of the Survival Dilemma of Russian Intellectuals from the Perspective of Cognitive Poetics

—From *The Steppe* to *Ward No. 6*

Meng Xinxin

( School of Liberal Arts, Sichuan Normal University, Chengdu 610068, China )

作者简介：孟欣欣，四川师范大学文学院比较文学与世界文学专业硕士研究生，主要从事俄国文学、德国文学研究。

Abstract:

Taking the theory of "possible worlds" in cognitive poetics as the main entry point, this paper analyzes two representative works of Anton Pavlovich Chekhov, namely *The Steppe* and *Ward No. 6*, and explores the survival dilemma and ideological struggles of Russian intellectuals under the autocratic rule of the Tsar. Firstly, the article outlines the important position of the theme of intellectuals in Chekhov's creation and how he demonstrates the inner world of intellectuals through delicate writing, and introduces the theory of "possible worlds" to interpret these inner activities. Then, it analyzes the plot continuity of the living conditions of intellectuals in the two works from *The Steppe* to *Ward No. 6*, and reveals how the protagonists in the two works, *The Steppe* and *Ward No. 6*, obtain the continuity of fate in the "possible worlds". Finally, from the perspective of "possible worlds", it discusses the common tragedies in society under the disciplinary power, reveals the severe reality faced by Russian intellectuals during this period and their helpless struggles, and shifts from the "possible worlds" in the text to the real world. This paper aims to further understand the living conditions and spiritual pursuits of Russian intellectuals under specific historical backgrounds through the interpretation of Chekhov's works and the elaboration of "possible worlds".

Key words:

cognitive poetics; possible worlds; Chekhov; Russian intellectuals; survival dilemma; *The Steppe*; *Ward No. 6*

## 0 引言

安东·巴甫洛维奇·契诃夫，作为19世纪末俄国杰出的批判现实主义作家，其作品深刻反映了沙皇俄国社会的种种矛盾与知识分子的生存困境，不仅是对现实的反映，更是对“可能世界”的一种探索。在认知诗学的视角下，“可能世界”是指“一种可以想象的事物状态的总和，它既可以指我们生活在其中的现实世界，也可以指……其他世界”[①]。契诃夫通过作品构建了一个个充满可能性的世界，让读者在其中感受到知识分子的挣扎与追求。知识分子群体不仅是故事的主角，更是时代精神的代言人。从《草原》到中期的代表作《第六病室》，契诃夫以其独特的艺术手法，生动

① 熊沐清:《认知诗学的“可能世界理论”与〈慈悲〉的多重主题》,《当代外国文学》2011年第4期。

描绘了俄国知识分子在不同历史阶段所经历的心路历程与生存状态。

## 1 契诃夫的知识分子主题与“可能世界”的构建

19世纪中后期，知识分子主题逐渐在俄罗斯出现。自1861年废除农奴制和19世纪七八十年代的改革后，市民形象和“新人”逐渐代替贵族成为文学作品中的主角。这一时期的平民知识分子以自己的亲身经历为背景，创作出了一系列融合自身境遇的知识分子形象。“当时每一个小市民，特别是知识分子，都面临着激烈的竞争和谋取功名显达的搏斗。抓权和致富的机会诱惑着他们，大街闹市和富家生活方式的豪华气派吸引着他们。”[①] 处于社会中间阶层的平民知识分子在比上不足比下有余的尴尬境地中，既无法改变腐朽的社会现状，也无法帮助底层贫苦农民摆脱艰苦生活。

同样，契诃夫作品中也有许多对知识分子的描写，这一创作倾向背后有多重原因。首先，他生活在19世纪末的俄国，那是一个社会急剧变革的时代，知识分子的思想和精神状态成为社会变迁的晴雨表。他们面对社会的动荡、政局的腐败和人民的疾苦，往往展现出深刻的思考和探索。其次，契诃夫本人作为一位知识分子，他的医学背景和社会实践活动让他能够深入观察和理解这一群体的内心世界，这种个人经历与创作理念相互融合，使得知识分子成为他作品中不可或缺的角色。再者，俄国文学有着悠久的描写知识分子传统的历史，契诃夫作为这一传统的继承者，也自觉地将知识分子作为自己创作的重要主题之一。

在契诃夫的作品中，我们可以看到多个鲜明的知识分子形象。例如，《没意思的故事》中的斯杰班内奇，他是一位医学老教授，但晚年却感到精神空虚，生活失去了意义，这一形象深刻揭示了知识分子在精神追求上的困境和迷茫。《套中人》中的别里科夫，则是一个害怕变革、墨守成规的典型，他将自己紧紧束缚在旧有的观念和制度之中，契诃夫通过这一形象讽刺了那些缺乏独立思考和创新精神的知识分子，同时也展示了社会变革时期人们的恐惧和不安。而《新娘》中的娜佳，则是一位即将步入婚姻殿堂的年轻女性知识分子，她对婚姻和未来的迷茫与不安，以及最终选择逃离婚姻、追求自由和独立的决定，不仅展现了女性知识分子的内心世界，也反映了当时社会对

① 孔朝晖:《契诃夫对19世纪末期俄国市民阶层的批判》,《俄罗斯文艺》2022年第4期。

女性地位和价值的忽视和压抑。这些知识分子既有着对理想的追求，又面临着现实的束缚，这种矛盾与挣扎构成了他作品中的“可能世界”。这些“可能世界”所展示的情节和人物状态，不会使读者感受到虚假和幻想，反而带着一些非虚构性的真实，引导读者从这些故事中反观现实世界，在想象中感受到知识分子的内心世界与生存困境。同时，他也通过这个“可能世界”与现实世界的对比，揭示了社会的种种矛盾与不公。

## 2　从《草原》到《第六病室》的情节连续性所展现的“可能世界”

契诃夫从 19 世纪 70 年代末开始创作，前期作品以幽默、讽刺为主，但文学性较弱。经过十余年的打磨，28 岁的契诃夫回到他的家乡塔甘罗格，进行了一场为期两个月的漫游，在顿涅茨克大草原游历的经历，为他带来了创作灵感。1888 年，契诃夫创作的《草原》是根据自己童年乘车穿过草原去探望祖父的经历，并结合这次草原旅行而创作出来的。这部作品展现了 9 岁的孩子叶戈鲁什卡被母亲要求去遥远的地方求学，在舅舅伊万·伊万内奇·库兹米乔夫和同行的神甫赫利斯托福尔·西里斯基的陪伴下，见证了草原上当地人的生活，经历了草原的烈日、暴雨，在运羊毛的车上越发感到孤独和迷茫的故事。作品以孩子的视角展示了对不确定的未来的恐惧。

两年后的 1890 年 4 月至 12 月，契诃夫前往远东地区的库页岛，调查被关押和安置在那的苦役犯和移民的生活状况和健康情况。在这次经历后，1892 年契诃夫创作了《第六病室》。《第六病室》的两位主人公分别是在精神病院被关了十几年的伊万·德米特里奇·格罗莫夫和城里医院的医生安德烈·叶菲梅奇·拉京。伊万患有被迫害妄想症，认为与他接触的所有人都是带着阴险目的的间谍和密探。而安德烈曾经是一名称职的医生，但在日复一日的行医中感到厌倦，虽然仍热爱医学，但对问诊变得敷衍了事。因为即使再努力，城市中的死亡率也从不见减少，医院的环境也从未得到改善，自觉努力无用的安德烈心灰意懒，认为对这些穷人来说：“生点病有什么关系？反正他们的生活根本没有什么内容，再要没有痛苦，就会完全空虚，跟阿米巴的生活一样了。”[①] 第六病室里犹太人莫依谢依卡的一次乞讨，使安德烈注意到了伊万对

① 本处与下文所有《第六病室》原文均出自契诃夫著，汝龙译《孩子集》。本处出自第 80 页。下文相关引文以随文夹注方式标出。[ 俄 ] 契诃夫：《孩子集》，汝龙译，人民文学出版社 2021 年版。

他的敌意和讽刺，他好脾气地与伊万互动。在这一阶段，被视为疯子的伊万和成功人士安德烈展开了细致的交谈，安德烈对这位被视为疯子的天才十分欣赏，可这种欣赏在其他“正常人”看来无疑是不正确的，他们认为这位医生正在被同化为一位疯子。为了让安德烈恢复正常，他曾经的好友，邮局局长米哈依尔·阿韦良内奇与他一起进行了一场旅行，这场旅行更让安德烈感觉到了所谓“正常人”的荒谬和世界的无趣，这反而使他更讨厌这种庸俗的生活，最终在折磨下厉声控诉不被理解的心情，但结果是他被关入第六病室，在绝望中中风死去。

两部小说虽然在不同的地点展开，也没有出现相同的角色，但这两部小说仍有明显的情节延续性。从表象上看，二者似乎是完全不同的。《草原》以线性叙事的方式展示了9岁的孩子叶戈鲁什卡从家到另一座城市读书，一路上经过草原的旅程，途中经过的也都是纯粹的乡村图景。而《第六病室》则是由第六病室为中心点向外辐射，展示了主人公安德烈、伊万以及其他相关人物的故事，展示的是城市中的小市民的生活。但仅仅观察表象上的不同并不足以理解其中的内在联系。背景是为主人公的经历服务的，过草原求学与在城市发疯直到死去的经历，对应了俄国知识分子的一生。

从《草原》到《第六病室》虽然展示的是不同地区不同阶级的人的生活，但实际上是俄国平民知识分子一生的写照，他们作为既不属于农民商人，又不属于上层权贵阶级的“中间阶级”，一生始终处在矛盾的交会点。《草原》里的小男孩叶戈鲁什卡，对应着即将开始身份转型的平民知识分子阶级。叶戈鲁什卡的父亲作为一位十品文官，虽然官职不高，但这份公职赋予了他一定的社会地位和尊严，使得家庭在小镇上能够保持一种相对体面的生活。然而，这种体面更多是精神层面的，物质上并不富裕。而在他父亲去世后，母亲奥莉迦·伊万诺芙娜“喜欢念过书的人和上流社会，托她兄弟出外卖羊毛的时候顺便带着叶戈鲁什卡一路去，送他上学”[①]（《孩子集》）。这才使叶戈鲁什卡踏上求学之旅。旅途中，舅舅库兹米乔夫的商人身份成为叶戈鲁什卡眼中“另一种生活”的象征。库兹米乔夫言谈间流露出的对金钱的敏锐和追求，以及他因财富而获得的自由与影响力，让叶戈鲁什卡第一次直观感受到金钱与阶级之间的

① 本处与下文《草原》原文均出自契诃夫《镜子集》，汝龙译。本处出自《镜子集》第150页。下文采用随文夹注方式标注。［俄］契诃夫：《镜子集》，汝龙译，上海译文出版社1982年版。

紧密联系。这种现实与父亲清贫生活的对比，让叶戈鲁什卡开始思考，除了知识外，财富也是实现阶级跨越不可或缺的一部分。

此外，旅途中遇到的客栈老板等人物，他们的言行举止无一不在强化着叶戈鲁什卡对阶级差异的感知。神甫的威严与尊贵，客栈老板对顾客的等级划分，都让他深刻体会到不同阶级之间不可逾越的鸿沟。尤其是当这些人物不经意间流露出对“低等人”的轻视或轻蔑时，叶戈鲁什卡内心的敏感与自尊被深深刺痛。他开始理解，自己作为平民知识分子的后代，既拥有改变命运的希望，也背负着沉重的阶级包袱。这种矛盾与挣扎，成为他成长道路上不可或缺的一部分，也预示着他未来在面对社会现实时将面临的种种挑战与抉择。

而《第六病室》里的两位主人公就像小叶戈鲁什卡长大后所进行的两种不同的人生选择，文本世界在此刻一分为二，展示了平民知识分子长大后的两种可能性。不愿屈服于世俗成为一个异类，被人们看作疯子囚禁在精神病院中；或者软弱地选择妥协，浸泡在社会的泥潭中独善其身，对底层人民的苦难视而不见。

《第六病室》中的两位主人公的命运是两个完全不同的分支，伊万原本家境殷实，但大学时家里破产，伊万为了补贴家用辍学回家当教员，他诚恳地认为城市生活烦闷无聊：“一般人没有高尚的趣味，过着黯淡而毫无意义的生活，用强暴、粗鄙的放荡、伪善来使这生活添一点变化。”（《孩子集》，110）他对生活有更高要求和期盼，但真实世界却处处使他的希望落空。他在对社会的矛盾思考中作出预言：“凡是对别人的痛苦有职务上、业务上的关系的人，例如法官、警察、医师等，时候一长，由于习惯的力量，就会变得麻木不仁，即使有心，也不能不采取敷衍了事的态度对待他们的当事人；在这方面，他们跟在后院屠宰牛羊却看不见血的农民没有什么不同。”（《孩子集》，106）这份疯子的预言也确实在医生安德烈身上应验了。一开始安德烈到城里就职时，有心改变这个对病人健康有威胁的糟糕的医院，但知识分子特有的软弱又使他仅仅将对社会的不满停留在口头的抱怨中。“安德烈·叶菲梅奇十分喜爱智慧和正直，可是讲到在自己四周建立一种合理而正直的生活，他却缺乏毅力，缺乏信心来维护自己这种权利。”（《孩子集》，114）他们抨击这种畸形的社会，见证了农民与小市民的生存困境，却又缄默着成为维护社会现状的帮凶，在内心良知的呐喊和行动的沉默中，这些知识分子的最终归宿只有发疯和死亡。

虽然是两种不同的人生经历和性格，但安德烈和伊万也有许多共同之处，使他们二者可以被看作小叶戈鲁什卡长大后的两种可能。两人都自视为超越一般人的、有文化的知识分子，对城市的庸俗和愚蠢感到灰心丧气，都因为有自己的思想而在庸俗的群众中显得格格不入而受到当时世人的排斥。伊万——曾怀揣着改变社会、启迪民智的理想主义者，试图在茫茫人海中照亮一条通往理性与进步的道路。然而，现实的残酷与冷漠，加之他过于理想化的追求，让他在一次次的碰壁后，逐渐失去了与外界的有效沟通方式。最终，那份不被理解的孤独与绝望使他患上迫害症，将他推向第六病室，到达发疯的边缘。在那里，他或许找到了片刻的宁静，却也失去了作为知识分子应有的光芒与力量。而安德烈则是一位更为内敛、深沉的思考者。他同样对周遭的愚昧与麻木感到痛心疾首，但他选择了一种更为隐忍和自省的方式去应对问题。作为一名医生，安德烈试图通过自己的专业知识和人文关怀去影响身边的人，哪怕只是微小的改变。然而，时代的洪流无情地吞噬了他的努力，当他意识到个人的力量在庞大的社会机器面前是如此渺小时，那份无力感与挫败感也悄然侵蚀了他的内心。最终，伊万同样被送进了第六病室，那里成了他逃避现实、寻找内心平静的避风港。

两人虽路径不同，却殊途同归，进入第六病室不仅是他们身体上的囚禁，更是心灵上的一种隐喻——在这个充满偏见与冷漠的社会中，真正的思想与自由往往难以立足。他们的命运，仿佛是对小叶戈鲁什卡未来可能性的预演，警示着每一个怀揣理想的年轻人：在追求真理与自由的道路上，既要勇于抗争，也要学会在逆境中保持自我，不让心灵被世俗的尘埃蒙蔽，也不让自己在孤立无援的冷漠中崩溃。

《草原》与《第六病室》虽在主题与风格上各有侧重，但两者在人物塑造上展现的不仅有知识分子形象的呼应，更在于对更广泛的社会阶层，尤其是贫苦底层民众生活状态的深刻描绘。这些人物如同社会底层的基石，承载着无尽的艰辛与无奈，同时也映射出时代背景下的普遍人性，可以体现两部小说的连续性特征。在《草原》中，旅店老板莫伊谢·莫伊谢伊奇便是这类贫苦底层民众的典型代表。他生活在草原的边缘，经营着一家简陋的旅店，每日与过往的旅人打交道，生活虽不富裕，却以勤劳和善良维持着生计。他对上层社会的贵族老爷们怀有深深的敬畏之心，这种敬畏既源于长期等级制度下形成的心理惯性，也反映了社会阶层之间难以逾越的鸿沟。莫伊谢伊奇的形象，是契诃夫对那个时代底层人民生存状态的真实写照，他们默默承受着生活的重压，对更好的生活抱有朴素的向往，却又不得不屈服于现实的残酷。

而在《第六病室》中，虽然没有直接出现与莫伊谢伊奇完全对应的人物，但病室中的许多病人，尤其是那些因贫困、疾病或社会边缘化而被迫进入其中的个体，这些底层贫苦民众的形象以更为复杂和隐晦的方式，在看守人尼基达以及第六病室中的其他病人如莫依谢依卡，以及其他普通病人身上得到了深刻的体现。尼基达作为病室的看守，他或许不属于传统意义上的贫苦底层，但他的生活状态和精神世界却与那些被囚禁的“病人”有着千丝万缕的联系。对待医生等体面人，他言听计从，谄媚赔笑，可面对他认为低自己一等的精神病人，尼基达就变成了一个只知道用拳头办事、打骂病人甚至抢夺病人东西的“掌权者”。欺软怕硬，见风使舵的底层看守之下，还有无所依傍、被囚禁在病房中的病人。犹太籍傻子莫依谢依卡天天上街乞讨，但所有讨到的东西都会被尼基达抢走，然后再被狠狠揍一顿。整个医院也都是这般混乱无序的，病人得不到救治，在肮脏的环境和医生的欺骗下渴望被治愈，在日复一日的忙碌中，安德烈甚至在想：“生点病有什么关系？反正他们的生活根本没有什么内容，再要没有痛苦，就会完全空虚，跟阿米巴的生活一样了。”对痛苦中的病患不再上心。

因此，这两个既有连续性的故事情节，又有相似人物和社会阶级的故事可以被看作一个有机的共同体，展示了俄国知识分子一生的开端与结束。

## 3 从可能到现实：规训权力下的社会普遍惨案

在探讨“可能世界”与现实世界的交会点时，我们不得不正视一个问题：规训权力是如何在现实世界中运作，在潜移默化中影响人们的社会观念和“可能世界”的。这里的“可能世界”指的并不是一种理想状态，而是对现实世界的一种真实又严峻的现象的展示。“现实世界”充满了各种权力的交织与冲突，尤其是规训权力的滥用，如同一把双刃剑，一方面维护了社会秩序，另一方面也可能成为压迫和剥削的工具。

《草原》所展示的知识分子的孤立无援和《第六病室》中所呈现的个人悲剧，不是个人对命运的顺从，而是社会规训下无法挣扎的必然结局。“可能世界”与“文本世界”的预言最终落实到现实世界，成为人们窥探现实的一只放大镜。从福柯的权力—话语角度来看，社会对个人的规训以潜移默化的方式渗入每个人的脑海，以统治权为核心的权力体系在现代被解构，“微观权力”以隐蔽而广泛的形式渗透生活的每个部分。规训权力通过层级监视、规范化裁决以及检查机制三种方式，实现对社会的控制和规范。[1]福柯认为，规训权力是现代社会中最为重要和普遍的一种权力形式。他通过对监狱、学校、军队等机构的考察，揭示了规训权力在这些机构中的具体运作方式。福柯指出，规训权力是一种“沉默的暴力”，它通过各种看似合理、自然的规范和制度，将个体置于一种无形的束缚之中。这种束缚虽然不容易被人们察觉，却在潜移默化中改变着人的行为和思想。

在《草原》与《第六病室》中，规训权力以一种微妙而隐匿的方式悄然渗透，这种渗透首先在精心构建的空间布局中得以彰显。在《草原》中，尽管小叶戈鲁什卡的旅程似乎无垠地铺展在广袤的草原之上，象征着自由与无限可能。但实际上，他的体验却被限定在了马车这一狭小的空间之内。这辆马车，犹如一个微缩的社会舞台，成为规训权力运作的一个缩影，让人不禁思考：在追求自由与梦想的道路上，个体究竟能在多大程度上挣脱既定框架的束缚，实现真正的自我超越？

这种空间上的规训在《第六病室》中的展现，达到了更加令人窒息的程度。小说《第六病室》中的核心意象，不仅仅是一个物理上的封闭空间，更是规训权力与精神压迫的极致体现。它仿佛是一个微缩的社会牢笼，将一群被视为“异类”的精神病人囚禁其中，剥夺了他们的自由与尊严。在这个病室里，每一寸空气都弥漫着绝望与无助的气息。医院的整体环境，作为病室存在的大背景，早已失去了救死扶伤的圣洁光辉，转而成为腐败、贪婪与冷漠的代名词。受贿成风，欺骗横行，这里不再是治愈疾病的港湾，而是人性堕落的深渊。而其中的第六病室，则如同深渊中的最暗处，它不仅是医院中最差的角落，更是社会偏见与冷漠的集中投射。病室内的每一个细节都在无声地诉说着规训的残酷。病人们的言行举止受到严格的监视与控制，他们的思想被束缚，情感被忽视，个性被磨灭。医生与护士，这些本应给予患者关怀与治疗的角色，却成为规训权力的执行者，他们的冷漠与忽视，加剧了病人们的痛苦与绝望。

“19 世纪后精神病学开始运用它的知识话语干预刑事案件。其实精神病学鉴定的患者，既不是司法裁定的罪犯，也不是医学诊断的病人，而是规范权力制造出的‘不正常的人’。”[2]《第六病室》中的安德烈和伊万都是如此。在看到犯人被士兵押走后，

---

① 参见卢小龙《语言、权力和主体：福柯文学思想概观》中对话语权力的介绍。卢小龙：《语言、权力和主体：福柯文学思想概观》，硕士学位论文，福建师范大学，2019 年。

② 卢小龙：《语言、权力和主体：福柯文学思想概观》，硕士学位论文，福建师范大学，2019 年。

伊万突然产生了奇怪的感觉。“不知什么缘故，他忽然觉得他也可能被戴上镣铐，像那样走过泥地，被人押送到监狱里去。”(《镜子集》，90）伊万因此才患上了妄想症。社会的不安定使他发了疯，接受越多的知识，真正进入社会后反而会感到更加割裂，长期以来接受的知识和教育没有成为抵挡不安的解药，反而加深了伊万的迷茫。

在规训权力的视角下，《草原》中广袤无垠的草原不仅是未被严格社会规训影响的自然状态象征，更是叶戈鲁什卡内心世界的初露端倪。草原的天气由明媚转至暴风雨，恰似他内心从初涉世事的纯真兴奋，逐步过渡到面对等级森严、财富至上的社会现实时的迷茫、恐惧与孤独。这一过程中，叶戈鲁什卡目睹了神父转型商人的现实，感受到了来自贫民的“贵族”称谓背后的复杂情绪，以及社会普遍推崇的“知识改变命运”的规训力量。这些外部信息如同无形的枷锁，悄然在他心中种下了一颗种子，预示着他未来或将面临的精神挣扎与身份认同的困惑。当叶戈鲁什卡真正踏入社会后，他面临的不仅是个人成长的挑战，更是社会规训力量全面渗透的开始。《第六病室》中的两个极端形象——精神病人与医生，成为他潜在命运轨迹的隐喻。一方面，精神病人象征着在强大社会规训下，个体精神世界的崩溃与异化，是对抗无效后的极端表现；另一方面，医生则代表着社会规训的执行者与维护者，其看似理性的行为背后，往往隐藏着对个体独特性的忽视与压抑。

两种截然不同的命运走向，在规训权力的作用下导向了一个共同的结局：无论是叶戈鲁什卡未来可能成就的学者身份，还是他潜意识中可能滑向的精神困境，最终都可能被社会普遍接受的平庸价值观驯化，成为那个庞大社会机器中一颗失去自我、麻木运转的螺丝钉。对于那些不愿妥协、坚持独立思考的知识分子而言，面对如此严酷的现实，他们或许会发现，唯有通过某种形式的“死亡”——无论是物理上的还是精神上的——才能逃离这无尽的规训循环，保留一丝灵魂的纯净与自由。因此，契诃夫的作品不仅是对个体命运的深刻剖析，更是对社会规训力量下人性异化与抗争的深刻反思。

## 4 结语

在《草原》与《第六病室》中，契诃夫通过细腻的笔触描绘了社会规训权力对个体的控制与压迫。在《草原》中，叶戈鲁什卡在面对社会等级差异与成年人的恶意时，逐渐产生了与普通民众的离间感。这种离间感在《第六病室》中则表现为知识分子在面对社会现实时的孤立无援与无力挣扎。安德烈与伊万分别代表了知识分子在面对社会规训权力时的两种不同态度。安德烈选择了妥协与放弃，而伊万则试图通过反抗来改变自己的命运。但无论哪种态度，最终都未能摆脱社会规训权力的束缚与压迫。

在认知诗学的视角下，“可能世界”不仅是文本中构建的一个想象世界，更是对现实世界的一种体现。契诃夫通过作品构建了充满可能性的“可能世界”，让读者在其中感受到知识分子的内心世界与生存困境。同时，他也通过这个“可能世界”与现实世界的对比，揭示了社会的种种矛盾与不公，以及对知识分子的压迫与束缚。这种反思与批判，不仅让我们更加深入地理解了俄国知识分子的生存状态与精神追求，也为我们思考当代知识分子的处境提供了有益的启示。

---

参考文献

[1] 董晓. 在冷酷的微笑中体察生活的残酷真实——契诃夫的创作和对我们的启发[J]. 南京师范大学文学院学报，2023（1）：1-6.

[2] 孔朝晖. 契诃夫对19世纪末期俄国市民阶层的批判[J]. 俄罗斯文艺，2022(4)：60-72.

[3] 李慧欣.19世纪50—60年代俄罗斯文学作品中的“新人”形象研究[D]. 北京：中国艺术研究院，2023.

[4] 卢小龙. 语言、权力和主体：福柯文学思想概观[D]. 福州：福建师范大学，2019.

[5] 米歇尔·福柯. 规训与惩罚[M]. 刘北成，杨远婴，译. 北京：生活·读书·新知三联书店，2012.

[6] 倪稼民. 颠覆·建构·话语失却：文化传统背景下的俄国知识分子与斯大林模式[D]. 上海：华东师范大学，2005.

[7] 契诃夫. 孩子集[M]. 汝龙，译. 北京：人民文学出版社，2021.

[8] 契诃夫. 镜子集[M]. 汝龙，译. 上海：上海译文出版社，1982.

[9] 师蓉.“我四周有夏季和草原的气息”——《草原》(节选)导读[J]. 读写月报，2021（23）：4-8.

[10] 熊沐清. 认知诗学的“可能世界理论”与《慈悲》的多重主题[J]. 当代外国文学，2011，32（4）：11-23.

[11] 袁圆. 契诃夫小说《草原》中的作者形象分析[D]. 武汉：华中师范大学，2019.

# 图形—背景理论下《悠悠岁月》中的记忆书写

吴志然

（四川师范大学文学院，成都 610068）

**摘　要：**

安妮·埃尔诺是法国当代著名女作家，其作品带有浓厚的自传体色彩，小说《悠悠岁月》是其20来年推敲与深思的杰作，以人们感同身受的经历展现时代的演变，写出法国人的集体记忆。通过认知诗学中的图形—背景理论，以“无人称自传”的叙事形式，将个体记忆与历史进程相结合，以旧照片为叙事载体，成为关注的焦点，构建出独特的记忆图景。在分析个人记忆的同时，揭示集体记忆和历史之间的联系和重要性，并以图形和背景的交织来深化小说的叙事主题，展现记忆应当承载的历史责任与现实意义，延续法国浓厚的人文主义传统，促进个体对社会集体和历史的认知与反思。

**关键词：**

图形—背景理论；安妮·埃尔诺；《悠悠岁月》；记忆书写

## Memory Writing in *The Years* under Figure-Ground Theory

Wu Zhiran

（School of Chinese Language and Literature， Sichuan Normal University， Chengdu 610068， Sichuan Province， China）

Abstract：

Annie Ernaux is a famous French contemporary female writer， and her works have a strong autobiographical color. The novel *The Years* is a masterpiece of her more than 20 years' reflection and polish， which with people's experience

作者简介：吴志然，四川师范大学文学院比较文学与世界文学专业硕士研究生，主要从事西方文学与西方文论研究。

to show the evolution of The Times, explores the collective memory of several generations in France. Through the Figure-Ground Theory of cognitive poetics, in the narrative form of "impersonal autobiography", the novel combines individual memory with historical process, takes old photos as narrative carrier. It becomes the focus of attention, and constructs a unique memory picture. While analyzing individual memory, it reveals the connection and importance between collective memory and history, and deepens the narrative theme of the novel by interweaving figures and backgrounds, showing the historical responsibility and practical significance that memory should bear, continuing the strong humanistic tradition of France, and promoting the cognition and reflection of individuals on social collectivity and history.

Key words:

Figure-Ground Theory; Annie Ernaux; *The Years*; memory writing

## 0 引言

安妮·埃尔诺（Annie Ernaux，1940— ）是法国当代著名的女性作家，也是法国第一位获得诺贝尔文学奖的女性作家。她出生于20世纪法国塞纳省的一个工薪阶层家庭，尽管家境贫寒但她并未放弃学业，在经历了一系列波折后，最终成为一名中学老师，成功跻身中产阶层。伴随着年龄的增长，家庭变故接踵而至，加之二战前后法国政局的不断更迭等因素，埃尔诺深刻地感受到现实人生的短暂与社会时代的快速变化，出于以上种种原因，她下定决心完成一部反映时间流逝和时代变化的作品，以此来"挽回我们将永远不再存在的时代里的某些东西"（埃尔诺，2021：213）。作为一名有着浓厚自传体色彩的作家，其作品大多在自己的亲身经历中汲取题材和创作灵感。直到现在，她已出版了约15部带有浓烈自传色彩的文学作品，而被称为"社会自传"的回忆录《悠悠岁月》（*The Years*，2008）则是埃尔诺经过20余年思考和推敲的杰作。近年来，随着对共同文化记忆探寻的研究蓬勃展开，对埃尔诺作品的译介和对其中集体记忆与文化记忆的个人化书写也逐渐成为国内外学者的重要研究对象，全球范围内涌现了大量相关研究，以独特的方式将人文学科、社会研究和自然科学融合在一起。在对埃尔诺作品的跨学科研究中，文化与记忆之间的关系是其中的一个关键问题，有着极为重要的意义，涉及了社会学、艺术、文学和心理学等广泛领域，前人已从多个角度对其展开了研究，但在认知诗学角度却鲜少涉及。认知诗学中的图形—背景理论作为人类认知的基本心理模式，源自格式塔心理学，用于理解视觉感知中图形与背景的关系，并在文本分析中解释如何共同构建文本意义，如在《悠悠岁月》中通过主人公和关键图形与背景的相互作用，其中图形的记忆特性触动情感共鸣，背景的记忆环境则提供丰富的情境支撑，二者相互作用共同构成作品丰富的记忆网络，增强作品的感染力和深度。因此，本文基于图形—背景理论对《悠悠岁月》中的记忆书写进行解读，分析小说在文本中隐含的图形—背景元素及其产生的认知变化，从而深入理解埃尔诺在《悠悠岁月》中独特的记忆书写及其所蕴含的深刻价值内涵。

## 1　图形的塑造：老照片与记忆的互动

图形，在《悠悠岁月》中即作者通过文字精心雕琢的记忆片段，它们如同珍珠般串联起整部作品的记忆链条，成为阅读时的直接关注点。照片作为记忆的媒介，在探讨记忆在文学作品中被呈现与重构的过程中扮演着至关重要的角色。通过分析小说《悠悠岁月》，在个人叙事与时代历史之间搭建桥梁，以细腻的文字描写，将旧照片作为记忆的触发器，重现个人的过往生活，映射出时代的变迁和社会的演进。照片的双重功能——既作为记忆的外化工具，又承载着无意识的痕迹，而记忆则通过具体的场景和事件，深入地理解人物的内心世界和情感经历，从而提供独特的视角，去审视记忆在个体与集体层面的内涵与价值。

### 1.1　照片：记忆的外化与痕迹

在小说《悠悠岁月》中，埃尔诺通过对过往生活的旧照片进行回忆，以照片作为记忆的媒介，并通过回忆完成了对照片背后往事的重现。并且，她创造性地将个体经历与集体记忆进行有机结合，展现出照片对于时代发展历程的承载作用，记忆的延伸与复杂性的获取则依赖于可获得的媒介——照片，二者的互动构成全篇。

照片，作为小说《悠悠岁月》形成的媒介，与小说承载的记忆有两种基本相反的关联方式：外化与痕迹。其中外化着重体现照片媒介的工具属性和社会属性，痕迹则突出照片的自主性，可以认为，照片的外化是一个确定的字面意义上的记忆媒介概念，具有强化记忆功能的作用。“这是一张暗褐色的椭圆形照片”——“一个肥胖的婴儿……褐色的头发在头顶形成一个发卷”(埃尔诺，2021：11)。这是小说通过文字呈现出的第一张照片。接着，第二张照片紧随其后：“一个大约四岁的小女孩儿，和善的面孔胖乎乎的，却严肃得像是伤心的样子。”(埃尔诺，2021：12)小说开篇的第一幕展现了这两张照片，就为小女孩儿一生的故事揭开了序幕。虽然埃尔诺将小说的主人公称为“她”，但从小说中可以看出，这个“她”与埃尔诺有着极其相似的人生经历和心路历程，由此便拉近了读者与照片中人物的距离，而二者的联系则是通过作者埃尔诺的叙述建立桥梁。埃尔诺通过观察过往拍摄的照片，与往事建立回忆的桥梁，以文字形式呈现过往的记忆，从侧面说明了照片在唤醒作者记忆时的重要性与必要性，即记录被遗忘的岁月，并通过文字将其复刻，带入当下，以供更多人唤醒关于过去的集体记忆。

在历史上，有一句名言曾将银版照相法，也就是“镀银的铜片”上的照片，描述为“有记忆的镜子”，可以得知，自从照片诞生以来，就被赋予了记录重要时刻的使命。在小说《悠悠岁月》中，无论是有关于个人生活的照片，还是记录社会重大事件的照片，实际上都承载着记忆，毋庸置疑，照片对现实的还原力度是较高的，它有着将“瞬间”变为“永恒”的特定功能。埃尔诺发现照片的这一特质及其对于人们生活的重要性，将过往的“时刻”变为文字的“记忆”，长久留存在书本和心中。在小说《悠悠岁月》中，埃尔诺通过对一张张照片进行叙述，记录了“她”从幼年到老年时期的人生历程，胖婴、深色泳装的女童、褐发戴眼镜的少女、严肃神情的毕业生、梳着齐刘海肩膀宽阔的大学生、拥抱孩子笑容灿烂的年轻妇女、与家人同框的优雅女性、冬日花园里从容淡定的单身女士、怀抱孙子微笑凝视镜头的祖母等，一幕幕画面穿越历史的阻隔，还原出“她”人生中无数个已然消逝的瞬间并展现出“她”平凡而又独特的人生经历，跨越大半个世纪，将无数陌生、疏离的画面还原为正在发生的充满意义的事件，谱写出关于“她”的人生之曲。在这一重构过程中，照片不再是简简单单的画面记录，更是成为建构人生记忆以及探寻自我意义的哲学工具。

除此之外，照片与小说关联的另一种方式则是痕迹，“由于痕迹被认为是在无意之中产生的，它们被视为尤其真实、值得信任的过去的证词”(埃尔诺，2021：458)。因此，在照片与记忆的关系中，痕迹的概念是发挥着作用的，它指向时间中独一无二的某个瞬间，在我们看到最后被冲洗出来的照片时，它当然就是过去，即照片的深刻性就在于它呈现过去转瞬即逝的特质。通过照片，可以看到某些被证明为过去存在但现在已不复存在的东西，仿佛它依然存在。于是，即使从前的一切已经消失，仍然有照片作为其存在的痕迹，本体或许会泯灭，但记忆却能超越时间得以永存。与此同时，照片作为记忆的外化与痕迹而存在，在人类历史上发挥着极其重要的作用。正如《悠悠岁月》中在埃尔诺深厚的文化积累的基础上，其对于第二次世界大战中人们的日常生活深刻体察，通过对相关照片的描写得以展现。此外，照片的作用还在于铭记，如二战中由日本所发动的南京大屠杀致使三十万同胞惨遭不幸，而日本在战败后却极力洗刷并试图抹杀这一罪行。而正是一张张关于战争照片的留存，侵略者的暴行才揭露于世，文字无声，照片无言，却声声震耳欲聋。即使历史已经成为过去，但是照片的存在记录了历史，也在一定程度上复现了历史，成为时代的记忆，等待人们发现与探寻。

综观全书，小说《悠悠岁月》完整地以文字的形式呈现了埃尔诺从小到大的 14 张照片，从 20 世纪 40 年代的第一张照片到 2006 年圣诞节的最后一张照片，每张照片都以文字描写为切入点，就如唤起普鲁斯特童年记忆的那块泡在茶里的“玛德琳蛋糕”一般。埃尔诺在复述这些照片时，以一张张老照片为起点，就如乘坐时光机，顺着时光隧道回忆着自己和同时代人所走过的悠悠岁月，这些照片的选择看似随意、偶然，却反映着一个时代的变迁。不可否认，这些边角泛黄的老照片背后所承载的如烟往事，的的确确为埃尔诺找到了一条通往过去的时光隧道，使其得以旧地重游，重返那些回不去的悠悠岁月。

### 1.2 历史：记忆的内涵与价值

在小说中，照片既还原了关于“她”的个人生活轨迹和个人叙事，又通过无数张照片的叠加形成关于时代历史的叙事，将涉及面延伸至更为广阔的外部世界，以微观的日常生活书写来记录和反映时代和社会的变迁，从而建构起个体经历与社会集体记忆之间的关联。也就是说，照片可以经典化为名副其实的“记忆之场”，步入文化记忆的阵营，最终进入历史，承载历史的深度与厚度。个体记忆与集体记忆的交织，构建出丰富多样的记忆图形，不仅涵盖了个人生活的方方面面，还反映了整个时代的变迁和社会的发展。

一种物品代表了一个时代日常生活的标签，每一个时代都有专属的物品，这也成为后人观察时光流逝的视角，能够直接触发读者的共鸣。在小说中，埃尔诺列举了各种各样的物品来唤起人们对当时法国岁月的追忆："严寒、饥饿和球茎甘蓝，口粮和烟票。"（埃尔诺，2021：12）这反映了二战时期战时法国的衰败状况，战争的阴影笼罩着法国民众，人们深刻铭记的是"只有战争和饥饿"的岁月；"人们对用小袋包装的浓缩咖啡、可米牌压力锅和管装蛋黄酱来赢得时间感到非常惊讶"（埃尔诺，2021：31）。这些物品琳琅满目、层出不穷，呈现出战后法国人民的生活新面貌，新鲜事物争奇斗艳、此起彼伏，出现在生活中并发挥极大作用。不仅如此，每一种物品还起到映照当时社会的作用，成为与时代历史相关的记忆：在小说中，圆珠笔作为20世纪五六十年代法国人书写的重要工具，在20世纪取代了早期常用的写作工具，成为当时影响最广泛的发明之一，反映出法国历史上书写工具的进步；而巧克力与浓缩咖啡的出现则体现出当时法国历史上食品的进步与诸多花样；洗发膏和牙膏的出现反映出法国社会当时公共卫生水平的提升，体现出文明的进步与观念的转变。不仅如此，小说中的几幅照片还详细描写了人物的服饰和姿势，如"光线掠过她右边的面颊，烘托出在一件有着克罗蒂娜式白色衣领的羊毛套衫下面高耸的胸部"（埃尔诺，2021：51—52）。以小说中的服饰为例，埃尔诺依照时间顺序选取了一系列诸如"绣花衬衣"（1941）、"深色泳衣"（1949）以及"黑色羊毛套衫"（2006）等服饰，以服饰时尚的进步来呈现出时代的演变，并使照片成为一种图像式的"拼贴"，借助服饰的描绘，它们成为回忆和视觉怀旧的媒介，从而为创设小说背景注入鲜明的时代印记和历史色彩。

除了物质生活的极大提升外，法国人也在其他方面创造着属于时代的历史文化生活："他们报名参加函授课程学习绘画、英语或柔道、秘书工作，人们宣告着'休闲社会'的到来。"（埃尔诺，2021：56）这时的法国早已从紧张颓败的战时社会随着时代和技术的发展步入了休闲社会，人们由基本的温饱生活到追求更高层次的衣食住行，再到更加注重自我发展。又如半导体收音机的出现，埃尔诺这样描述它："这是一种陌生的乐趣，能够独自待着而又不孤独，随意支配世界上各种各样的声音。"收音机是如此新鲜有趣，以至于"我们边听半导体收音机边准备学士学位证书考试"（埃尔诺，2021：66）。潜意识中的情感与经验构成了深层记忆，这些记忆可能并不容易被明确叙述出来，但它们却深刻地影响着个体行为和思维方式；而归根到底，这些生活方式和思维模式的改变本身就是关于法国社会历史进程的时代描摹。通过这种独特的叙述方式，埃尔诺呈现了一段深受战争冲击、消费主义腐朽、市侩庸俗沉沦、电子产品发展、数字化和科技进步等影响的历史。生活用品、交通工具、家用物件以及娱乐产品都是时代的反映，如同一面宏大的广角镜，记录着法国社会的历史进程和民众的生活画面，它们共同构建了每个法国人独特的历史和记忆，也凸显了记忆所蕴含的独特价值。

## 2 背景的设置：无人称自传中的历史过往

背景，作为记忆片段发生的环境或情境，包括时间、空间、社会背景等多个层面，它们共同构成了作品丰富的记忆环境。在小说《悠悠岁月》中，埃尔诺不仅展现出个人成长的轨迹，更通过创新的叙事手法，将个体记忆与集体历史紧密相连，呈现出跨越时代的社会背景，实现了对历史的深刻再现，从而令读者理解了埃尔诺以其文学实践为女性写作与历史叙述开辟的新路径。

### 2.1 个体书写与群体认知

在文学界中，埃尔诺被誉为女性“自我书写”的先锋人物，而《悠悠岁月》更是被认定为一部女性自我书写的大气之作。观察其生平可以发现，出身法国社会底层的她，虽然跻身有产阶级，与中产人士结婚生子，俨然早已脱离原来的阶级，但她仍没有忘记在这个过程中切身体会到的社会的不平等和歧视，因此她选择锲而不舍地用文字揭露和批判这种双重不公：有产阶级与无产阶级之间的差距、社会大环境对女性的压抑与歧视。

埃尔诺通过客观、中立的写作手法，运用照片和文字作为叙事媒介，以“超个人”的方式记录了自己的成长经历、婚姻生活、子女教育、父母情感以及阶级跨越等事件，可谓一位杰出的“女性书写作家”。女性自我书写的形式与风格存在着不同的差异，如埃莱娜·西苏（Helene Cixous）倡导“身体写作”，玛格丽特·杜拉斯（Marguerite Duras）则提倡模糊生活的真实，还有一些作家则更加关注个人的真实感受，强调书写感受。而对于埃尔诺来讲，写作方式与写作切入的角度是其首要考虑的问题，在小说《悠悠岁月》中，既从一位女性的视角出发叙述历史事件，还转向了新的写作立场——在历史回忆中找寻自我，即以个体书写这种写作方式引导人们把关注的对象转到对生活经历的层面，重视个体感受，从而延展到更广阔的社会与历史层面，显然，埃尔诺的这种个人书写无疑是女性写作的又一进步。在《悠悠岁月》中，通过集体记忆可以使读者感受个体自我的存在和延续，同时，要明确的是埃尔诺迥异于同类型其他作家的写作思路，即创造性地采用了“无人称自传”的叙述方法，从女性自身的生活体验出发，由此及彼，由点及面，通过个体的自我认知来唤起群体的共鸣。

埃尔诺以个体书写的方法去唤醒群体认知，在小说《悠悠岁月》中首先体现在从小时候的照片开始切入回忆叙事，通过视觉上的反馈和文字的叙述，带领读者穿越不同的历史节点，并且在描写自我的亲身经历与自我书写的层面上融入了不少社会与历史议题，从而通过历史的笔触去寻找往事的足迹，使人们能深刻感受到社会与时间的剧变。例如在埃尔诺想要讲述成为母亲后一天内常去的地方时，她列举了中学、超市、熨衣铺等地点，而在讲述她一天中的安排时，她写道：“上课和批改作业，准备早餐，孩子们的衣服，要洗的内衣，午饭，购物。”“各种事情极为杂乱，几乎完全没有消停的时间。”（埃尔诺，2021：104）看上去不过是对日常生活中常使用的名词进行的一种简单堆砌，却能从中真切感受到作者亲历的枯燥与寡淡的日常生活，以及埃尔诺在这种无聊生活中挣扎而无可奈何的情景，更能引起女性读者的认同与感触，重现个体生活的情景，还原生活的本来面貌。

埃尔诺顺利地实现了阶级的跨越，早早地从原生阶级中解放，成为那个时代的“佼佼者”。然而她并不快乐，她在书中写道：“她感到自己的职业就像是连续不断的缺陷和欺骗，她在日记中写道：‘成为教师使我心碎’。”（埃尔诺，2021：104）即使成为中产阶级，她心中还是满怀悲伤，阶级跨越带来的愉悦感与悬殊感随着时间的沉淀在她的心中逐渐失衡，她为自己背叛了自己的出身而感到愧疚。“她把它们看成精神上资产阶级化的时代，与她原来的世界决裂的时代。她的记忆从浪漫变成了批判。”（埃尔诺，2021：105）埃尔诺阶级意识的觉醒并与她在阶级跨越过程中切身体会到的社会不平等相结合，于是她开始揭露与批判这种阶层之间的差距与不公。除了小说《悠悠岁月》外，在埃尔诺与儿子大卫·埃尔诺共同制作的纪录电影《超 8 岁月》中也对这种阶层跨越与差距进行了补充。作为有产阶级象征的超 8 摄像机，拍摄了埃尔诺结婚后家庭内部的许多家具和物品，这些在当时的时代都是有产阶级的象征，并且这些装饰与埃尔诺母亲曾因贫困而保留的衣着打扮和生活习惯形成了鲜明的对比。可以说，这 61 分钟的电影反映了当时社会占主导地位的有产阶级的生活面貌和群体心态。尽管在影像中埃尔诺与家人们在一起时举止优雅，生活优渥，但细细观察仍能发现她身上掩藏不住的孤独与局促。

埃尔诺一直对自己被称为“阶级叛逃者”感到困惑，在小说中，她对父母的外貌描写与她所处的资产阶级环境格格不入，而她自己也透露出不安。通过阅读社会学家布尔迪厄的理论，埃尔诺对自己的阶级认知发生了巨大变化。她开始摆脱自卑和羞耻，为被剥夺发言权的无产阶级发声，并努力实现写作的初衷。从那时起，她开始长达半个世纪的写作生涯，并最终成为法国首位摘得诺贝尔文学奖的女性作家，成功实现了阶层跨越和文学自由的双重解放。

### 2.2 再现——埃尔诺的“无人称自传”历史

回忆是描写时间流逝最普遍和最适用的方式，而自传通常采用第一人称，也有第三人称的传记，如马塞尔·普鲁斯特（Marcel Proust）的杰作《追忆似水年华》（*Remembrance of Things Past*），然而无论多么生动的回忆录，都只是作者本人的记忆，并未与读者产生紧密联系，故而读者很难感同身受。埃尔诺选择另辟蹊径，开创性地采用了“无人称自传”这种叙事模式。所谓“无人称自传”，也可以称为“无人称叙事”，即采用第三人称，也就是无人称的泛指代词来表示“我们”，“将个人的私家记忆升华为集体的共同记忆，实际上是在自己回忆的同时也促使别人回忆，以人们共有的经历反映出时代的演变，从而引起人们内心的强烈共鸣”。（埃尔诺，2021：2—3）因此“无人称自传”叙事模式的出现，不仅展现出埃尔诺在文学叙事模式创新上的不懈追求，还能够有效地去迎合社会与时代变迁的需要。

埃尔诺在《悠悠岁月》中对一些精心选择的照片进行叙述，使得全书被 14 张照片划分为 15 个部分，每个部分都以作者对照片的描述开始，大量运用白描的手法写成一小段文字故事，采用意识流的衔接切换手法，勾勒出作者本人的生活轨迹，将其生活经历与社会、时代、历史紧密相连，书写出法国人的共同回忆，构成作者与读者的共鸣点。如埃尔诺在小说中写道：“她也想象自己在二十年后，正在回想她们现在关于共产主义、自杀和避孕等一切问题的争论。”（埃尔诺，2021：73—74）如此普通平常的描写既符合人们的思维方式，也以“她”的视角引出人们对过去回忆的感慨与对未来的猜测。而埃尔诺在《悠悠岁月》中，不仅通过“她”来讲述自己的往事，还通过“我们”来阐述集体的历史。例如在一张 20 世纪 40 年代的照片中，“她的衣服看来裹得很紧，带花边的裙子由于肚子凸起而在前面掀了起来”（埃尔诺，2021：12）。紧接着，埃尔诺对很可能是童年拍摄的另外两张照片进行描写，“另外两张带花边的、很可能是同一年的小照片，拍摄的是同一个女孩子，不过更加瘦小，穿着一件带荷花边和球形袖子的罩衫”（埃尔诺，2021：12）。在这段对小女孩照片的描述中，看似是在写别人，实则是在写作者本人的童年往事。然后，笔锋一转，“战后的喜庆日子在没完没了的慢得要命的宴会中度过，从无到有地形成了也已开始的时代”（埃尔诺，2021：12）。此时，小说由对照片的描述转换到战后时代的感慨，并且通过“我们”这一人称将其转换为集体话语，从而传达出一种充满着集体性的社会现象。在埃尔诺的笔下，“她”和“我们”这两种人称的转换都融入了无人称叙事形式的“我”，通过这个隐匿在文字叙述背后的无形的“我”，埃尔诺巧妙地将个人经历转化为集体经验的一部分，从而以微观的形式展示出关于历史和社会的深刻主题。因此，埃尔诺通过照片细节来描述自身往事，一方面展现其“无人称自传”的叙事形式，另一方面也表明她对重建过去历史的态度，既突出埃尔诺自身的写作诉求，也使得其小说内容更具深度与厚度。

从原文描述可以看出，埃尔诺已摆脱传统自传的束缚，重新阐释了第一人称的含义：无论是“我”，还是“我们”，抑或是“她”，都不属于单一的个体，而是随着表达的需要转换为各种群体的一部分，并且在这个过程中，个体经验也转化为集体经验的一部分，而人称代词——无论是“我、她、我们”等，都成为“无人称自传”叙事形式的“我”。在小说《悠悠岁月》中，埃尔诺以“我们”充当叙述者，将“我”直接融于群体价值中，以个人的形象来激发对历史记忆的描述，她本人写道：“在这部她看成无人称自传的作品里没有一个‘我’——而是‘人们’和‘我们’——似乎轮到她叙述以前的日子了。”（埃尔诺，2021：211）这种叙事方式与碎片式的背景描写不仅弱化了个人故事的完整性，而且集中记载了细微琐碎的日常生活，使得“无人称自传”成为叙事结构中的一个符号，并使其作为社会中群体的代表而存在，成为记录社会与历史的叙事工具。

## 3 记忆的交织及其社会责任

记忆，作为身份认同的核心要素，不仅是个人过往经历的积累，更是集体身份构建的重要基石。在小说《悠悠岁月》中，埃尔诺通过细腻的个人叙事与宏大的历史背景交织，采用拼贴与纪事的手法，巧妙地唤醒并重构法国社会的集体记忆，并在此基础上分析个体记忆与集体记忆的交织及其所承载的社会责任。

### 3.1 法兰西的集体记忆

记忆是身份认同极其重要的方式，正如学者扬·阿斯曼（Jan Assman）曾说道："每个人依靠自己的记忆确立身份并且经年累月保持它，任何一个群体也只能借助记忆培养出群体的身份。"（阿斯曼，2015：87）也就是说，"通过对自身历史的回忆、对起着巩固根基作用的回忆形象的现时化，群体确认自己的身份认同"（阿斯曼，2015：47）。不仅如此，康纳德（Conrad）也认为记忆存在着明显的集体认同功能，"个人通过这类记忆，就有了特别的途径来获知有关他们自己过去历史的事实以及他们自己的身份"（康纳德，2000：20）。因此，可以认为，通过对个体记忆的重现和拼贴，可以建构起集体记忆的大厦。

在小说《悠悠岁月》中，埃尔诺便是通过自己的个人经历或是一代人的经历来反映出时代与社会的变迁与进步，对文中经历过的不同时期的战争记忆的描述，唤醒法国社会阶段性的思想突变以及由此导致的集体遗忘，书写出一代法国人的集体记忆。而开始创作此书的埃尔诺彼时早已年逾半百，生命的衰老使得她的记忆图像开始变得模糊，于是她便下定决心，"应该写作来使未来的故事写成文字，开始写这本现在还只是草稿和许多笔记的书，它复制了她二十多年来的生活，应该同时覆盖一个越来越漫长的期限"（埃尔诺，2021：209）。因为"对她来说，要紧的是相反地抓住她在世界上的一个既定时代里度过的这段期限，这个穿越她的时代，这个她在生前没有记住任何东西的世界"（埃尔诺，2021：209）。例如，小说中在描述有关战后法国的战争记忆时，埃尔诺写道："在讲述到的从前的时代里，只有战争和饥饿。"（埃尔诺，2021：15）在这段"只有战争和饥饿"的岁月中，在埃尔诺的笔下具象地表现为："他们永远说不够的是一九四二年冬季，严寒、饥饿和球茎甘蓝，口粮，轰炸。预示着战争的北方的黎明。"（埃尔诺，2021：12—13）这些关于战争的记忆充斥于经历者的脑海并且出现在幸存者的口中，让法国人不由自主地回想起关于战争的记忆：虽然二战已经结束，但一战、二战甚至是普法战争、阿尔及利亚战争、印度支那战争的阴影仍然笼罩着法国民众的生活，在战争结束后的很长一段时间内，它们仍然是法国民众政治上和生活中不可磨灭的一部分，而这些碎片式的词语拼贴，让尘封已久的战争记忆重回脑海，唤醒了法国人对于那段艰难的战争岁月的集体记忆的感受，形成了一代人记忆的聚焦，从对战争的描写展开对过去的回忆。

不仅如此，尽管战争早已成为过去，但在一段时间内，法国人民对战争的厌恶与恐惧依然未减少，比如在日常生活中人们常常无意识地按照战争时期的标准去克制自己的欲望与表达自己的真实想法，并将这种战时思维加诸别人身上，在吃饭时一旦有剩余便会遭受指责，认为如果剩余者要是在战争期间挨饿受苦就不会这么难伺候了；然而随着时间的推移，法国民众关于战争的记忆也逐渐开始变得模糊，到了20世纪60年代，人们对战争的热情与紧张开始褪去，那些有关战争的记忆，无论是对老一辈还是新生代来说，已然成为"谁都不想重提的老生常谈"（埃尔诺，2021：71）。在日常谈话中，有关战争的话题也大量减少或逐渐被简化和遗忘，并且人们开始认为，"对占领时期和轰炸的回忆并未激起宾客们的热情。恢复昔日感情的能力已经消失了"（埃尔诺，2021：71）。到了20世纪70年代，科技进步，观念转变，伴随着消费社会的到来，"谁都不想提到战争，奥斯维辛集中营，以及人们不再谈起的阿尔及利亚的骚乱，只是谈谈广岛，核武器的未来"（埃尔诺，2021：100）。这时候，战争的话题已经无人问津，取而代之的是对新兴事物的出现，甚至到了90年代，对战争的谈论俨然已成为法国民众饭后津津乐道的逸事和谈资，几十年前的严肃性与恐怖感早已随着时间而磨灭。

时代的进步带走了战争的阴影，也使得法国民众的遗忘速度变得越来越快，如小说中描述了20世纪90年代发生在圣米歇尔车站的一次炸弹爆炸事件，然而几个星期后，这一令人痛心疾首的事件却很快地从人们的记忆中消失了，"除了受害者的父母和幸存者之外，谁还记得圣米歇尔车站的死者，他们的名字没有写在任何地方"（埃尔诺，2021：169）。社会的进步与时间的飞快流逝让冷漠和遗忘占据上风，人们对群体事件的感知能力和共情能力变得越来越薄弱，"越来越无动于衷"（埃尔诺，2021：169），许多事实在成为故事之前就变得悄无声息，处于时代的洪流中，一切都将会被卷入历史旋涡之中。而埃尔诺为了反抗遗忘，便将这些著名的历史事件写入小说中，通过回忆的形式来抵抗法国社会集体记忆的遗忘，希望通过记忆的作用，还原法国逝去的历史事件、纪念活动与社会活动等重大历史节点，以这种形式使集体记忆具备客观和鲜活生动的历史感和社会性。而埃尔诺选取的这些历史事件与历史人物，不仅是过去法国社会的见证和记录，更是法国社会思想文化的重要组成部分。

除了对法国战争记忆的描述外，埃尔诺在小说《悠悠岁月》中还提及了许多法国社会问题，她曾经积极参加法国的社会活动，这为她书写法国历史和法国社会提供了许多写作素材和观察视角。如埃尔诺在书中强力批判了法国学校教育的弊端，“提问题的权利只属于老师。如果不明白一个单词或一句解释，那是我们的错误”（埃尔诺，2021：35）。由此对学校教育提出反抗与讽刺，期望其能随着时代的发展而有所改变。她还为男女两性关系的发展做出了阐述，早期“未婚母亲，白种女人的性交易影片《亲爱的卡洛琳》的广告，避孕套”等一些有关性的内容被人们嗤之以鼻，“堕胎打胎，是一个说不出口的词汇”（埃尔诺，2021：81）。伴随着民众思想观念的转变，已变得平常，大家开始随口谈论关于性的话题，表达自己的性欲望，而这些社会话题也成为法国社会集体记忆的一部分，也可以说，埃尔诺选取的这些重大历史事件，客观地展现了历史和文化背景，重现了法国人的集体记忆。

### 3.2 个体记忆与集体记忆的交织与责任

在小说《悠悠岁月》中，虽然包含了构成自传的各种要素，却不局限于个体维度，而是通过作为一个法国女性长达 60 多年的人生岁月来引起大家的共鸣；埃尔诺还在搭建对民族的叙事时，加入大量对历史事件的真实感受和对政局变化的批判性描写，涉及法国民众生活的方方面面，从而唤醒集体记忆，在这一过程中，埃尔诺的个体记忆显然与法国民众的集体记忆是紧紧交织的。

以小说涉及的内容为例，每一张照片背后都显示了被拍摄年代的大量回忆，从埃尔诺的日常生活习惯如购物、旅游等，到她的个人爱好如阅读、听音乐等，再到她最私密的时间如堕胎、情人、性爱等，一连串的书写不仅涉及了她漫长岁月中经历的众多事件，而且对这些零碎回忆的描述也成为法国集体记忆的写照。文中对体现埃尔诺音乐的偏好的描写有“我们渴望爵士乐和美国黑人的圣歌，摇滚乐”（埃尔诺，2021：49）。不仅如此，埃尔诺还在小说中写道：“暑假将是一段百无聊赖的漫长假期。”（埃尔诺，2021：45）前一段描写带有青少年特有的“活泼”色彩，而后一段的描写则更为精彩：原文中标点符号的缺失、名词和动词的简单堆砌等使得对作者过去生活的回忆和记录带有鲜明的个性化色彩。这样的描写方式完美地践行了埃尔诺的初心：这本书将忠实地记录这个世界留给她和她同代人的印象，以此“用来重建一个共同的时代，从很久以前逐渐转变到今天的时代——以便在个人记忆里发现集体记忆的部分的同时，恢复历史的真实意义”（埃尔诺，2021：210）。由此可见，她的确以文字与照片为媒介实现了在个体记忆中穿插集体回忆的初衷。

小说《悠悠岁月》使个体记忆和集体记忆交织的一个极为典型的素材就是在每个年代的回忆中收尾的家庭聚餐，这是触发建构集体回忆的重要线索，这类具有仪式意义的家庭聚会还是反映时代发展和社会变化的小窗口。家庭聚会时聊天的话题可以是但不局限于如社会教育制度发展、国家科技发展状况、家庭收入开支情况、营养膳食等，一系列话题都诉说着时代的变化对于家庭和集体的影响。以哈布瓦赫的“集体记忆”的理论为分析对象，扬·阿斯曼在《文化记忆》（*Cultural Memory*）的第一章中阐述了集体记忆的社会建构性，并同时将集体记忆分为两种，即交往记忆与文化记忆，换言之，交往记忆和文化记忆共同组成了集体记忆。交往记忆是以个体的生平经历为框架，产生于日常融合，是一种日常生活式的集体记忆，以同一时代人的历史经验为基础，会随着一代人的消失而消失；而文化记忆则是一种沉淀下来的集体记忆，是在节日的文化时间之维中被唤起的回忆，它附着在一些象征物之上，对整个群体的历史认知具有奠基性作用，主要表现为仪式或者节日庆典。从这个层面上理解，家庭聚会可以被认为是一种具有文化记忆内涵的交往记忆，而法国民众也正是在参与家庭聚会的过程中逐渐将个体记忆转化为集体记忆。

埃尔诺笔下的法国记忆，上到时代变迁和社会焦点，下至大众文化、消费文化，一点一滴的回忆都被埃尔诺娓娓道来，将这些记忆碎片缓缓放回原位。无论是科技发展产生的新物品，还是电视机里随频看到的一部电影或一首老歌，都是那个时代的一部分，它们也在重现的过程中唤醒尘封的记忆，成为一个时代独一无二的标记。

除此之外，当私人回忆被讲述和倾听并成为文字记录时，记忆便挣脱了时间的维度，从过去跨越到当下；当记忆被转化成文字并被阅读时，它在每个读者心中都会焕发出新的生命，从每个人对历史和现实的理解中汲取新的内容。因此，无论是小说中的照片，还是关于我、她、我们的历史与过去，都不该只被视为单纯的文字记录与记忆的媒介。相反，它们作为记忆本身的复现，则更值得被挖掘、阐释与再生产。虽然世界上的国家和民族各有其特点，但埃尔诺始终坚持着和而不同的观点，在她看来，记忆与文字能够超越地域、国家和民族的差异进行一种平等的对话与交流。人类天生对记忆有着相似的理解和默契，不同类型的阅读、倾听和阐释正在塑造一个宏大的记忆共同体，其中充满着独特的共鸣和回响。

埃尔诺在小说《悠悠岁月》中传达的信念不仅在于构建起法国人独特的集体记忆和文化框架，更重要的是她希望通过这些记忆跨越不同的群体和个体，超越区隔，缩小人文学科之间的隔阂。而埃尔诺本人也通过她本人真实的心路历程和人生经验，加之以深沉大气、真实而客观的笔法，让读者逐步拓展对世界的认知，同时感受到小说所蕴含的深厚的人文情怀，呈现了一段过去的法国社会中一位女性所走过的悠悠岁月，以此来对抗时间流逝给人们带来的惆怅、悲伤与遗忘，如小说末尾所言，“挽回我们将永远不再存在的时代里的某些东西”（埃尔诺，2021：213）。

## 4 结语

作为法国当代著名女作家，埃尔诺较少采用宏大叙事，注重描写平民生活的涓涓细流，对于底层人物的生活状态有着更加深刻的体察，倾向于用冷峻、客观的无人称自传方式讲述时代的变迁，反映出时间的流逝与时代的进程。在此基础上，她不但延续了法国文学浓厚的人文主义传统，而且展现出属于法国的“集体记忆”。正如小说扉页所引，“我们只有自己的经历而它不属于我们”，因此埃尔诺希望用回忆“恢复历史的真实意义”（埃尔诺，2021：210）。埃尔诺便采用了“无人称自传”并采取第三人称来进行叙述，通过对旧照片的描述作为图形的载体，以人们共有的经历反映出时代与社会这一背景的巨大改变，从而引发人们内心深处的强烈共鸣，呈现出历史记忆、个体记忆与集体记忆三者之间的交融。于大写的历史与小写的历史交织中，作者用其独特且深刻的回忆描绘出了战后法国社会的悠悠岁月，建构起法国人独特的集体记忆和文化历史框架，以此来对抗时间流逝、时代变迁所带来的惆怅与遗忘。此外，埃尔诺用个人写作承担起了记录社会、批判社会、反思社会的责任，体现出一代法国人对社会中平等自由以及公平正义的向往，为推动时代发展进程中努力突破传统的桎梏、勇敢地追求幸福生活的自由主义人文主义精神做出了生动的诠释，并付诸生动的实践。

参考文献

[1] 安妮·埃尔诺.悠悠岁月[M].吴岳添，译.北京：人民文学出版社，2021.

[ 2 ] 阿斯特莉特 · 埃尔，安斯加尔 · 纽宁 . 文化记忆研究指南 [ M ] . 李恭忠，李霞，译 . 南京：南京大学出版社，2021.

[ 3 ] 扬 · 阿斯曼 . 文化记忆：早期高级文化中的文字，回忆和政治身份 [ M ] . 金寿福，黄晓晨，译 . 北京：北京大学出版社，2015.

[ 4 ] 刘文，赵增虎 . 认知诗学研究 [ M ] . 北京：中国文史出版社，2014.

[ 5 ] 雅克 · 勒高夫 . 历史与记忆 [ M ] . 方仁杰，倪复生，译 . 北京：中国人民大学出版社，2010.

[ 6 ] 皮埃尔 · 诺拉 . 记忆之场：法国国民意识的文化社会史 [ M ] . 黄艳红，等译 . 南京：南京大学出版社，2015.

[ 7 ] 莫里斯 · 哈布瓦赫 . 论集体记忆 [ M ] . 毕然，郭金华，译 . 上海：上海人民出版社，2002.

[ 8 ] 阿莱达 · 阿斯曼 . 记忆中的历史：从个人经历到公共演示 [ M ] . 袁斯乔，译 . 南京：南京大学出版社，2017.

[ 9 ] 阿莱达 · 阿斯曼 . 回忆空间：文化记忆的形式和变迁 [ M ] . 潘璐，译 . 北京：北京大学出版社，2016.

[ 10 ] 陆一琛 . 论安妮 · 埃尔诺自传《悠悠岁月》的集体性维度 [ J ] . 外国文学，2015( 5 )：74-81+158-159.

[ 11 ] 陈静 .《悠悠岁月》：女性自我书写的大气之作 [ J ] . 法国研究，2013 ( 3 )：34-38.

[ 12 ] 杨令飞，鲁少博 . 安妮 · 艾尔诺《悠悠岁月》后现代叙事策略探幽 [ J ] . 当代外国文学，2022，43 ( 1 )：69-74.

[ 13 ] 彭莹莹 .“我”是谁？：安妮 · 埃尔诺社会自传中的无人称叙事 [ J ] . 法国研究，2015 ( 2 )：60-65.

[ 14 ] 钱进 . 影像中的“悠悠岁月”：安妮 · 埃尔诺和《超 8 岁月》[ J ] . 艺术评论，2023 ( 8 )：86-95.

[ 15 ] 史烨婷 . 记忆书写的双重载体：试论安妮 · 埃尔诺作品中的文字与图像 [ J ] . 外国语文研究 ( 辑刊 )，2024 ( 2 )：146-155.

## 具身书写 · 书学雅集

【栏目主持：杨帆教授】

# 生命的书写：艺术与科学的跨越

谢和平

**摘　要：**

书法艺术是承载生命精神的媒介，是自然万象情状的再现。书法艺术虽然是感性的，但仍然需要凭着自己对人文、艺术、自然、人生、社会的洞察和理解以及综合修养，并通过对书法传统经典的继承与学习，创造出属于自己所认知的审美意象。同为生命的书写者，艺术家需要有科学家的逻辑与严谨，科学家更需要有艺术与人文的感性和情怀。

**关键词：**

书法；生命的书写；艺术与科学交叉融合

## 1　个人简介

谢和平，字岂弟，号二步山人，中共党员，湖南双峰县二步山村人。中国工程院院士，中国书法家协会会员。曾任原煤炭工业部科技教育司司长、中国矿业大学校长、中国矿业大学（北京校区）校长、四川大学校长、四川省科学技术协会主席、四川省书法家协会副主席，为中共十七届中央政治局候补委员、十二届全国人大代表。现任四川大学、深圳大学特聘教授，兼任国务院学位委员会委员、教育部科学技术委员会主任、国务院学位委员会学科评议组召集人、四川省书法家协会顾问、全

国教育书画协会顾问。

## 2 创作谈

书法艺术是承载生命精神的媒介，是自然万象情状的再现，那种生动与传神，节奏与韵律，始终萦绕我心。对人文艺术喜爱的情怀与对科学技术钻研的执着，我视之为人生之旅上的两翼。书法艺术虽然是感性的，但仍然需要凭着自己对人文、艺术、自然、人生、社会的洞察和理解以及综合修养，并通过对书法传统经典的继承与学习，创造出属于自己所认知的审美意象。我认为，艺术家需要有科学家的逻辑与严谨，科学家更需要有艺术与人文的感性和情怀。

我作为理工科出身的科学研究者，是如何践行艺术与科学的有机统摄的呢？又是如何理解书法艺术的呢？科学研究是我的事业，书法学习是我的情怀，事业与情怀并不冲突，二者可以互相促进和影响。我将书法艺术中的行书、草书书体作为学习主体。对草书的钻研，我下了很大功夫，也有一些收获和感悟。对于经典的传承是需要毕生之力的。草书艺术是“五体”书中技法最难的，也是艺术性最强的，更是最抽象的。草书艺术对线条的质量要求很高，需要对篆书、隶书与楷书的深入学习并潜移默化，以正书去滋养草书的线条质量。长此以往，方能达到一定的境界。我在钻研草书经典的同时，也从未偏废对篆书、隶书与楷书的学习，这样才能让自己的草书艺术的线条质量得到固本与强基。事实上，无论是对书法喜爱的情怀还是对科学技术钻研的执着均有一个共同点，那就是学无止境，要活到老，学到老。我要坚持不懈地努力，做一个书法与人文的追梦人。

## 3 作品

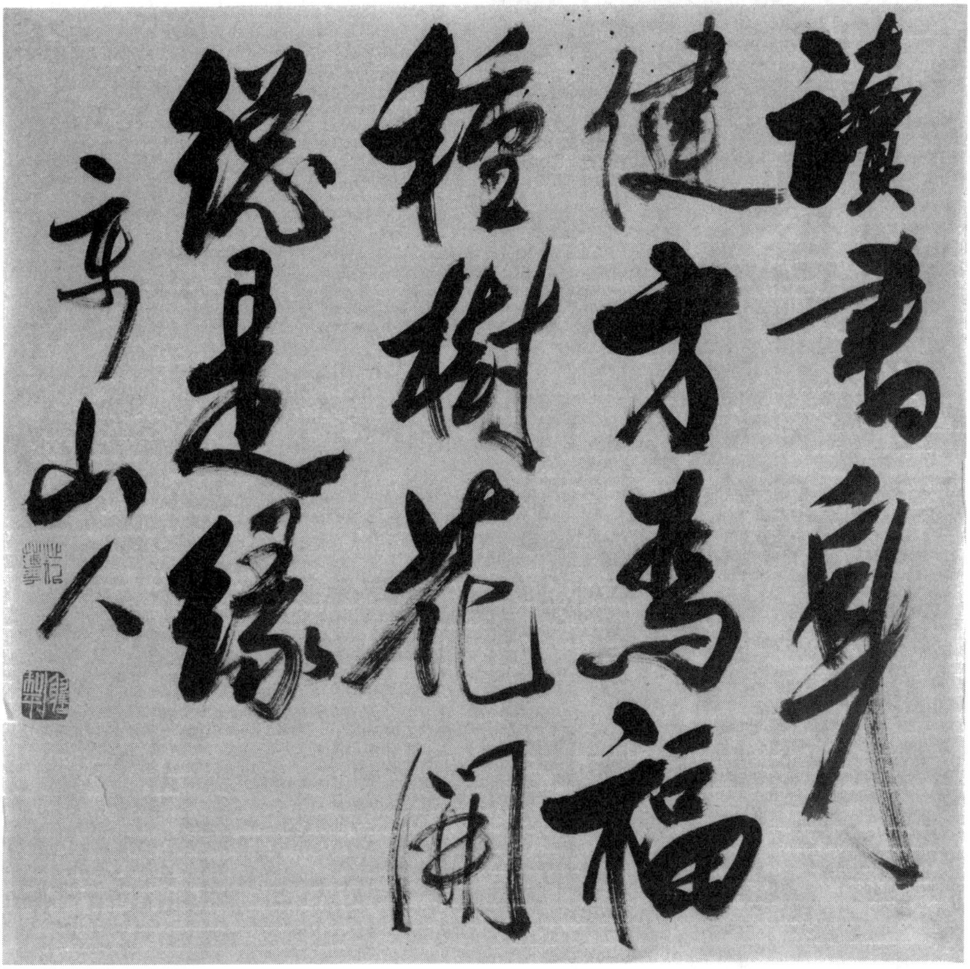

作品名称：草书斗方
作品尺寸：48cm × 48cm
作品释文：读书身健方为福，种树花开总是缘
创作时间：2025 年

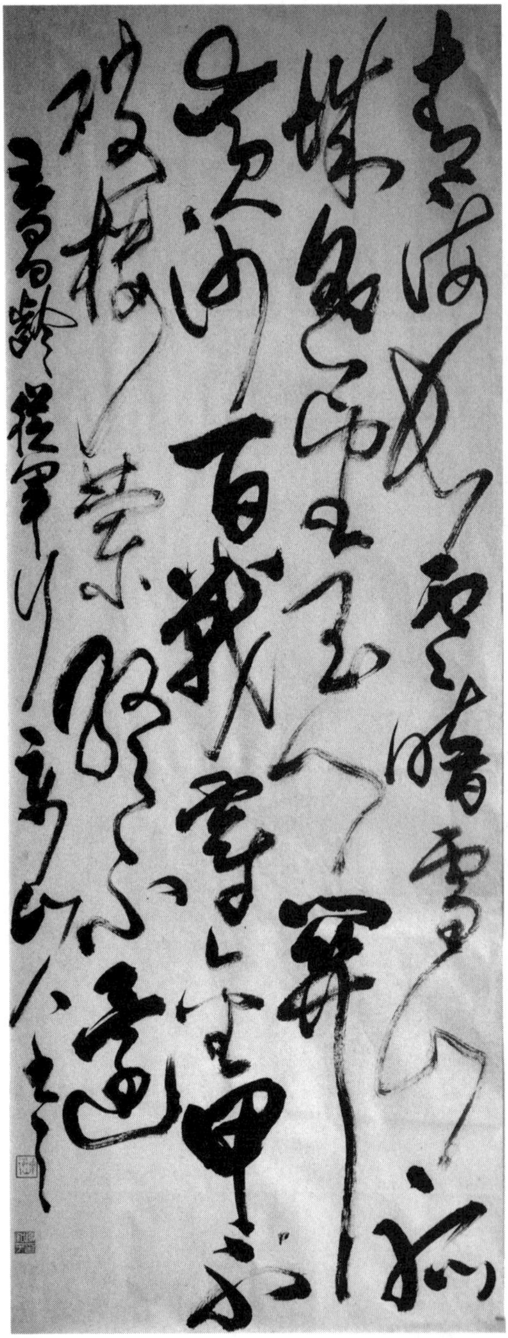

作品名称：草书条幅

作品尺寸：168cm × 48cm

作品释文：青海长云暗雪山，孤城遥望玉门关。
黄沙百战穿金甲，不破楼兰终不还

创作时间：2025 年

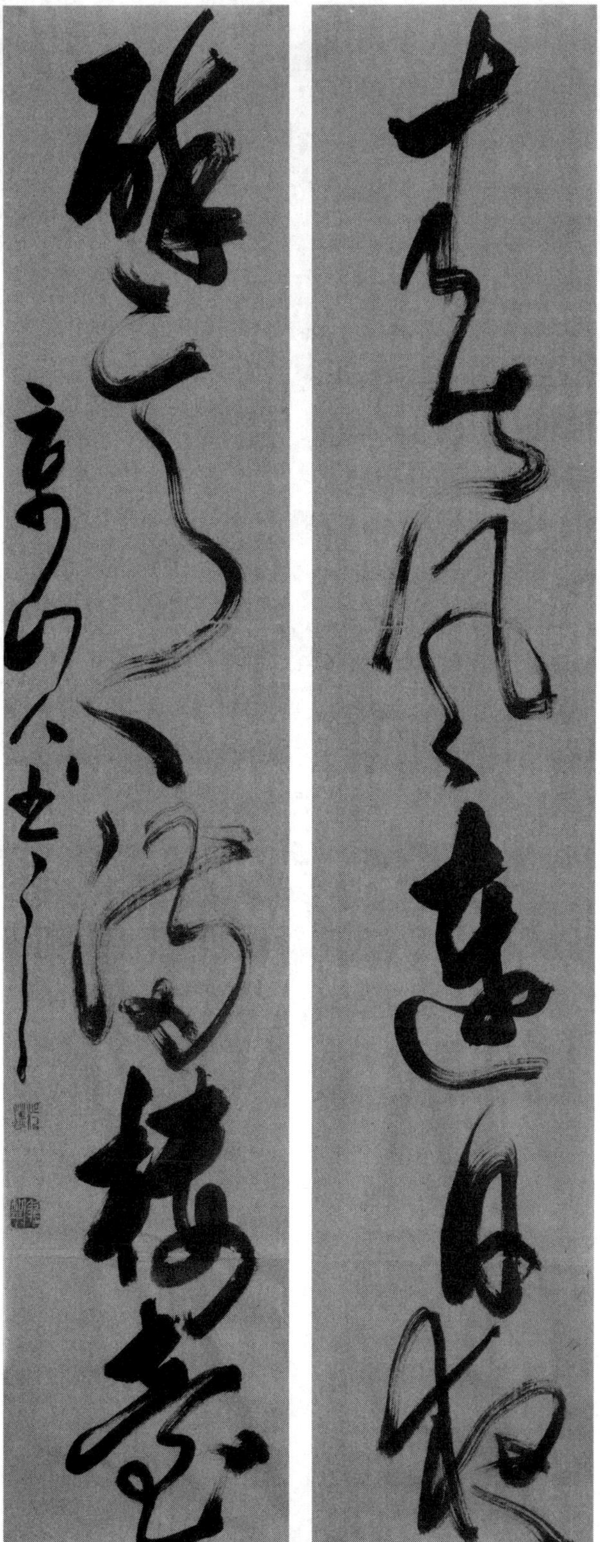

作品名称：草书对联
作品尺寸：168cm × 48cm × 2
作品释文：春风连日夜，醉意满楼台
创作时间：2025 年

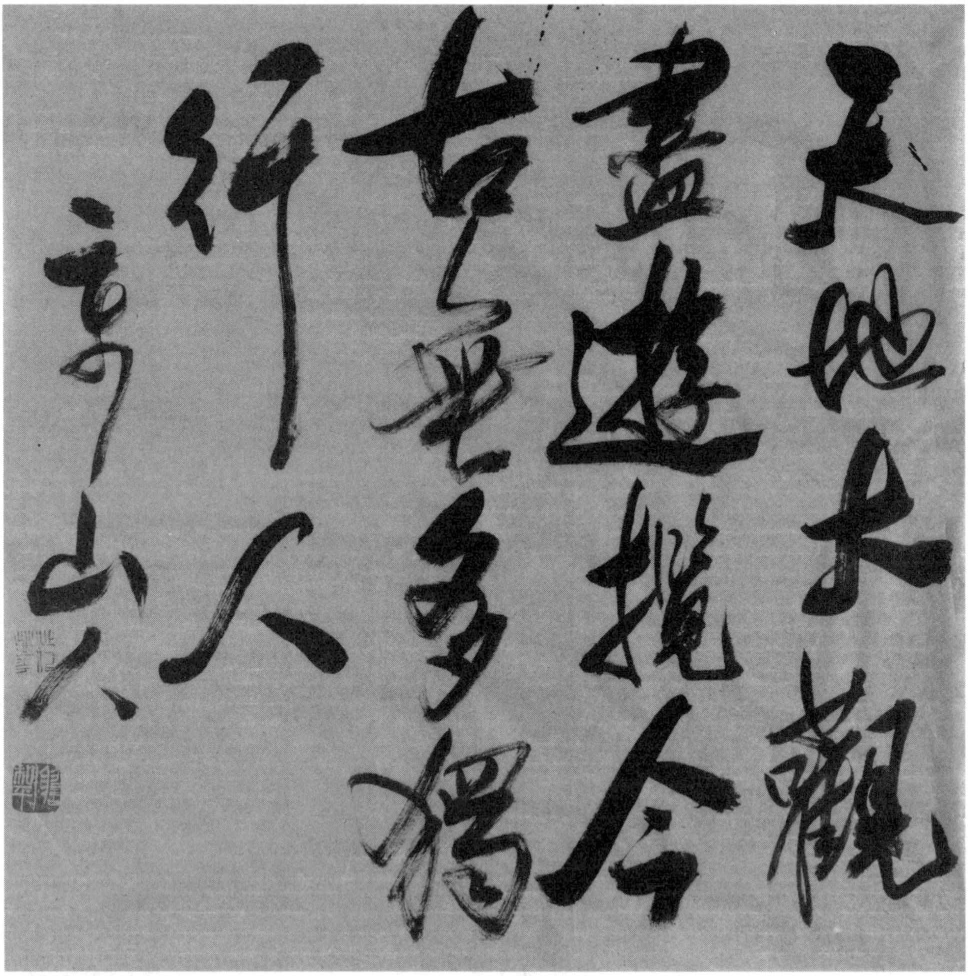

作品名称：草书斗方
作品尺寸：48cm × 48cm
作品释文：天地大观尽游揽（览），今古无多独行人
创作时间：2025 年

# 半个世纪的书写：个性与延异

侯开嘉

**摘　要：**

书法艺术的境界在于不求成熟，也不求完美；不求前后一致，也不求从一而终。艺术的核心要义在于，其中有艺术家的个性，有艺术家个体独立的审美追求。

**关键词：**

书法；艺术境界；审美个性

## 1　个人简介

侯开嘉，1946年生，四川省宜宾市人。四川大学教授，中央文史馆书画院院务委员，中国书法家协会第四届、第五届、第六届学术委员会委员，第三届、第六届中国书法兰亭奖评审委员。四川省书学学会副会长，四川省文史研究馆馆员。出版有《中国书法史新论》（上海古籍出版社2003年版）；《书法史求真录》（上海古籍出版社2017年版）；《中国近现代名家书法集·侯开嘉》（天津人民美术出版社2015年版）等多种著作。

## 2　创作谈

我很高兴有人喜欢我的作品，但不希望人人都喜欢我的作品。

我的作品不求成熟，也不求完美；不求前后一致，也不求从一而终，只求其中有我的个性，有我的审美追求。“守骏莫如跛”，是我的座右铭。

我沉迷于书法半个世纪，它已成为我生活中不可分的一部分。有人问我目标是何？我的艺术理想既不是成为太阳，也不是成为月亮，而只想成为一颗星星，在灿烂的银河中与其他星星互不排挤，彼此亲密，用光圈显示出自己的独立。

## 3 作品

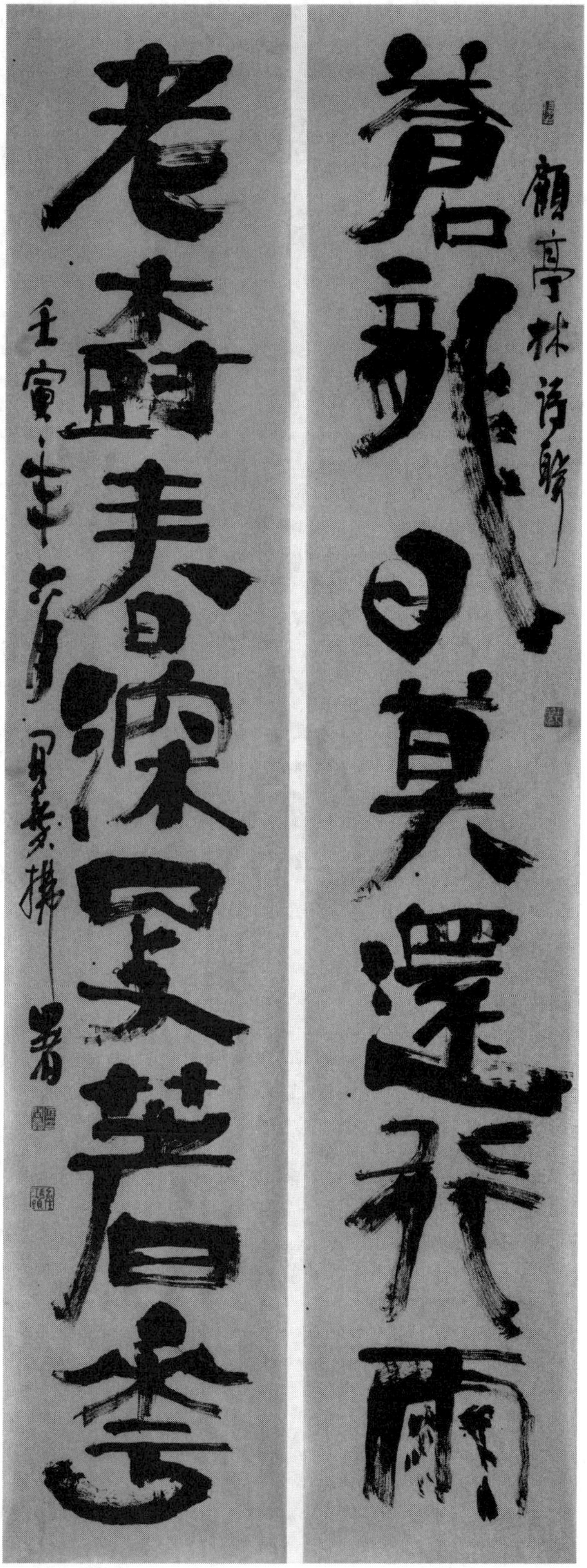

作品名称：破体《顾亭林诗联》
作品尺寸：200cm × 35cm × 2
作品释文：苍龙日暮还行雨，
老树春深更著花
创作时间：2022 年

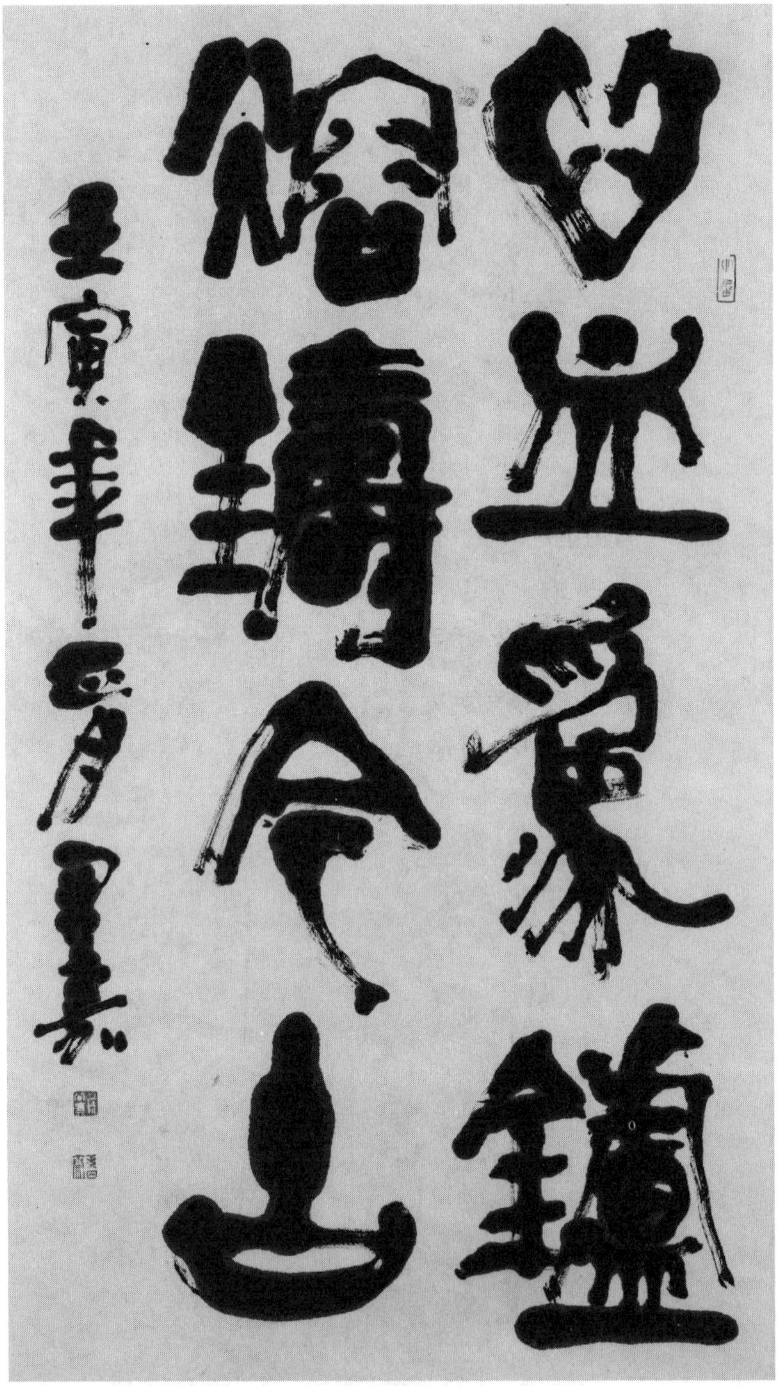

作品名称：篆书《心血为炉》中堂
作品尺寸：138cm × 68cm
作品释文：心血为炉，熔铸今古
创作时间：2022 年

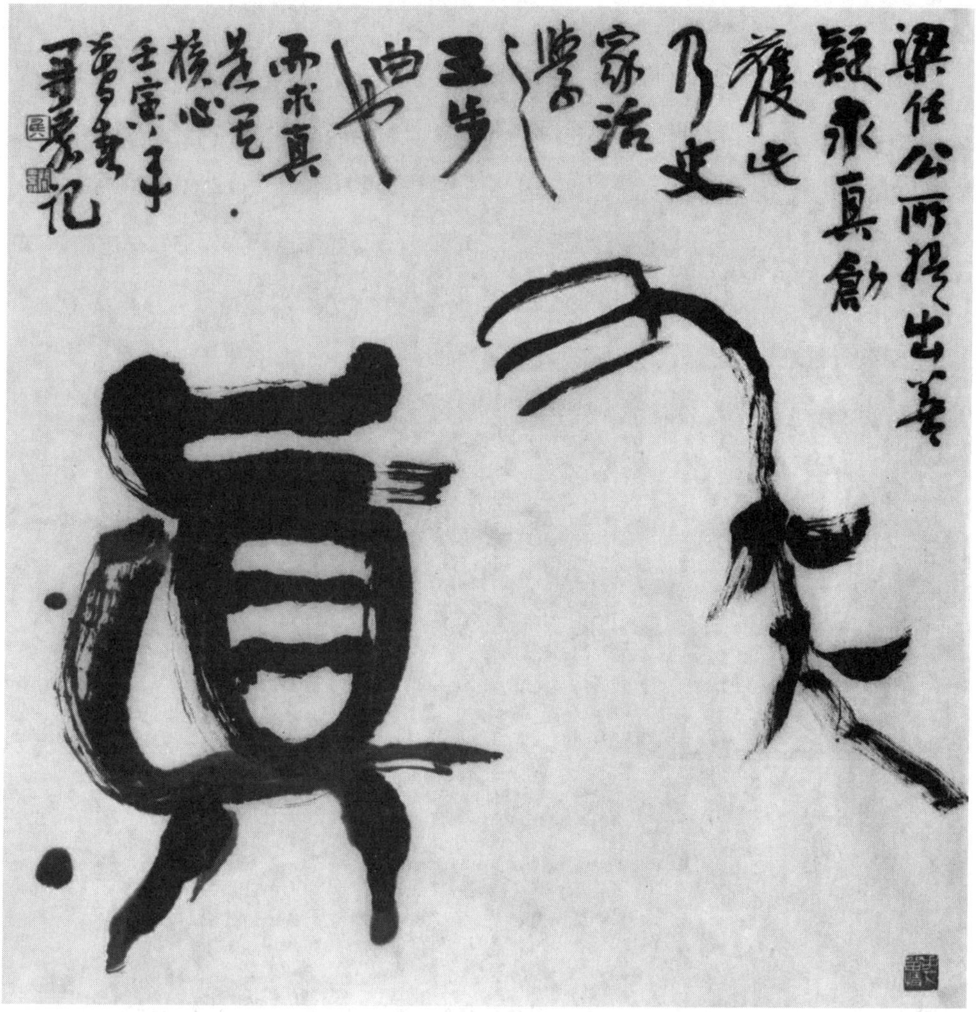

作品名称：篆书《求真》斗方

作品尺寸：68cm × 68cm

作品释文：梁任公所提出“善疑、求真、创获”，此乃史家治学之三步（部）曲也，而求真是其核心。壬寅年暮春，开嘉记

创作时间：2022 年

作品名称：现代书法《震》
作品尺寸：66cm × 58cm
作品释文：震。5 · 12 的记忆，戊子年四月
创作时间：2008 年

# 取法的新旧不是书法创新的决定因素

杨　帆

**摘　要：**

书法艺术创新的前提在于明辨书体演变，明晰书史脉络，明了碑、帖、墨迹审美差异，明白古代名家言论与作品何以统一，明确自身书法审美趣尚。然后，从书法史中任何一个时代、任何一个名家、任何一件作品入手，都是适合习书者入古的门径。

**关键词：**

书法创新；书法史；取法经典

## 1　个人简介

杨帆，书法博士，考古学博士后，四川大学艺术学院教授、博士研究生导师，四川大学书法研究所所长。四川省人民政府文史馆特约馆员，中国书法家协会会员，中国标准草书学社社员。作品在全国第六届篆刻展（二等奖）、第三届中国书法兰亭奖等展获奖并入展20余次。发表学术论文60余篇。负责国家社科基金艺术学项目等课题7项。出版有《清乾嘉时期的〈说文〉学与篆书创作》等3部著作。

## 2　创作谈：取法的新旧不是书法创新的决定因素

最近有书法名家在论坛上说，“现在学书法再去抱着《玄秘塔》《勤礼碑》《九成宫》这些，是学不好书法的”。本人表示不赞成。学习书法当然要取法传统经典，但是传统所指向的纵向历史维度很长，横向空间维度很宽。进入书法史的作品，我们不是每件都要去学，况且也做不到临遍所有经典。对于取法者来讲，书法史上的作品一直有新旧之分别。王羲之对于他的儿子王献之是新，虞世南对于他的学生褚遂良是新，清末出土甲骨文对于罗振玉也是新。而王羲之相对颜真卿是旧，黄庭坚相对祝枝山是旧，石鼓文相对吴昌硕也是旧。为什么颜真卿、祝枝山、吴昌硕取法那些早已不新鲜的书法，却仍能卓然创新呢？书法创新，一定要取法新见材料吗？一定要取法别人不取法或少取法的才能创新吗？辩证地看，倒也未必。明辨书体演变，明晰书史脉络，明了碑、帖、墨迹审美差异，明白古代名家言论与作品何以统一，明确自身书法审美趣尚，则从书法史中任何一个时代、任何一个名家、任何一件作品入手，都是适合习书者入古的门径。就如学术研究，未必新的研究都要去立足新的材料，立足旧材料得出新观点的研究成果并不少见。当然，不入传统，不懂临摹，则永远是糊涂乱抹，不得书法要领，纵然写得有个性，也站不住。

## 3 作品

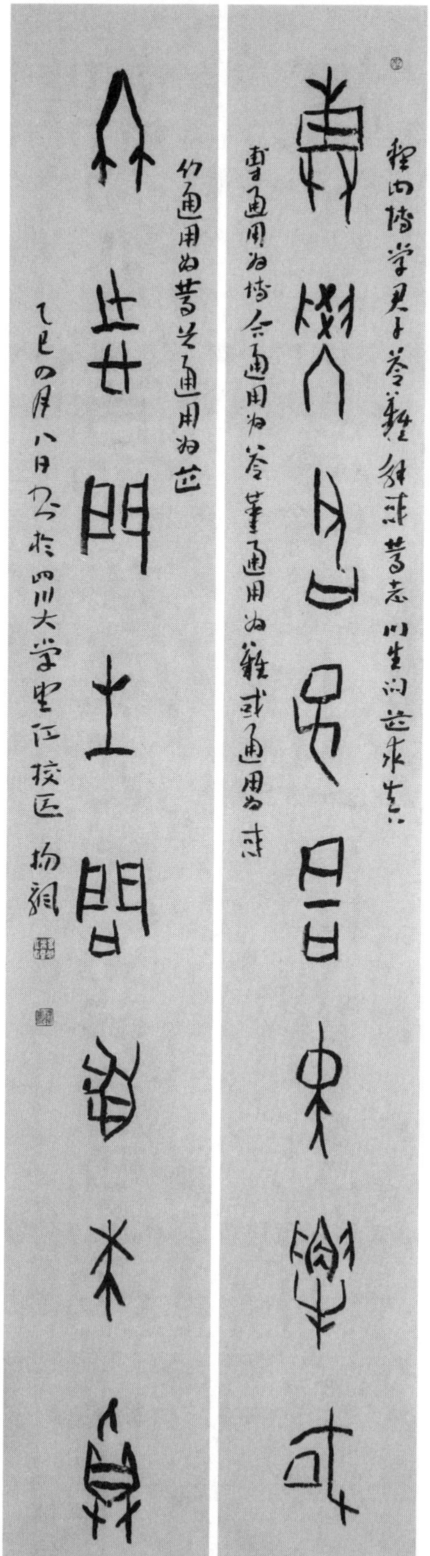

作品名称：甲骨文《博学 · 笃志》对联
作品尺寸：180cm × 23cm × 2
作品释文：博学君子答难解惑，笃志门生问道求真
创作时间：2025 年

作品名称：隶书《乐与 · 悯济》对联
作品尺寸：138cm × 17cm × 2
作品释文：乐与人善即只字片言皆为良药，
悯济困穷虽分文升合亦是福田
创作时间：2024 年

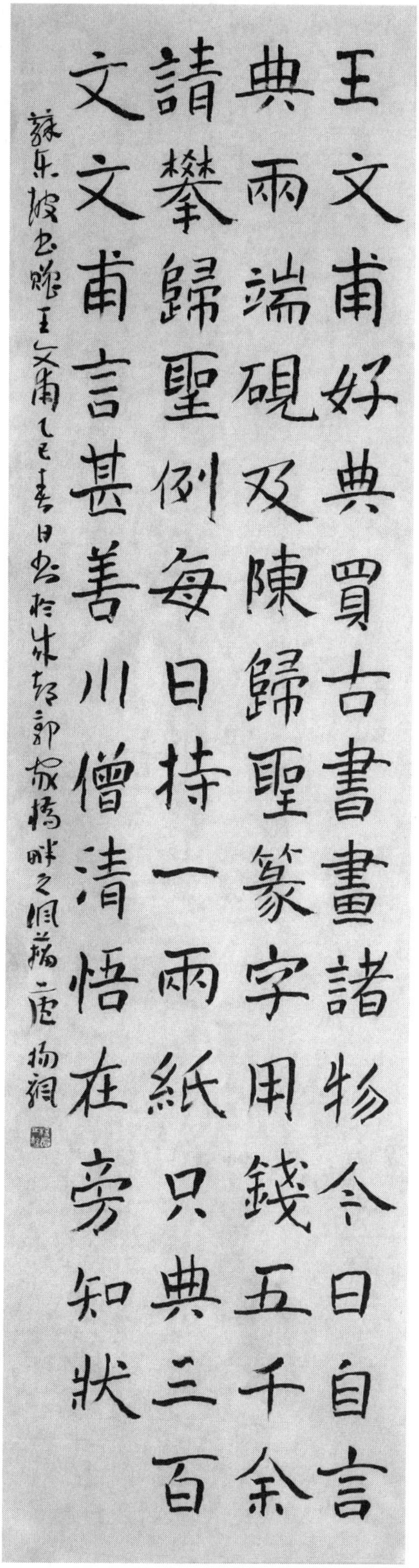


作品名称：楷书苏轼《书赠王文甫》条幅

作品尺寸：180cm × 48cm

作品释文：王文甫好典买古书画诸物。今日自言典两端砚及陈归圣篆字，用钱五千。余请攀归圣例，每日持一两纸，只典三百文。文甫言甚善。川僧清悟在旁知状

创作时间：2025 年

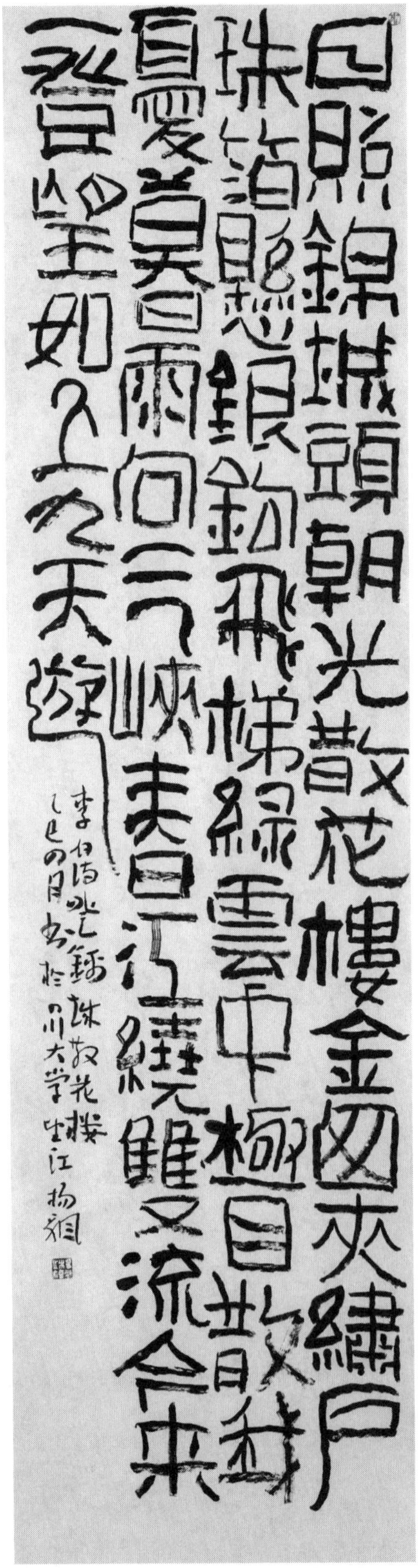

作品名称：隶书李白《登锦城散花楼》条幅

作品尺寸：180cm × 48cm

作品释文：日照锦城头，朝光散花楼。金窗夹绣户，珠箔悬银钩。飞梯绿云中，极目散我忧。暮雨向三峡，春江绕双流。今来一登望，如上九天游

创作时间：2025 年

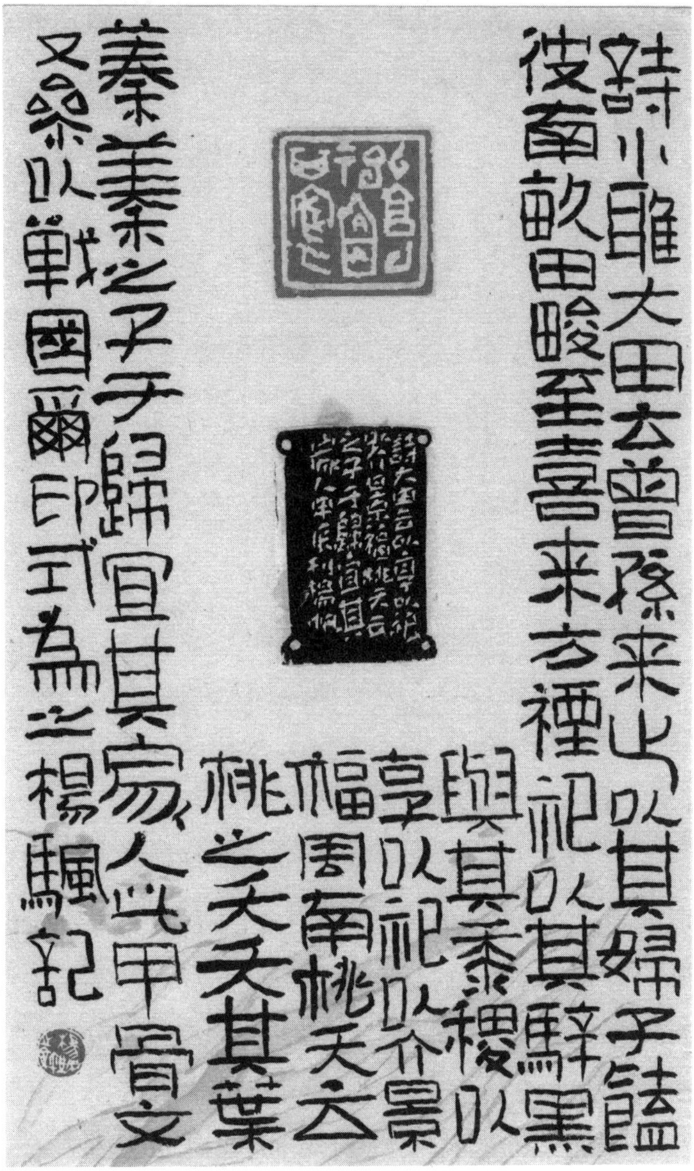

作品名称：篆刻《以享以祀，宜其家人》
作品尺寸：28cm × 17cm
作品释文：《诗 · 小雅 · 大田》云：“曾孙来止，以其妇子。馌彼南亩，田畯至喜。来方禋祀，以其骍黑，与其黍稷。以享以祀，以介景福。”《周南 · 桃夭》云：“桃之夭夭，其叶蓁蓁。之子于归，宜其家人。”此甲骨文又参以战国玺印式为之，杨帆记
创作时间：2024 年

# 超以象外，得其环中：认知书法艺术的风格与境界

刘志超

**摘　要：**

衡量书法艺术的水平不仅在于技法，更在于其艺术之境界与气质。如果我们不能跳出写字匠的思维去审视书法艺术，认知书法艺术，对书法艺术的认识就难免过于狭隘，会缺失文化与艺术的格局。

**关键词：**

书法；艺术风格；境界

## 1　个人简介

刘志超，1984年生。副教授、硕士研究生导师。现为四川大学艺术学院绘画系副主任、书法专业负责人，书法研究所常务副所长。作品多次入展中国书法家协会主办的全国大展。在北大核心及以上等级刊物发表文章共计10余万字，文章多篇被《中国人民大学复印报刊资料》全文转载。出版有《会通合数：中国古代书论与画论、文论的比较研究》，主持国家社科基金后期资助项目，曾获得四川省人民政府第十九次社会科学优秀成果奖三等奖。

## 2 创作谈

书法艺术之路是漫长的。书法艺术的技法是首要，在追求书法艺术技法精深的同时，还需要作者对文学、文字学、史学、哲学、美学等方面的全面修养，如此艺术的境界才会高。这是古人的教诲。

追求书法艺术技法的精深，当然是对古人的学习。只有入古越深，才能从古人那里获得营养，也只有这样，才能真正形成自己的个人风格。个人风格特征的鲜明与否，源于作者对古人技法钻研的精度与深度。这于书法艺术的继承与创新而言，是一个亘古不变的真理。

当然，技法的钻研与艺术风格的形成只是一方面。衡量书法艺术的水平不仅在于技法，更在于其艺术之境界与气质。书法艺术境界与气质的培养，需要一个漫长的过程。在这个过程中，需要作者多读书，见多识广，博闻强记。长此以往，自己的书法艺术才会随着修养的提高与人文底蕴的加深，慢慢浸透出一种不一样的气质。

无论是认识一个社会现象，还是书法艺术，都不能仅仅拘泥于一隅。何况书法艺术作为包含着丰富中国文化信息的一门艺术，是立体与多维的。如果我们不能跳出写字匠的思维去审视书法艺术，认知书法艺术，对书法艺术的认识就难免过于狭隘，会缺失文化与艺术的格局。

书法艺术的传承与弘扬，看似简单，其实永远在路上。

## 3 作品

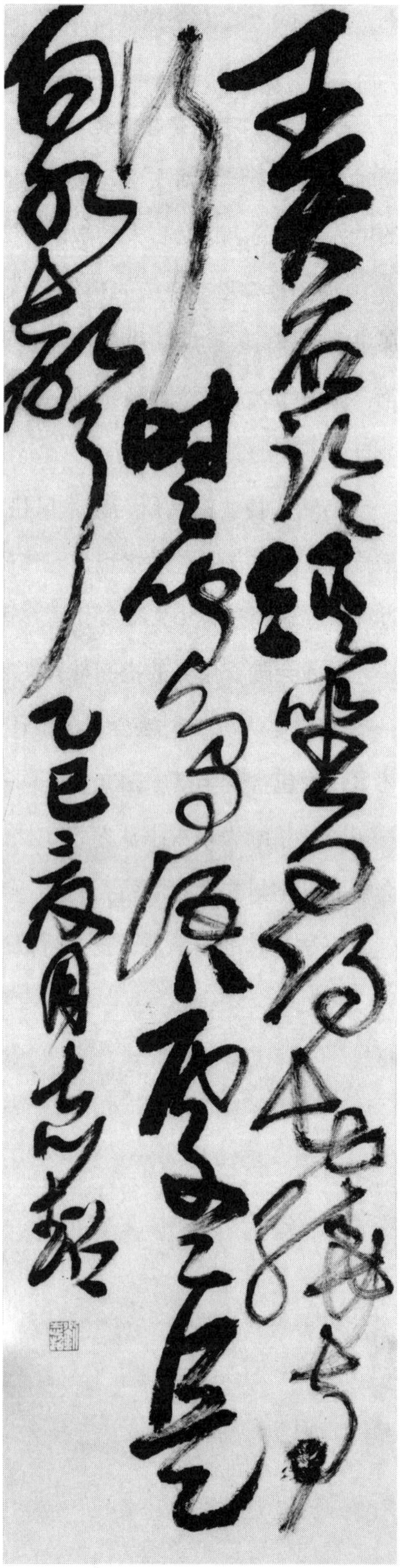

作品名称：草书条幅

作品尺寸：138cm × 34cm

作品释文：弄石临溪坐，寻花绕寺行。
时时闻鸟语，处处是泉声

创作时间：2025 年

作品名称：隶书对联
作品尺寸：138cm × 34cm
作品释文：水能性淡为吾友，竹解心虚是我师
创作时间：2025 年

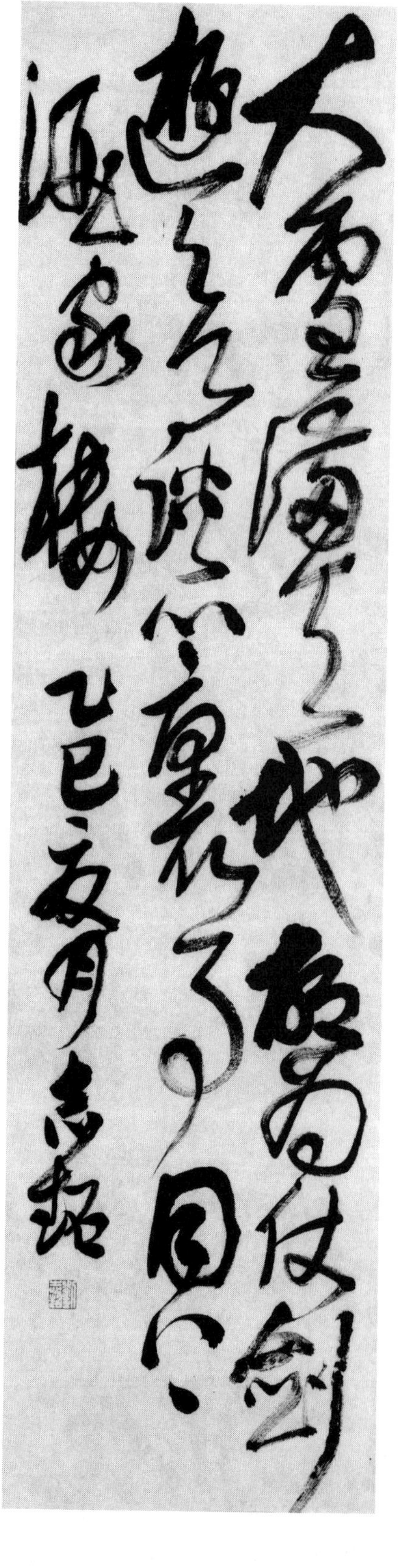

作品名称：草书条幅
作品尺寸：138cm × 34cm
作品释文：大雪满天地，胡为仗剑游。
欲谈心里事，同上酒家楼
创作时间：2025 年

# 书写的痕迹：世界、身体与心灵的界面

彭再生

**摘　要：**

书法是连接世界、身体与心灵的媒介，按照传统“书为心画”的观念，书法的核心要义是通过书法将主体自身显现出来。书法家穷尽一生的使命是将自身交给书法、交给笔墨，并最终返还世界。

**关键词：**

书写；痕迹；世界；身体；心灵

## 1　个人简介

彭再生，艺术学博士，博士后。四川大学艺术学院副教授、硕士研究生导师，四川大学书法研究所副所长、书法创作委员会主任，中国艺术研究院写意画院导师，教育部学位中心评审专家，国家艺术基金评审专家，四川省委宣传部专家库青年专家。

## 2　创作谈

书法是连接世界、身体与心灵的媒介，按照传统“书为心画”的观念，书法的核心要义是通过书法将主体自身显现出来。这个主体是综合的，既包含禀赋、性情等先天的方面，也包含后天习得的所有内容及其面向世界所积累的感知、经验、知识与文化。在主体生命展开的广阔历程中，这些内容都在发生着变化，这些变化也都与书法产生着关联，书法家穷尽一生的使命是将自身交给书法、交给笔墨，并最终返还世界。从这个意义上看，这是一场信息的交换与无尽的对话。

当今的书法面临传统与现代的双重压力。可以说，没有哪一门艺术像书法一样如此依赖于传统。绘画、雕塑、建筑等都不断拓展自身的定义、边界及其与他者的关系，唯独书法在这个问题上始终举步维艰。一方面，这或许与书法的抽象性及其形式演变的内在机制相关；另一方面，相对于其他艺术，书法似乎太过独特了，以至于很难在更大的范围内找到沟通与借鉴。20世纪发生的“现代书法”的浪潮在今天并不算是胜利，但书法的发展却仍然需要对现代生活及其精神、文化内容加以回应。所以，这注定是个艰难但值得探索的问题。

作为个人而言，我或许是个包含双向冲动的居间主义者——既理解传统的高不可及，又希冀书法的与时俱进，而对于这两个方面，我都处在积累与寻找的阶段。我希望在具身书写中释放自身生命的信息，使其与笔墨同频共振，并外化为具有内在深度的另一个自我；我也希望随着观念、认知及技术训练的不断推进，我的书法能够在传统风格史的维度之外，有新的尝试，即它不是一个循环封闭的领域，而是一个可能世界的打开的过程。

3　作品

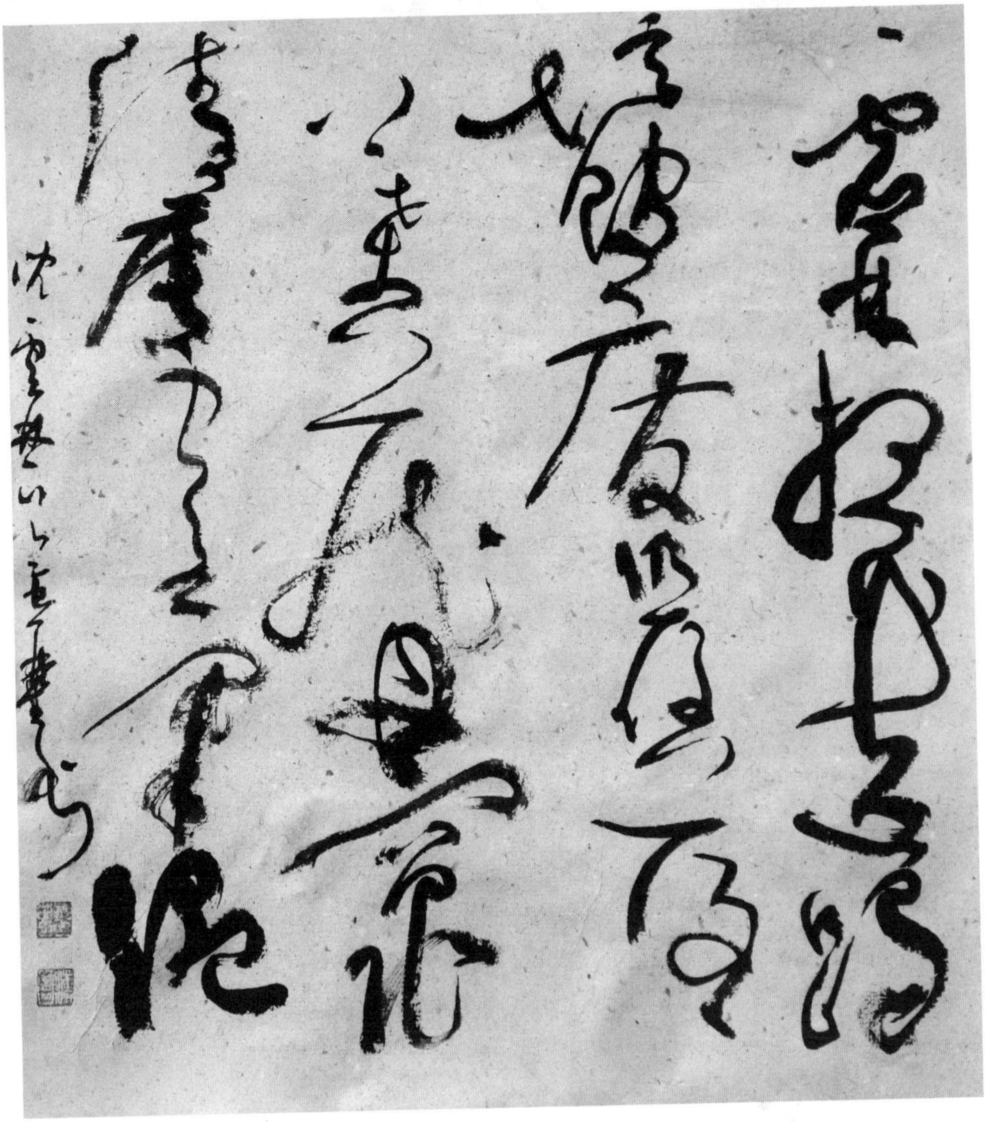

作品名称：草书倪瓒《紫轩》小品
作品尺寸：46cm × 43cm
作品释文：虚林想遗躅，坛馆废仍存。落叶藏丹竈，清晨云气温
创作时间：2025 年

作品名称：行草《西池 · 东海》对联
作品尺寸：68cm × 16cm × 2
作品释文：西池酒罢龙骄语，东海潮来月怒明
创作时间：2025 年

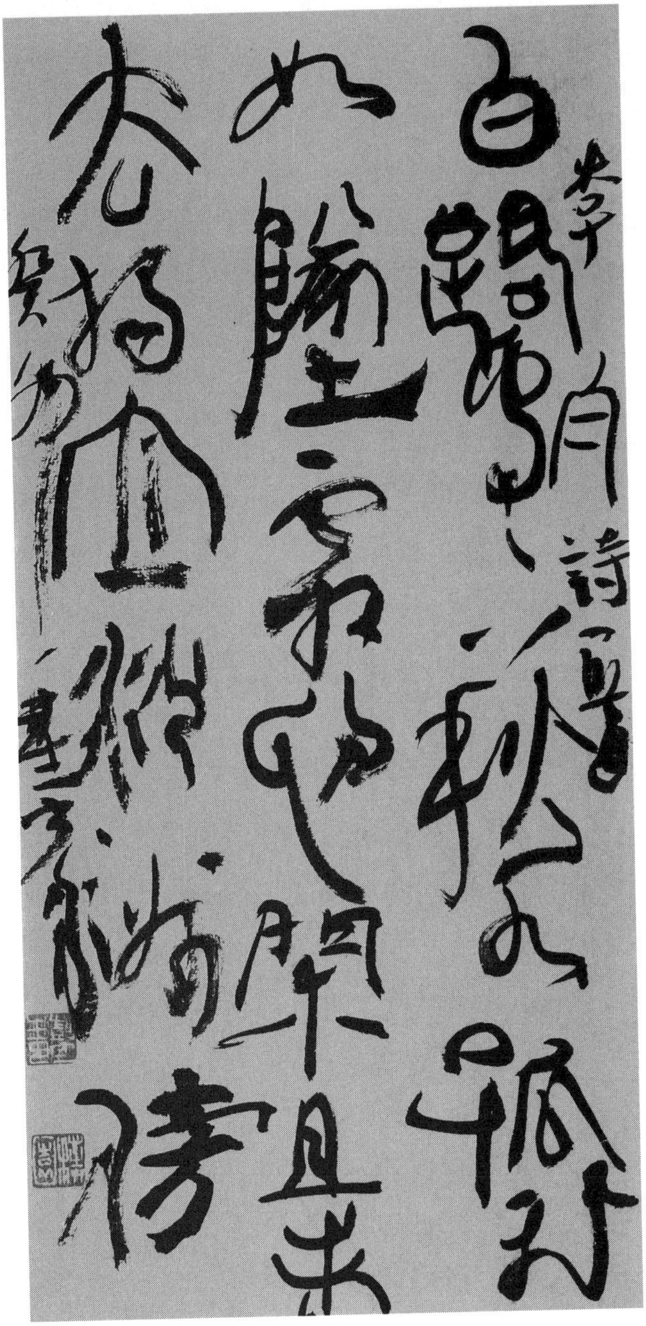

作品名称：破体李白《白鹭鸶》小品
作品尺寸：39.5cm×19cm
作品释文：白鹭下秋水，孤飞如坠霜。心闲且未去，独立沙洲傍
创作时间：2023 年